Meister Hilarion beantwortet Lebensfragen

Meister Hilarion beantwortet Lebensfragen

gechannelt
von
Ursula Scheit

ch. falk-verlag

Originalausgabe

Umschlaggestaltung: Ch. Riecken unter Verwendung eines
Schwingungsbildes des Künstlers Soham Gerull,
36100 Petersberg, Tel. 0661 - 66293

Satz: Plejaden Publishing Service, Neetze
Druck: Druckerei Sonnenschein, Hersbruck
Printed in Germany
ISBN 3-89568-161-X

Inhalt

Teil I

Teil II

Danksagung

Ich bin sehr dankbar, dass diese wunderbaren Botschaften nun in dieser Form für viele Menschen zugänglich sind.

Inniger Dank gilt all denen, die mich bei meiner Arbeit unterstützt und mich ermutigt haben, ganz besonders aber dem Ch. Falk-Verlag, der das Erscheinen auch dieses Buches ermöglicht hat.

Und ich danke zutiefst Meister Hilarion für seine Geduld mit mir, für seine Liebe und Führung und dafür, dass ohne ihn dieses Buch niemals entstanden wäre.

Mögen sich seine Worte für viele Lichtsucher als segensreich erweisen und ihnen den Weg zu sich selbst eröffnen!

Ursula Scheit
Marbach, im März 2006

Info

Wer mir gerne ein Feedback geben oder selbst Fragen an Hilarion stellen möchte, kann mir schreiben:

per E-mail unter Hilarion@Scheit.de oder
per Brief an Ursula Scheit, Schwabstr. 88, 71672 Marbach a.N.

Vorwort

Letztendlich kann man die vielen Fragen, die an Hilarion und mich gestellt werden, zu einigen wenigen Themenbereichen zusammenfassen, was ich in Teil II des vorliegenden Buches getan habe. Und doch wird der Leser sehen, dass Hilarions Antworten das ganze Spektrum des menschlichen Lebens abdecken.

Wie schon bei den früher veröffentlichten Durchsagen zielen seine Antworten immer wieder eindringlich darauf ab, uns zu uns selbst zu führen, mehr Erkenntnis zu bringen und uns bei der Bewältigung dieser schwierigen Zeit des Wandels behilflich zu sein.

Wie immer sind Hilarions Worte getragen von tiefer Liebe und Wahrheit, und ich bitte die Leser/innen, die Texte mit offenem Herzen zu lesen, um so die Strahlung, die darin enthalten ist, tief wirken zu lassen. Es geht Hilarion nicht darum, Wissen zu vermitteln, sondern uns die Augen zu öffnen für das, was wir in Wahrheit sind. Er selbst sagt dazu Folgendes:

Dies ist unser drittes Buch, und jedem der drei wohnt eine besondere Kraft inne. Wie ich schon in den ersten beiden Büchern erwähnte, geschieht bereits durch das Lesen Veränderung, denn ich habe die Worte darin aufgeladen mit meiner Kraft.

Bei unserem ersten Buch ist mein Aspekt der ***Wahrheit*** besonders wirksam, das heißt, dass in dir, wenn du die *Licht-Botschaften („Licht-Botschaften des Aufgestiegenen Meisters Hilarion“, erschienen 2003 im ch.falk-verlag)* liest, dieser Aspekt verstärkt wird. Deine Wahrhaftigkeit wird gestärkt und kann sich immer deutlicher zeigen, und so wirst du auch ehrlicher mit dir selbst und wirst in vielen Situationen deine innerste Wahrheit vernehmen können.

Beim Lesen unseres zweiten Buches: *Neue Lichtbotschaften („Neue Lichtbotschaften", Gespräche mit Meister Hilarion, erschienen 2005 im ch.falk-verlag)* wird mein Aspekt der ***Heilung*** besonders wirksam, das bedeutet, dass seine Schwingung helfen kann, alte Leiden endgültig gehen zu lassen und auch neue Wege zu Gesundheit und Harmonie für dich zu finden. Es besitzt große reinigende Kraft und kann vieles in dir erlösen, was der alten Energie angehört, um dich ganz heil und damit heilig werden zu lassen.

Und dieses unser drittes gemeinsames Buch trägt den besonderen Aspekt der ***Konzentration***, welcher dir hilft, dich ganz auf das Eine auszurichten und vollkommene innere Klarheit zu schaffen. Es stärkt und fördert damit auch dein Unterscheidungsvermögen und hilft dir, klar zu erkennen, was wesentlich ist und was nicht und wohin dein Weg geht. Seine Schwingung kann dir helfen, letzte Unklarheiten zu beseitigen und sowohl deinen Gedanken- und Gefühlskörper zu reinigen wie auch geistig große Klarheit zu erlangen.

Alle drei Bücher gemeinsam bringen dir meine drei Schwingungsaspekte über das geschriebene Wort, und du kannst sie für deine Befreiung nutzen. Es geht hier nicht darum, Wissen anzusammeln, sondern es geht darum, deine Schwingungsfrequenz zu erhöhen und dein Bewusstsein auszudehnen.

Allen dreien gemeinsam, und es ist die Basis von allem, ist die Energie der ***bedingungslosen Liebe***, die in den Worten enthalten ist und dich auf eine höhere Ebene anhebt. Diejenigen, die ein offenes Herz haben, können diese Liebe sehr stark spüren und darin mitschwingen zum Wohle aller.

Diese Liebesschwingung wird in sehr verdichteter Form in dem vierten Buch, das ich hiermit ankündige, wirksam werden und dich in höchste Höhen erheben können, wenn du bereit dazu bist.

Doch jetzt nutze die Schwingung der Konzentration beim Lesen dieses Buches, das du in Händen hältst, um zu erkennen, wer du bist, und Glanz und Klarheit des reinen Seins zu offenbaren.

Mein Segen wird dich dabei begleiten.

Meister Hilarion

Teil I

Einleitung

ICH BIN jetzt da! ICH BIN Hilarion, und ich gebe euch dieses Buch, damit es euch hilft, euch selbst zu erkennen und in die Freiheit zu kommen. Ich lasse jetzt meine Kraft der Konzentration zu euch fließen, so könnt ihr leichter in euer wahres Sein eintauchen und eure Selbsterkenntnis vertiefen.

Konzentration bedeutet erstens, sich auf einen, allem gemeinsamen Mittelpunkt, das Zentrum, auszurichten.

Auch wenn ihr die Kreise eures Lebens zieht – ihr bewegt euch sozusagen auf einer Kreisbahn der Familie, einer des Berufslebens, auf einer Bahn eures spirituellen Bemühens usw. – so dreht ihr euch doch immer und überall währenddessen um den einen, einzigen und unwandelbaren Mittelpunkt von allem, was ist. Dieses Zentrum ist die Quelle allen Lebens, aus ihr strömen nur Liebe und Schönheit, Frieden und Freude. Diese Quelle ist das Zentrum allen Seins. Und die Kraft der Konzentration möge euch helfen, euch auf diese Quelle auszurichten, sie zu erkennen, somit auch anzuerkennen, und ganz mit ihr zu verschmelzen.

Konzentration bedeutet zweitens zu vergessen.

Schaut, wenn ein Künstler ganz in sein Schaffen vertieft ist oder überhaupt ein Mensch in seine Arbeit, wenn du ein spannendes Buch liest oder wie verzaubert in der Natur den Geräuschen des Lebens lauschst, dann vergisst du in diesem Augenblick alles andere um dich herum. Die Welt verschwindet, nur du und dein Werk oder nur du und die Natur existieren, es gibt in diesem Moment nichts anderes. Du bist vollkommen konzentriert, auf das Eine ausgerichtet und mit der Quelle im Einklang.

Wenn du die Welt vergisst, bist du ganz bei dir, wenn du in dir frei bist, vergisst du die Welt. In voller Konzentration trittst du heraus aus dem Lauf der Zeit in eine zeit- und raumlose Dimension, darin hört jede Anspannung auf, alles Sich-gedrängt-fühlen, jede Anforderung und Erwartung. Auf dieser Ebene herrschen Friede und grenzenlose Weite. Hier bist du wirklich frei.

Deshalb tut es dir so gut und wirkt heilend, wenn du kreativ tätig bist oder dich in der freien Natur aufhältst. Denn hier ist es für dich leichter, in die Kraft der Konzentration zu kommen und dadurch eins zu werden mit deiner Quelle.

Ich habe die Worte dieses Buches mit meiner Schwingung der Konzentrationskraft aufgeladen, und du bist, da du dieses Buch in Händen hältst, bereit, sie anzuwenden und in dir wirken zu lassen zum Wohle aller.

Nutze die Konzentration, um ganz ins Zentrum deiner selbst einzutauchen, dann wirst du entdecken, dass du selbst dieses Zentrum bist! Du wirst zur Quelle selbst und zutiefst erfahren: ICH BIN!

Die Zeit ist reif

Meine geliebten Kinder des Einen Geistes, hört mir zu! Ich sage euch die Wahrheit und spreche aus dem reinen Bewusstsein des höchsten Seins.

Hört endlich auf zu streiten, euch zu bekriegen, zu konkurrieren, sondern werdet dessen gewahr, was ihr seid, und dass ihr alle eine einzige große Ganzheit bildet. Jeder Einzelne von euch ist ein winzig kleiner Teil dieser Einheit und hat seinen Platz bestmöglich auszufüllen.

Ich erinnere euch wieder einmal daran, liebevoll und mit Respekt und Achtung miteinander umzugehen. Wann wollt ihr damit anfangen? Wenn ihr achtzig Jahre alt sei? Die Zeit schreitet so rasch voran, dass ihr keine Zeit habt, euch jahrelang zu überlegen, ob ihr etwas in Angriff nehmen wollt oder nicht. Ihr müsst *jetzt* entscheiden! *Jetzt* ist der beste Augenblick deines Lebens! Nur *jetzt* kannst du überhaupt glücklich sein. Warte nicht darauf, dass das irgendwann einmal sein möge, nein, sei es *jetzt.*

Meine über alles geliebten Sternenkinder, ihr seid so wunderbar und wir betrachten euch voller Liebe und Achtung. Was ihr bereits vollbracht habt, ist mehr, als jemals zu erwarten war, und so werdet ihr nun bald all die Früchte ernten können, deren Samen ihr über viele Jahre, Jahrzehnte oder Leben gesät habt. Freut euch, ihr Lieben!

Auch die Umwandlung des Körpers ist in vollem Gange, manche von euch spüren das nur zu deutlich. Vielleicht habt ihr mehr „Verspannungen“ oder Schmerzen als sonst, oder euch fehlt einfach die Energie, mit der ihr fit durch den Tag gehen könntet. Auch machen euch wahrscheinlich des öfteren „Verdauungsprobleme“ zu schaffen, aber sorgt euch nicht, das wird vorübergehen. Und wer sich darüber wundert, dass er Stellen im Körper unangenehm spürt, die er noch nie zuvor wahrgenommen hat, dem sei versichert, dass auch hier bis auf die Molekularebene Veränderungen und Reinigung stattfinden. Eure „Programme“, die in den Zellen gespeichert sind, werden zum Teil umgeschrieben, teils gelöscht und neu geschrieben. Ihr wollt doch nicht mit Programmen, die „uralt“ sind, weitergehen – hinein in die neue Zeit?! Nein, das wäre euch wahrlich nicht dienlich. Ihr sollt innerlich und äußerlich frei und rein in die neue Zeit eintreten, so ist es erwünscht und geplant. Dazu gehört, dass eben alte Strukturen auf *allen* Ebenen angepasst, geändert und transformiert werden.

Vielleicht träumt ihr auch in letzter Zeit viel mehr als gewohnt, vielleicht auch Träume, die ihr nicht als „gut“ bewerten würdet. Auch hier steigen nochmals alte Muster und Bilder, Erinnerungen und Beziehungen auf, die dadurch entlassen werden können. Seid nicht unwillig deswegen, sondern freut euch, dass ihr wieder etwas gehen lassen könnt.

Ich bitte euch, euch in den nächsten Tagen (Februar 2005) vermehrt nach innen zu wenden und euch im Herzen zu verankern, denn wir senden wieder einmal vermehrt transformierende Energien zur Erde, die vieles erleichtern und auflösen helfen. Nehmt das Licht dankbar und konzentriert auf und erlangt dadurch Kraft, Klarheit und Heilung. All dies ist unbedingt notwendig, wenn ihr wirklich mithelfen wollt, dass auch die Menschen, die das Licht noch nicht in sich verankert haben, ans Ziel gelangen sollen. Ihr habt einstmals entschieden, dass ihr vorangehen wollt, dass ihr nicht ein Schaf in der großen Masse sein wollt, sondern dass ihr das Licht hoch erhobenen Hauptes tragen wollt, damit es den anderen als Wegweiser dienen soll. Das heißt nicht, dass ihr 10 Stunden am Tag meditieren müsst, dass ihr ununterbrochen heilige Texte lesen und nichts anderes mehr tun sollt. Nein, ihr sollt euren „normalen“ Alltag bestmöglich bewältigen, dazu gehören all eure Pflichten, die sich durch eure Arbeit und eure Familien ergeben. Dazu gehört auch, dass ihr nicht nur für euer Seelenheil etwas tut, sondern dass ihr auch dem Geist Nahrung gebt und gut für euren Körper sorgt. Dies alles gehört zusammen, und das eine kann nicht ohne das andere „funktionieren“. Alles gehört zusammen, alles ist auch hier eine Einheit. So schaut, dass es dem Körper, der Seele und dem Geist gut geht. Das Wichtigste ist jedoch, das wisst ihr bereits in eurem Herzen, dass ihr, egal was ihr tut, es im „richtigen“ Bewusstsein tut, dass die Motivation stimmt und ihr euch immer wieder daran erinnert, dass ihr göttliche Wesen seid, denen das Höchste Sein innewohnt.

Meine geliebten Menschenkinder, wacht endlich auf! Die Zeit ist reif! Geht einmal nach draußen, schaut in den Himmel, schaut die Sonne und wisset, all das seid ihr selbst! Dieses Strahlen, dieses Wunder des Lichtes, das Mysterium des Seins, all das ist in euch! Spürt, wie das Leben in euch pulsiert, spürt, wie ihr getragen seid von etwas, was euch im Innersten so vertraut ist wie sonst nichts auf der Welt. Schaut euch gegenseitig in die Augen und betrachtet voller Ehrfurcht darin die Augen Gottes, seine Liebe und die unendliche Tiefe seiner Wahrheit.

Diese Tage sind sehr kraftvoll und geben euch die Möglichkeit, einiges abzuwerfen, Ballast hinter euch zu lassen. Geht hinaus, in der Natur wird das noch besser gelingen und leichter fallen. Sagt, dass ihr bereit seid loszulassen. Tragt Gott im Bewusstsein, das ist alles, was zu tun ist!

Ich segne euch, meine geliebten Lichtgeschwister, lasst euer Licht erstrahlen zum Wohle aller Wesen. Meine Liebe möge euch begleiten und meine heilenden Strahlen alle Unreinheiten auslöschen. Wir sind zutiefst verbunden!

Ihr seid frei

Meine Lieben, wisset, ihr seid auf dem Weg ins Licht und in die Freiheit!

Befreit euch von allen alten Bindungen, die euch in eurem selbst erschaffenen Gefängnis gefangen halten, nutzt die neue Schwingung und lebt ein neues Leben. Lasst euch nicht mehr beeinflussen von anderen Menschen, von Meinungen, alten Mustern, von überholten Systemen und falschen Wertvorstellungen. Erhebt euch darüber und lebt euer eigenes Sein.

Ihr seid frei, zu tun, was ihr wollt!

Ihr seid frei, zu denken, was ihr wollt!

Ihr seid frei, zu fühlen, was ihr wollt!

Wählt weise und in Übereinstimmung mit der inneren Quelle allen Seins. Denn die Wahl habt ihr in einem jeden Augenblick.

Warum spielt ihr noch die Rolle des unmündigen Opfers, wo ihr doch niemals Opfer seid, sondern immer nur Schöpfer.

Ihr seid die Schöpfer eures Lebens! Das bedeutet, dass eure momentanen Umstände genau das widerspiegeln, was ihr seither gedacht, gefühlt und getan habt! Ihr habt euch genau dieses Umfeld erschaffen, um darin bestmöglich zu lernen und euch zu entwickeln. Deshalb jammert nicht und gebt auch nicht „den anderen" die Schuld daran, dass es euch nicht gut geht. Niemand trägt Schuld, und es ist auch keine Strafe, wenn euer Leben nicht strahlend und harmonisch ist. Es ist ein Lerngeschenk, das ihr euch selbst macht, damit ihr Altes loslassen und erlösen könnt, um endlich ganz heil zu werden.

Euer Bewusstsein ist der Dreh- und Angelpunkt. Hier beginnt alles und hier entscheidet ihr, wie es weitergehen soll.

Das, was ihr im Bewusstsein tragt, wird sich in eurem Leben zeigen, wird sich in eurer äußeren Welt offenbaren, dies ist ein Gesetz, dem ihr nicht entgehen könnt.

Wenn ihr mit schwierigen Umständen zu tun habt, dann sagt ihr vielleicht „Oh, das habe ich nicht gewollt!" Das ist nicht ganz wahr, denn ihr habt es so gewollt, um aus dieser Situation zu lernen und daran zu wachsen.

Könntet ihr alles mit klarem Blick anschauen und alle Begebenheiten und Umstände in Liebe annehmen, könnte euer Leben um so vieles leichter werden. Doch immer wieder baut ihr Widerstände auf, protestiert und macht Schuldzuweisungen. Dies erschwert eure Selbsterkenntnis und euren Fortschritt.

In eurem Herzen wohnt göttliche Liebe! Lasst sie strahlen und euch führen, dann werden sich alle Unebenheiten auf dem Weg wie von selbst glätten, und ihr werdet mühelos und voller Freude voranschreiten.

In eurem Herzen wohnt das göttliche Licht! Lasst es sich ergießen auf alle Umstände, Menschen und Erfahrungen in eurem Leben, dann werdet ihr gesegnet sein und zum Leuchtfeuer für viele Wesen werden.

Ihr seid wunderbare Geschöpfe, erkennt das!

Die göttliche Frequenz

Meine liebsten Lichtgeschwister, seid gegrüßt. Ich bin Hilarion, der Meister des Lichtes und der Wahrheit.

Ihr seid vollkommen, ihr Lieben. Niemals fehlte euch irgendetwas zu eurer Vollkommenheit und auch jetzt fehlt euch *nichts*! Immer noch habt ihr ein Gefühl des Mangels in euch, doch ich sage euch, alles, was ist, ist da zu eurer Verfügung. Ihr müsst verstehen, dass alles durch euch selbst entsteht; wie könnte es da sein, dass euch etwas fehlt? Ihr müsst endlich erkennen, dass ihr göttlich seid, dass ihr alle Macht habt, dass ihr unbegrenzte Wesen seid! Euer Verstand möchte euch etwas Anderes vormachen, doch lasst euch nicht von ihm täuschen. Bekräftigt immer wieder aufs Neue, wer oder was ihr in Wahrheit seid! Nur so könnt ihr wieder eintreten ins verlorene Paradies, in euer Zuhause, in das Himmelreich, das in euch ist, ja, das ihr *selbst seid*!

So viele Wunder geschehen in jeder Minute um euch, in euch, mit euch, seht sie, nehmt sie wahr! Öffnet die Augen und schaut! Schaut die Herrlichkeit in jedem winzigen Teil der Schöpfung, in jedem Atemzug, den ihr tut, in der Bewegung und in allem, was ist. Öffnet eure Augen und öffnet auch eure Ohren! Horcht, was der Wind euch mitteilt, horcht, was die Pflanzen euch erzählen, horcht auf die Stimmen der Tiere, der Steine und der Menschen, was sie zu sagen haben. Horcht mit euren Herzen, dann werdet ihr jedwede Sprache in eurem Innersten verstehen und wissen, was zu wissen ist. Ihr könnt mit allem kommunizieren, wenn ihr euch auf eine gemeinsame Frequenz einschwingt. Diese gemeinsame Frequenz kann nur eure göttliche Frequenz sein, denn nur diese ist allen und allem gemeinsam. So seid ganz still und horcht auf die Stimme des Kosmos. Er spricht unentwegt zu euch in unendlich vielen Facetten. Schwingt euch ein, meine geliebten Menschenkinder, und singt gemeinsam das göttliche Lied!

Erkennt euren Traum

Geliebte Lichtkinder, ich bringe euch Frieden und Freude! Taucht ganz darin ein und spürt, wie wunderbar ihr seid.

Das fällt vielen von euch schwer zu glauben, denn ihr steckt in großen „Schwierigkeiten", müsst euch mit weltlichen Problemen herumschlagen und seid konfrontiert mit Krankheit, Mangel, drohendem Verlust von Arbeit, Zuhause oder geliebten Mitmenschen.

Doch all dies ist kein Gegenbeweis dafür, dass ihr göttlich und vollkommen seid. Es ist ein Zeichen dafür, dass ihr noch in eurem Traum gefangen seid und viele Schleier die Wirklichkeit verdecken.

Zieht Schleier um Schleier fort, dann wird das Licht immer heller strahlen und euer Blick wird frei auf die Wirklichkeit fallen können.

Schaut, ihr Lieben, auch wir sind durch Schwierigkeiten und Illusionen hindurchgegangen, bevor wir frei wurden und erkannt haben, dass die Welt eine vergängliche Illusion ist. Wir mussten lernen, vieles erdulden und Erfahrungen machen wie ihr, doch jetzt können wir euch zurufen: Ihr seid auf dem richtigen Weg! Macht weiter so, bald werdet ihr ebenso frei sein, wie wir es sind.

Ihr habt solch wunderbare Hilfsmittel zur Verfügung, die es euch im Grunde leicht machen, zur höchsten Wahrheit zu erwachen, doch ihr vernachlässigt sie und wendet euch immer wieder den irdischen Genüssen zu und bleibt verhaftet in der Welt.

Nutzt eure Kräfte und Möglichkeiten, setzt all eure Talente und Begabungen ein und wendet die schöpferische Kraft und göttliche Macht in euch bewusst und segenbringend an.

Benutzt eure Kreativität, stärkt eure Konzentration, benutzt euren Verstand, um euch Dinge bewusst zu machen, schärft eure

Wahrnehmung und eure Beobachtungsgabe und schult ununterbrochen eure Achtsamkeit. Nehmt euren Atem zu Hilfe, um euch zu konzentrieren, um achtsam zu sein, um euch nicht ablenken zu lassen. Nutzt innere Bilder und eure Gefühle, um Altes loszulassen und Bindungen zu erlösen. Nutzt die Kraft eurer Stimme, indem ihr heilige Worte sprecht und eure Sprache weise wählt. Nutzt die Gedankenkraft, um euch auf das zu fokussieren und das zu erschaffen, was ihr wollt. Nutz die Schärfe eures Geistes, um klar zu erkennen, was ihr wollt, was wichtig ist und was nicht. Schult euer Unterscheidungsvermögen und übt euch darin, immer wieder innezuhalten und euch selbst zu spüren.

Im Grunde müsst ihr überhaupt nichts tun, ihr müsst lediglich erkennen, was ihr schon immer wart und immer sein werdet.

Ihr seid voller Liebe und Freude! Habt ihr das vergessen? So erinnert euch wieder daran, und je öfter ihr das tut, um so leichter werden Liebe und Freude wieder aus eurem Herzen in die Welt fließen und alles andere darin einhüllen. So wird sich die göttliche Schönheit offenbaren können, die in allem enthalten ist.

Meine geliebten Lichtkinder, ihr lebt in einer wunderbaren Welt! Erkennt die göttliche Vollkommenheit darin. Erkennt auch die Schönheit in all euren Beziehungen und in allen euren äußeren Umständen.

Wenn ihr euch über etwas aufregt und euch gegen etwas wehrt, seid ihr in diesem Augenblick nicht mehr mit eurem Wesenskern verbunden, sondern fallt heraus aus dem Gleichklang mit der Quelle. Könntet ihr alles in jedem Augenblick vollkommen in Liebe annehmen, hättet ihr weder „Schwierigkeiten“ noch „Probleme“. Die Schwierigkeiten erschafft ihr dadurch, dass ihr Vorstellungen habt, die sich nicht erfüllen, dadurch dass ihr Widerstände gegen etwas erschafft und dadurch, dass ihr Bewertungen abgebt, die oftmals negativ ausfallen, was euch dann unzufrieden, unglücklich oder zornig macht. Dann fühlt ihr euch schlecht, seid traurig und lieblos, die Energie schwindet und ihr werdet lust- und antriebslos. Warum tut ihr euch das selbst an?! Hört auf damit!

Ihr habt immer die Wahl, in der hohen Energie der Liebe und Freude zu schwingen oder in der niederen Energie der Angst und

Negativität zu bleiben. Wählt das Höchste, richtet eure volle Aufmerksamkeit auf die höchste Wirklichkeit, und ihr werdet dort sein! Denn da, wo ihr eure Aufmerksamkeit hinlenkt, dort ist euer Bewusstsein und dort ist eure Realität. So erschafft ihr, was ihr wollt!

Liebste Lichtgeschwister, erkennt, wie herrlich ihr seid, welch wundervolles Strahlen von euch ausgeht, und welche Macht ihr habt! Euch ist alles möglich, was uns möglich ist! Setzt eure Kraft ein und erschafft eine neue Welt voller Freude, Fülle und Harmonie.

Ich bitte euch, euch nicht dadurch entmutigen zu lassen, dass ihr Phasen erlebt, in denen es euch nicht gut geht, denn in diesen könnt ihr lernen, euch mehr und mehr auf euer Inneres auszurichten, euer Vertrauen zu stärken und euch der Führung Gottes in euch zu überlassen. Es sind Schritte auf dem Weg ins Licht und nötig für eure Entwicklung. So hadert nicht, sondern liebt!

Wenn ihr die Liebe niemals vergesst, wenn ihr euch an der Liebe festhaltet wie der Ertrinkende an einem Stock, dann wird euch die Liebe erretten. Sie wird euch hinführen zum goldenen Tor in euer wahres Zuhause, und sie wird der Schlüssel sein, mit dem sich das Tor öffnen lässt. Darum rufe ich euch zu: Liebt ohne Einschränkung!

Erinnert euch an die Liebe unzählige Male jeden Tag, denkt Liebe, sprecht Worte der Liebe, fühlt Liebe und tragt im Bewusstsein die Liebe, so wird jeder Tag ein strahlendes Zeichen eurer göttlichen Herkunft sein, und ihr selbst werdet diese Liebe als funkelndes Licht ausstrahlen zum Segen des ganzen Universums.

Liebt ohne Bedingungen!

Wenn ihr so eure Aufmerksamkeit auf die Liebe richtet, wird sie unablässig wachsen und in eurem Herzen die wunderbarsten Früchte tragen. Ihr werdet um euch Freude und Harmonie verbreiten, und ihr werdet erleben können, wie die Menschen, mit denen ihr zusammen seid, auf euer liebendes Sein reagieren. Die Liebe ist mächtiger als alles andere und sie wird auch die Menschen erfassen, die Dunkelheit in sich tragen und noch unwissend sind. Die Liebe allein kann sie zum Wissen führen und zur Erkenntnis, dass die Liebe auch ihre wahre Essenz ist.

So liebt, liebt, liebt unentwegt!

Wir tun das jetzt und in Ewigkeit.

Wisset, dass ihr geliebt seid, ihr göttlichen Menschenkinder. Wisset, dass ihr Lichtwesen seid, ein vollkommener Ausdruck des höchsten Bewusstseins.

Tiefer Friede möge jetzt in eure Herzen einziehen und unser Segen euch berühren.

Wir danken euch.

Übung der Stille

Schaut, ihr lieben gesegneten Menschenkinder, wie könnt ihr Frieden finden, wenn euer Geist einem aufgewühlten Gewässer gleicht? Stürme peitschen das Wasser auf, Wellenberge entstehen, das Wasser ist trübe, die Oberfläche ist nicht mehr still und klar wie ein Spiegel, sondern brodelt und wirft sich hin und her.

Bringt euren Geist zur Ruhe! Schaut in euer innerstes Heiligtum, dort werdet ihr den ewig stillen, glasklaren See finden, in dessen Oberfläche ihr euer wahres Antlitz sehen könnt. Schaut hinein und erkennt euch selbst!

Immer noch jagen eure Gedanken oft hin und her, schweifen ab, finden kein Ziel, sie haben euch im Griff, dabei sollte es so sein, dass ihr Herrschaft über eure sich aufbäumenden Gedanken habt. Zügelt sie, indem ihr ihnen das „richtige" Futter gebt. Die Stille des Gemütes, die Stille des Geistes sind wunderbar, sie sind wohltuend für eure Nerven, für euren Körper und die Seele. Warum ist euer innerer See so aufgewühlt? Weil ihr euch immer wieder einfangen lasst von den Angelegenheiten der äußeren Welt! Ihr seid nicht zentriert, sondern lasst euch wegtragen von euren Gedanken und Gefühlen. Sie bleiben an Dingen haften und ziehen euch mit. So solltet ihr wachsam sein, damit ihr das bemerkt. Dann könnt ihr euch wieder an den „himmlischen" See erinnern, blickt in den reglosen Wasserspiegel und schon wird Ruhe in euch einziehen. Doch wollt ihr bleibenden Frieden erfahren, so müsst ihr bis an den Grund des Sees tauchen, denn dort herrscht diese tiefe Stille ewig, auch wenn oben die Wasserfläche aufgepeitscht wird, wenn Wellen sich türmen, am Grund ist es immer ganz still, ganz ruhig und bewegungslos.

Stellt euch diesen See vor, stellt euch vor, wie ihr an seinem Ufer sitzt und ihn betrachtet. Dann steigt hinein und lasst euch bis auf den Grund hinabsinken. Jetzt könnt ihr diese wunderbare Stille wahrnehmen, so taucht ganz darin ein und genießt es. ...

Steigt wieder langsam nach oben und nehmt diesen inneren Frieden mit, wenn ihr aus dem Wasser steigt. Setzt euch nochmals kurz nieder und betrachtet den See. Dann atmet dreimal tief ein und aus und seid wieder in der „äußeren Welt".

Wenn ihr das regelmäßig praktiziert, werdet ihr spüren, wie sich mehr und mehr Ruhe in euch ausbreitet, und das wird sich sowohl auf euren Alltag als auch auf eure Beziehungen auswirken.

Mein Segen ist mit euch.

Du bist Licht!

Meine lieben Menschenkinder, die ihr nach dem Lichte strebt, erkennt, dass ihr nichts anderes seid als Licht und Liebe! Das ist eure wahre Essenz, das ist der Stoff, aus dem alles gewebt ist, das ist die Ursubstanz, aus der alles besteht.

Ihr lasst euch täuschen durch den äußeren Schein und eure Sinneswahrnehmungen. Sie spiegeln euch eine Welt wider, die aber nicht die unvergängliche und unwandelbare Wirklichkeit ist. Es ist die Welt, in der ihr eure Erfahrungen machen könnt, in der ihr euch selbst beobachten und wahrnehmen könnt und in der ihr jetzt die wunderbare Möglichkeit habt, endlich aus eurer Traumwelt zu erwachen und zu erkennen, was ihr in Wahrheit seid.

Welch eine Möglichkeit und welch ein Geschenk!

Alles, was geschieht, geschieht somit zu dem einen Ziel und Zweck: der Erkenntnis. Der Erkenntnis dessen, was wahr ist, was unvergänglich und zeitlos ist, was du selbst bist, was die Welt ist und dass alles mit allem zusammenhängt.

Dieser Erkenntnisprozess wird dir leichter fallen, wenn du dich nicht von den Verhaftungen an die Sinnenwelt zu sehr einfangen lässt und wenn du dich immer wieder daraus zurückziehst, um in die Stille zu gehen und dich auf dich selbst zu besinnen.

Nimm dir regelmäßig diese kurzen „Auszeiten", in denen du mit dir alleine sein kannst und in denen du einfach da bist und beobachtest, was ist. Du brauchst dafür keine komplizierten Meditationstechniken oder Ausbildungen, du brauchst nur wenige Augenblicke Zeit und die Bereitschaft, dich von der äußeren Welt ab- und dich deinem inneren Sein zuzuwenden.

Deine Bereitschaft ist sehr wichtig, denn wenn du bekundest, dass du Erleuchtung willst und dass du dir diese auch für alle anderen Menschen wünschst, ziehst du die Gnade der Meister auf dich und bekommst ihre volle Unterstützung und Hilfe.

Wenn du nur sehen könntest, wie das Licht aus jeder Zelle deines Körpers strahlt und wie deine Aura funkelt, wenn du dich mit deiner göttlichen Quelle in dir verbindest! Wir sehen das und sehen unvergleichlich herrliche Bilder, wenn wir euch bei eurem geistigen Bemühen beobachten.

Ihr seid Götter in Menschengestalt! Dieses Wissen sollte euch dazu veranlassen, entsprechend zu handeln und zu sprechen, um so das göttliche Licht auf alle und alles auszustrahlen und die ganze Erde zu erhellen.

Glaubt nicht für einen einzigen Moment, dass ihr arm, krank oder benachteiligt seid! Glaubt nicht, dass es euch schlecht geht und dass Gott euch verlassen habe! Glaubt nicht, dass ihr vom Weg abgekommen und verloren seid! Nichts von all dem stimmt, denn die Wahrheit, die ihr euch, ein jeder für sich, bewusst machen müsst, ist die:

ICH BIN ewiges Licht und unermessliche Freude!

ICH BIN reine manifestierte Gotteskraft.

Mein Licht heilt alles, was nicht heil ist, und meine Liebe versöhnt alles, was unversöhnt ist.

Mein Bewusstsein weitet sich jetzt in die Unendlichkeit und öffnet sich für das Licht der Wahrheit.

Die Liebe ist meine einzige Realität.

Licht ist das, was ICH BIN.

Tiefer Friede und überschäumende Freude erfüllen mein Herz.

ICH BIN glücklich und zufrieden, denn ICH BIN eins mit Gott.

ICH BIN immerwährendes Licht. ICH BIN Liebe, die alles vereint. Das BIN ICH!

Sprecht Worte der Wahrheit

Meine geliebten Kinder des Lichtes. Die Zeit der Reife ist *jetzt.* Diejenigen, die diese Botschaft vernehmen, sind aufgefordert, ab sofort die neue Zeit zu leben, denn sie *ist* bereits! Wartet nicht länger! Solange ihr wartet, seid ihr mit euren Gedanken in der imaginären Zukunft, lebt ihr nicht im Hier und Jetzt. Ihr habt wahrlich lange genug gewartet. Warten ist ein großer Bestandteil eures Lebens. Gerade heute wartet ihr vielleicht darauf, eine neue Arbeit zu finden, ein neues Zuhause, einen neuen Partner, vielleicht wartet ihr darauf, dass eure Schmerzen verschwinden, ihr gesund werdet, es endlich Sommer wird, ihr endlich genug Geld haben werdet oder dass endlich die Erleuchtung über euch kommen wird. Meine geliebten Lichtgeschwister, ich bitte euch eindringlich: Hört auf zu warten! Lebt euer göttliches Potenzial *jetzt.*

Mit all diesen Ängsten und Erwartungen sagt ihr im Grunde nämlich nur dies, dass ihr jetzt im Augenblick arm seid, krank seid, euch in irgendeinem Zustand des Mangels befindet, ***und das ist nicht die Wirklichkeit!*** Es ist alles zu eurer Verfügung vorhanden, lediglich euer Bewusstsein trennt euch davon ab. Deshalb ist es wichtig, dass ihr euch mehr, viel mehr zutraut, dass ihr Dinge ausprobiert, von denen ihr eigentlich glaubt, dass ihr sie nicht könntet. Doch ich bitte euch, tut es einfach und vertraut dabei auf die göttliche Kraft und Macht, die jedem Einzelnen von euch innewohnt. Ihr könnt Dinge tun, die ihr nicht für möglich haltet! Glaubt an euch! Ihr seid ununterbrochen schöpferisch tätig, macht euch das immer wieder bewusst. So wählt jetzt neu, was ihr für morgen erschaffen wollt.

Meine Lieben, ihr gehört zu denen, die das Licht vorantragen, d. h. ihr müsst ein leuchtendes Beispiel geben, was euch alles möglich ist, welche Kraft ihr habt, welche Fähigkeiten. So viele andere Seelen warten darauf und schauen auf euch. Geht aus der Schwingung der Angst, des Zweifelns, des Mangels, der Schwäche heraus und lebt endlich euer ganzes göttliches Potenzial!

Ihr habt die Erfahrungen gemacht, die euch zeigen, wie es sich anfühlt, arm, schwach und krank, einsam oder hoffnungslos zu sein. Es genügt. Jetzt wollt ihr zurück in eure wahre Heimat des Lichtes, dazu lasst all diese dunklen Schwingungen hinter euch und vertraut auf das göttliche Sein in euch. Es zeigt euch sicher den Weg nach Hause.

Meine innig geliebten Lichtgeschwister, wir sind immer bei euch. Vergesst niemals, dass wir den Weg mit euch gehen und sehnlichst darauf warten, dass ihr nach Hause kommt, in eure wahre Lichtheimat. Wir helfen euch, und ich bitte euch, unsere Botschaften immer wieder zu lesen und in euren Herzen wirken zu lassen. Denn durch unsere Worte wird eure Schwingung verändert und angehoben, so dass es euch leichter möglich ist, aus den dunklen Schwingungen eurer materiellen Welt herauszukommen.

Was euch auch dabei hilft, ist Folgendes. Sprecht gleich morgens nach dem Aufwachen diese Worte:

Ich bin das Licht, das die ganze Welt erhellt. Ich strahle jetzt meine Göttlichkeit aus. Ich bin frei. Ich wähle jetzt ein vollkommenes Leben in göttlicher Fülle und ewiger Freude. Amen.

Und am Abend vor dem Einschlafen könnt ihr das Folgende sprechen:

Ich bin das Licht, das Tag und Nacht erschaffen hat, ich bin die göttliche Kraft, die allem innewohnt. Ich bin frei. Ich wähle jetzt, die Liebe und Wahrheit, die ICH BIN, auszustrahlen und jeden Augenblick meines Lebens damit zu einem strahlenden Ausdruck des ewigen Seins zu machen. Amen.

Das soll euch helfen, dass ihr euch wieder an euch selbst erinnert, an das, was ihr in Wahrheit seid und lediglich vergessen habt. Es gilt, aus eurer Vergesslichkeit herauszukommen und euch zu erinnern.

Äußerlich scheinen sich bei vielen Menschen die Umstände immer weiter zu verschlechtern, und ihr rutscht oftmals mit in diese Schwingung der Verzweiflung, der Angst und des Mangels hinein. Seid achtsam und kehrt sofort, wenn ihr das bemerkt, zu eurem Herzen zurück, bleibt dort zentriert und *wisset*, all diese äußeren Umstände oder Menschen *haben keine Macht über euch!* Nur, wenn ihr ihnen diese Macht zusprecht. Ich möchte euch wieder einmal daran erinnern: *Gebt eure Macht nicht ab!* Ihr seid die mächtigen Schöpfer eurer Umstände! Ihr habt alle Macht in euch selbst! Lasst nicht länger zu, dass „andere" Menschen oder „negative" Umstände euer Leben beherrschen. Erschafft in eurem Geist ein Bild der Fülle, der Freude, der Gesundheit, der Kraft, so *muss* sich all das auch in eurer äußeren Welt zeigen, denn es sind eure Schöpfungen.

Vielleicht merkt ihr, dass ihr gerade jetzt wieder in alte Muster und Verhaltensweisen zurückfallt, von denen ihr glaubtet, sie längst bewältigt oder überwunden zu haben. Und ihr scheint sogar schwächer zu sein als zuvor, euch mehr in diese „negativen" Muster zu verstricken als früher, all eure Bemühungen scheinen nichts gebracht zu haben – doch lasst euch von mir sagen: Nichts war umsonst! Es ist nur das letzte Aufbäumen eures Egos, das noch einmal alle seine Tricks und seine ganze Kraft aufbringt, um euch zu binden, zu verstricken, damit es sich nicht auflöst. Denn das steht ihm bevor, und es weiß das. So seht es als „gutes Zeichen" und werdet darüber nicht ärgerlich oder verbittert, denn dann gebt ihr dem Ego genau die Nahrung, die es braucht. Bleibt gelassen und wisset, all das werdet ihr bald überwinden, all diese „negativen" Gefühle, Gedanken und Umstände werdet ihr transformieren und das, was wirklich zu eurer göttlichen Herkunft „passt", wird hell und klar hervortreten.

So seid achtsam und macht euch einfach bewusst, wenn euch solch‘ „negative" Anwandlungen überfallen, dass ihr das nicht seid. Dass es das Ego ist, das sich wehrt, und dass ihr euch dafür entscheidet, ruhig zu bleiben, zu vertrauen und euch zu erinnern, dass das große ICH BIN, das ihr seid, euch frei macht.

Wir lieben und achten euch sehr. Wir sehen, wie mächtig und stark ihr seid. Wenn wir euch dies immer wieder übermitteln, könnt ihr euch doch überlegen, dass da „etwas dran sein" muss! Glaubt uns und vertraut.

Wir geben euch diese Botschaft jetzt, weil wir in den kommenden Wochen wieder Einstrahlungen vornehmen, die es euch erleichtern, die dunklen Schwingungen mit Licht zu transformieren. Klinkt euch, sooft es euch möglich ist, mit ein und haltet euer Bewusstsein im Herzen, in der Liebe, in der Ruhe. Wenn äußere „unangenehme" Dinge auf euch einstürmen, so bleibt gerade dann gelassen und wisset, dann wird die göttliche Macht in euch alles wunderbar zu eurem Besten regeln. Erinnert euch in diesen Augenblicken an euer göttliches Potenzial, an die Schöpferkraft, die euch innewohnt, so verbindet ihr euch mit ihr, und es kann sich die richtige Lösung zeigen.

Ich umarme euch in Liebe, meine Lichtgeschwister. Wisset, ihr seid gesegnet.

Das Licht des Herzens

Ihr wunderbaren Kinder des Lichtes, lasst euch aufs Innigste begrüßen und in meine Arme schließen. ICH BIN immer mit euch und sehe voller Freude, wie ihr höher und höher steigt, und das Licht in eurem Herzen sich verstärkt.

Jeden Tag sollt ihr euch in diesem ewigen unbegrenzten Licht verankern, darin weilen und es zum Segen der ganzen Erde ausstrahlen. Nur durch das Licht könnt ihr heilen, wachsen, euch transformieren und segnen. Dieses Licht ist die göttliche Gegenwart in eurem Herzen, es ist die Liebe, die immer in euch wohnt und die alles mit den Augen der Güte und des Wohlwollens betrachtet.

Das Licht in euch hat die Kraft, alles zu verwandeln. Es hat die Kraft, eine jegliche Unstimmigkeit in euren Beziehungen aufzulösen, eine jegliche Blockierung im Energiefluss zu beseitigen und alle Körper zu harmonisieren und in Gleichklang zu bringen. So ist nur das göttliche Licht in der Lage, euch wahren Frieden und Glückseligkeit zu bescheren.

Dies ist für euch einfacher, wenn ihr euch beständig nach innen wendet und euch immer wieder eure göttliche Gegenwart bewusst macht, wenn ihr euch immer wieder auf das Licht konzentriert und euch an das erinnert, was in euch ist. Das, was ewig und unwandelbar ist, das, was euch Kraft schenkt, was euch bewusst sein lässt, das, was ihr in Wahrheit seid! Es ist das ewige göttliche Licht, das ist die göttliche Quelle in euch, aus der alles kommt, was ist, und die niemals versiegen wird, denn sie ist unvergänglich, unwandelbar und unvorstellbar.

Entzünde täglich den Lichtfunken in deinem Herzen aufs Neue, indem du dich an deine göttliche Herkunft erinnerst und indem du dich einfach nur intensiv spürst. Spüre, dass du das bist, dass es dich gibt, spüre dieses einmalige ***Sein***, denn das ist Gott in dir. Dieses Da-Sein wurde dir geschenkt aus einem Akt der Gnade und Kraft des Lichtes und der Liebe, die in jedem Moment in unermesslichem Maße aus Gott ausströmen. Dieses Da-Sein ist das größte Geschenk an dich, so achte und liebe dein Leben und mache stets das Beste daraus.

Das Beste ist stets das, was im Einklang mit der göttlichen Quelle in dir ist, das heißt, es ist das, was aus höchster Sicht für dich und alle anderen das Beste ist. Manchmal ist es nötig, dass du deinen begrenzten Horizont ausweitest, denn sonst bist du verstrickt in deine Wünsche und Begierden, in die Forderungen des Egos und in deine Emotionen. Darum bemühe dich, dich davon zu lösen und einen anderen Blickpunkt einzunehmen, der die Dinge und Angelegenheiten von einer höheren Warte aus sehen kann. Nur so wird es dir gelingen, das jeweils Angemessene in einer Situation zu tun, denn dann handelst du nicht aus deinem begrenzten Egobewusstsein heraus, sondern aus der Weisheit deines Herzens.

Die Weisheit des Herzens ist das Licht Gottes. Es will dich stets führen und leiten, es gibt dir unaufhörlich Rat und Hilfe, doch du musst bereit sein, dich dafür zu öffnen, und den Mut haben, dieser Führung auch zu folgen. Lasse dich von dem Licht leiten, dann wird dein Leben um so vieles leichter und einfacher, denn dann musst du nicht stundenlang überlegen, soll ich dies oder das tun, soll ich so oder so handeln. Verbinde dich täglich mit dem Licht und vertraue dich ihm an. Immer in dem Wissen, dass ihm nichts verborgen ist, dass es immer fähig ist, deinen Weg zu beleuchten und dich in höchste Höhen zu führen.

Vertraue und glaube an diese göttliche Kraft in dir!

Das Licht des Herzens kann hell strahlen, wenn du alle Schleier entfernst, die darüber liegen und die Leuchtkraft einschränken. Diese Schleier sind all deine schwächenden Gedanken und negativen Gefühle und alle Handlungen, die aus Selbstsucht und Angst vollzogen werden. Die Schleier werden aufgelöst, wenn du aus der Liebe heraus handelst, wenn du dein Bewusstsein ausweitest und Gedanken nährst, die erhebend und aufbauend sind, die von der Liebe getragen werden und nicht von der Angst.

Deshalb ist es so wichtig, dass du dich immer wieder prüfst, wie deine Gedanken- und Gefühlswelt aussieht. Wie ist sie beschaffen? Ist sie voller Zweifel, Ängste, egoistischer Wünsche und Begierden, voller Ärger, Neid und Eifersucht? Oder ist sie angefüllt mit Freude, Zuversicht, Frieden und Harmonie?

Allein das Licht kann die dunklen Energien auflösen, die dich von der Erkenntnis der Einheit mit Gott trennen. Nur durch das Licht kannst du aus deinem selbsterschaffenen Gefängnis ausbrechen. Nur mit Hilfe des Lichtes kannst du alle Staudämme einreißen, die den göttliche Fluss des Lebens behindern und deine Energie schmälern.

Das Licht ist stets und immer da. Es wohnt allem inne und ja, es ist mehr als das: Es ist die „Ursubstanz“, aus der alles geschaffen ist. Wenn du mit dem Licht einsgeworden bist, wirst du erkennen, dass du selbst Licht bist, dass alle anderen Wesen Licht sind und dass selbst die scheinbar „toten“ Gegenstände um dich herum aus nichts anderem als Licht bestehen. Doch erst wenn deine eigene Schwingung sich so weit erhöht hat, dass du strahlendes Licht geworden bist, wirst du dieses Licht überall sehen können, und dann wirst du auch in einem einzigen Augenblick die Wahrheit erkennen, dass du eins mit allem bist. Denn wo könnte eine Grenze für das Licht sein? Licht hat keinerlei Grenzen, es lässt sich weder einengen noch einsperren. Es ist.

Das Licht ist deine eigene Göttlichkeit, und du kannst *jetzt* darin aufgehen. Das Licht ist eins mit der göttlichen Liebe in deinem Herzen, und es ist eins mit der göttlichen ICH BIN-Kraft in dir. Licht und Liebe sind die Lebenskraft, die aus Gott fließt und die dir Bewusstsein schenkt.

Sieh das Licht in dir leuchten und jede Zelle darin erstrahlen. Wenn du Schwierigkeiten hast, dir dies vorzustellen, so kannst du dir einfach in jedem deiner Körper einen „Lichtschalter“ vorstellen, den du anknipst, und sofort strahlt das Licht darin auf. Sieh, wie es alle dunklen Stellen durchlichtet, wie es alle trüben Energien auflöst und dich von innen heraus erstrahlen lässt. Sieh, wie dein Herz vibriert, und spüre, wie mit dem Verstärken des Lichtes mehr Kraft und größerer Frieden in dich einziehen. Spüre, wie dir warm ums Herz wird und wie das Glück dich durchströmt.

So kannst du dir täglich Gott in dir bewusst machen und dich immer höher schwingen, bis du spürst, dass dich die alltäglichen Dinge nicht mehr belasten oder begrenzen und du dich frei und unbeschwert fühlst. So soll es sein, wenn du den Weg des Herzens beschreitest. Dir wird nichts anderes als große Freude und Segen daraus erwachsen.

Auch ich habe einst auf dem Herzensweg dunkle Täler durchwandert, und so weiß ich, wie schwer es manchmal für dich ist. Doch jetzt rufe ich dir zu: Sei voller Vertrauen und Zuversicht! Die Liebe führt dich und das Licht in dir leuchtet bereits so stark, dass viele andere davon angezogen und ebenfalls erhöht werden.

Das Licht ist *jetzt in dir!*

Vergegenwärtige dir:

ICH BIN Licht.
Ich strahle mein Licht auf alles aus, was ist.
Das Licht in mir stärkt, führt und segnet mich jetzt.
ICH BIN angefüllt mit göttlichem Licht.
ICH BIN Licht und ICH BIN immerwährende Liebe.

Liebe ist eure Rettung

Meine liebsten Kinder des Lichtes. Ich sage euch heute, die Zeit ist reif! Wartet nicht länger auf eure Erlösung, auf euren Aufstieg, auf was immer es sei! *Jetzt in diesem Augenblick ist alles möglich!* Wacht auf, ihr Lieben, und seht, dass ihr vollkommene Geschöpfe des Einen seid.

Wählt jetzt in diesem Augenblick, ob ihr euch der alten Schwingung der Angst, des Mangels, der „Krankheit", des Ärgers oder der Missachtung eurer selbst hingeben wollt oder ob ihr in die neue Weltschwingung der Freude, der Fülle und der selbstlosen Liebe gehen wollt. Ihr habt die Wahl!

Diese neue Zeit gibt euch die Möglichkeit, auf sehr einfache Art und Weise und in so raschem Tempo, wie es noch nie möglich war, erstens noch vorhandene Reste von Dunkelheit aufzulösen, indem ihr euer Licht, das in euch ist, in die dunklen Bereiche strahlen lasst, und zweitens das, was ihr als zukünftige Realität haben wollt, euch so zu erschaffen, dass ihr ein wahrhaft göttliches Leben führen könnt.

Was dazu unerlässlich ist, ist Beharrlichkeit und zunächst der Entschluss, dies auch manifestieren zu wollen. Ihr habt die Wahl, so wählt bewusst im Einklang mit eurer inneren Stimme, die euch sagt, was für euch dienlich ist. Wenn ihr die Wahl getroffen habt, ist wichtig, ununterbrochen dranzubleiben, nicht nachzulassen in eurem Bemühen, euch auf das Eine auszurichten und immer das Licht und die Liebe, die ihr seid, in eurem Bewusstsein zu halten, um sie auf Erden fest zu verankern.

Das ist eure Aufgabe in dieser Zeit.

Ihr seid die Boten, die Kanäle, die mithelfen, das Licht zu bündeln und in die Welt auszustrahlen, damit die kleinen Lichtfunken, die in allen Menschen vorhanden sind, angezündet und wiedererweckt werden. So können sie hell aufstrahlen und dann ebenfalls ihr Licht in die Welt weitergeben.

Ihr seid wie Positionslampen an einem Schiff, das in der Dunkelheit durch die aufgewühlte See fährt und den Kurs nicht sehen kann. Ihr zeigt die Position an, so dass andere sich an euch orientieren können. Eine wichtige Aufgabe wolltet ihr in diesem Erdenleben übernehmen, und das habt ihr getan.

Ihr könnt und sollt anderen Seelen zeigen, wie sie in dieser Zeit des Aufruhrs und Umbruchs nicht zu verzweifeln brauchen, wie sie trotz aller scheinbar widrigen Umstände und äußeren Schwierigkeiten ihr Licht hochhalten und sicher durch die stürmische See fahren können, wenn sie auf ihr wahres Wesen ausgerichtet bleiben und vor allem eines niemals vergessen: ***die Liebe!***

Die Liebe ist euer Retter aus jeder misslichen Situation, sie bringt Hilfe bei jeglichem Problem, ja, sie bringt die einzige Lösung, die wirklich eine Lösung ist. Die Liebe schützt euch vor allem Ungemach, ihr müsst ihr vertrauen, auf sie gilt es zu bauen. Denn ihr selbst seid nichts anderes als ***Liebe!*** Lasst sie in euren Herzen erblühen und gebt ihren kostbaren Duft an andere Wesen ab. Lasst euer Bewusstsein immer wieder in die Schwingung dieser selbstlosen Liebe eintauchen und lasst euch berühren von ihrer himmlischen „Qualität“. Erinnert euch immer wieder: ***Ihr selbst seid Liebe!***

Das ist eure vornehmste Aufgabe, jetzt diese Liebe zu manifestieren!

Ihr könnt das üben, indem ihr Liebe in schwierige Situationen strahlt. So sendet Liebe zu allen „Opfern“, und sendet Liebe auch zu allen „Tätern“.

Wählt jetzt den Weg der Liebe und Freude, trotz und gerade wegen schlimmer Ereignisse und Katastrophen auf der Welt, und wisset, dass jedes Ereignis von göttlicher Vollkommenheit ist.

Wisset, alles ist vollkommen, so wie es ist!

Auch ein jedes „schlimme“ Ereignis ist ein reinigender Prozess, der vieles ***in*** den Menschen bewegen und verändern wird. Be- oder verurteilt dieses Geschehen nicht vorschnell, sondern wisset, dass es not-wendig ist zum Wohle aller. Schaut nicht zurück und schaut nicht nach unten, wo euer Blick eingeengt wird und den Staub der Straße sieht. Erhebt euren Blick nach oben und seht den Himmel, macht euren Blick weit und öffnet eure Herzen.

An einem Ereignis wie zum Beispiel einer Geiselnahme oder einem Terroranschlag könnt ihr auch wiederum sehen, dass jede äußerliche Sicherheit nur eine scheinbare ist. Ihr könnt ein noch so großes Aufgebot bestellen, ihr werdet niemals wirklich sicher sein, wenn nicht *innerer Frieden* und *innere Sicherheit* in jedem Menschen da sind.

Und ich sage euch, meine geliebten Lichtträger, wenn ihr euch allein der Liebe verschreibt, seid ihr absolut sicher, denn dann kann euch nichts erreichen, was euch schaden oder verletzen könnte. Nur die göttliche, selbstlose Liebe schenkt wahre Sicherheit.

Seid gegrüßt im Namen ***der Liebe, der Wahrheit und der Freude!*** Feiert den heutigen Tag und lasst euer Licht leuchten! Wir sind mit euch.

Der goldene Herzraum

Ich umarme dich in unendlicher Liebe. Du bist eine/r derjenigen, die das Licht ausstrahlen, nicht nur wollen, sondern es auch tun. Doch ist tatsächlich dein Ego noch sehr tätig und hindert dich daran, dich gänzlich auf dich selbst einzulassen.

So bitte ich dich einmal, dich jetzt nach innen zu wenden und dir eine goldene Leiter vorzustellen. Steige Stufe um Stufe empor, bis du in einen goldenen Raum gelangst, der von Licht durchflutet ist. Schau dich um und nimm in der Mitte darinnen Platz. Dies ist dein Herzraum, vielleicht kannst du einen zarten Klang wahrnehmen und dich darin einstimmen.

Dieser Raum ist immer vollkommen beschützt, hier kann dir nichts geschehen. Wenn du dich bewusst mit dem Licht verbindest, die göttliche Liebe in dir anrufst, so baust du dadurch eine unsichtbare Schutzhülle auf, so dass nichts zu dir dringen kann, was nicht zu deinem Besten ist, was dir schaden oder dich verletzen könnte.

Jetzt spüre deinen Atem und vertiefe dich in das ICH BIN der Liebe. Sprich für dich: ICH BIN Liebe und ICH BIN Licht.

Wenn du dies praktizierst, bist du jederzeit *sofort* mit uns verbunden. Wenn du meine Unterstützung haben willst, so rufe mich, nimm den „Stern" (siehe *Licht-Botschaften* S. 17) zu Hilfe, und schon bin ich da. Es ist nicht nötig, meine Stimme zu hören, ich erfülle deine Aura mit Licht und gebe dir innere Anweisungen und inspiriere dich, dies oder das zu tun, wenn du einwilligst.

Doch du musst zunächst die Entscheidung treffen, dich *anzuvertrauen*, sonst herrscht ein „Gerangel" zwischen dem Ego und dem Begehren deines Herzens. Tu' deinen Entschluss kund, dass du jetzt bereit bist, dich ganz deiner inneren Führung zu öffnen und dass du dich ihr anvertrauen willst. Bekräftige dies mit einem klaren „Ja, ich will!"

Nun nimm dich nochmals wahr in deinem Herzraum, der von Licht erfüllt ist, und erfülle auch dich selbst mit Licht. Schon allein wenn du den Gedanken hast: ICH BIN LICHT, wird dein Strahlen heller und deine Aura verändert sich. Sieh dich in der Mitte des Raumes sitzen und schau dich um. Es gibt hier eine Tür, die ist wie ein goldenes Tor, durch das wir eintreten können, wenn du dein Einverständnis dazu gibst. Wenn du möchtest, kannst du uns jetzt hereinrufen und einfach schauen, was geschieht. Erwarte nichts, sondern lasse ganz los. Du musst nichts sehen, du brauchst nichts zu hören, und doch wisse, wir sind da! Jetzt. Vielleicht spürst du eine ganz zarte Schwingung in deinem Herzen, die dir das Gefühl gibt, ja, so ist es.

Du kannst diese Übung jederzeit für dich machen, ich werde stets zugegen sein und meine schützende und segnende Hand über dich halten.

Wisse: dir kann nichts geschehen!

Dein Ego hat große Angst vor der Auflösung, doch ich sage dir, ***du*** kannst niemals sterben, denn ***du bist Licht*** und ***du bist Liebe!*** Das ist die einzige Wahrheit.

Auch wenn du an dir zweifelst, so möchte ich dir doch versichern, dass du ein wunderbares Werk vollbringst und wir dich zutiefst dafür achten und lieben.

Nimm meinen Segen mit und erinnere dich immer wieder daran, dass unsere Herzen in Liebe verbunden sind und du deinen Weg vollenden wirst. ICH BIN immer bei dir!

Sage: ***Ich vertraue, denn ICH BIN geborgen in Gott.***

Gehe deinen Weg mutig weiter und wisse, du bist niemals allein! Ich segne dich.

Innerer Friede

Immer wieder schlagen die Emotionen in eurem Gemüt hohe Wellen und werfen euch aus eurer Mitte. Doch grämt euch deswegen nicht und schimpft nicht darüber. Sobald ihr spürt, dass ihr aus dem Gleichgewicht geraten seid, erinnert euch stattdessen an einen wunderbaren innigen Moment, in dem ihr vollkommen im Frieden und glücklich wart. Dieses Gefühl ist stets in euch vorhanden, und ihr könnt mit Hilfe eurer Erinnerung leichter wieder dahin kommen, es auch jetzt zu spüren.

Um leicht und mit Freude den Weg zu gehen, müsst ihr die Verbindung zur Quelle pflegen und euch von der Stimme des Herzens leiten lassen. Tut ihr das, so werdet ihr niemals im Zweifel sein, was zu tun ist. Dann handelt ihr einfach entsprechend der jeweiligen Situation, und dies wird immer im Einklang mit der göttlichen Ordnung sein, denn Gott selbst hat dann durch euch gewirkt.

Wenn ihr verwirklicht, dass Gott in euch der Handelnde ist, wird Frieden in euer Gemüt einziehen, und die Wogen der Emotionen werden geglättet. Stattdessen werdet ihr Ruhe spüren, und es wird tiefe Liebe aus eurem Inneren emporsteigen, welche alle und alles einschließt.

Der Friede ist immer da, doch ihr schließt euch selbst davon aus, indem ihr die Gedanken in alle Richtungen schießen lasst, indem ihr euren Emotionen freien Lauf lasst und indem ihr nicht erkennt, wer ihr seid.

Deshalb rufe ich euch immer und immer wieder zu: Erinnere dich an dein wahres göttliches Sein! Vergiss die Welt und spüre das ICH BIN! Erkenne, dass du selbst dieser Friede bist, und lasse dich ganz darin nieder. So können auch andere Wesen daran teilhaben und ihr Herz für die Strahlen des Friedens öffnen.

Liebe, liebe, liebe!

Wenn dein Herz überströmt von Liebe, dann bist du wie eine strahlende Sonne, deren Wärme das ganze Universum durchdringt. Du weißt nicht, welche Kraft du hast! Mache dir bewusst, dass die *ganze* göttliche Macht in dir wohnt! Du bist das selbst! So ist dir auch alles möglich, jetzt in diesem Augenblick und *nur* jetzt in diesem Augenblick!

Alles geschieht jetzt, und auch im Frieden kannst du nur jetzt sein, wann sonst?!

Sei jetzt für einen Moment still und spüre den tiefen Frieden der göttlichen Gegenwart in dir und erinnere dich: ICH BIN Frieden, ICH BIN Liebe, ICH BIN Freude. Das ist die Wahrheit, denn all das *bist du*. Sieh, wie wunderbar und einzigartig du bist!

Übung für einen Tag

Liebste Kinder des Lichtes, ihr seid die mutigen Lichtschüler, die diesen Weg gewählt haben, um dem Aufstieg der Erde dienlich zu sein. Ihr seid jetzt inkarniert, um in und mit diesem Körper, den ihr habt, eure Aufgabe zu erfüllen.

So solltet ihr dieses kostbare Gefährt auch sorgsam behandeln, nicht missachten und vernachlässigen, sondern ihr solltet eurem Körper die Achtung, die Pflege und die Nahrung geben, die ihm gebührt.

Ohne euer Körperkleid könntet ihr jetzt diese Zeilen nicht lesen, ihr könntet nicht die Vögel singen hören, nicht die Wärme der Sonnenstrahlen auf eurer Haut spüren, ihr könntet nicht all die sinnlichen Erfahrungen machen, durch die ihr diese irdische Ebene erlebt. Welch ein Geschenk dieser Körper ist, merkt ihr erst, wenn ihr ihn abgelegt habt. Ihr sagt, er ist aber oftmals auch eine große Last, er bringt Schmerzen, Krankheit und Leid. Doch ich sage euch, es ist nicht der Körper, der euch das Leben schwer macht, sondern ihr seid es selbst! Ursache dafür sind dunkle Energien eurer negativen Gedanken und Gefühle, die sich auf eure Körper auswirken und den göttlichen Energiefluss behindern.

Ich bat euch schon einmal, diese kleine Übung zu machen, und ich möchte diese Bitte jetzt nochmals an euch richten: Wählt nur für 1 Tag positive Gedanken, Gefühle und Worte! Gebt nur einen einzigen Tag lang keine Energie in eure alten Gefühle von Angst, Ärger, Wut, Neid und Groll, und denkt nur einen einzigen Tag lang keine Gedanken, die nicht dem höchsten Ziele dienen. Sprecht nur einen einzigen Tag lang keine Worte, die euch oder andere Wesen verletzen, herabsetzen oder herunterziehen, sondern lasst alle Energie in positive Gefühle fließen, in licht- und kraftvolle Gedanken und in aufbauende, liebevolle Worte!

Und dann schaut, was passiert, und spürt, wie es euch nach diesem Tag geht und wie ihr euch fühlt.

Ich wünsche mir, dass ihr diese Übung wirklich sehr ernsthaft macht und all euer Bemühen hineingebt.

Ein Ostergeschenk

Meine innig geliebten Kinder des Lichtes, ich grüße euch und nehme euch jetzt in meine Arme. Spürt die Freude, die von mir zu euch fließt, und spürt die Liebe, die unsere Herzen für immer zutiefst verbindet.

Wisst ihr, dass ihr wahrlich gesegnet seid? Wisst ihr, wie gut es euch geht und dass ihr allen Grund habt, dankbar zu sein, weil ihr den Schlüssel zu eurem inneren Heiligtum bereits gefunden habt?

So lasst uns jetzt gemeinsam eine kurze Zeit der Stille haben, und taucht tief ein in euer wahres Sein, das allem zugrunde liegt.

Seid einfach still und spürt, dass ihr da seid, dass es euch gibt, dass das Leben in euch ist. Spürt einfach: ICH BIN da ..., es gibt mich ..., ich lebe ..., ICH BIN ...

Das Osterfest steht vor der Tür, und so manch einer ist sich nicht über dessen Bedeutung im Klaren. Gerade in der jetzigen Zeit der Umwandlung der Welt hat es eine noch größere Bedeutung für euch als je zuvor.

Das Osterfest ist das Zeichen und das Versprechen, dass ihr euch von der irdischen Ebene lösen und aufsteigen könnt, wenn ihr das Irdische loslasst und bereit seid für die Transformation. Während der Osterfeiertage herrscht eine besonders starke erhebende Energie, die es euch erleichtert, euch zu erhöhen und Dunkles aufzulösen. Darum nutzt diese Tage zur inneren Einkehr, für Momente der Stille, zu Gebet und Rückzug. Geht auch in die Natur und verbindet euch dort mit der heilenden Naturschwingung, so werdet ihr gereinigt und gestärkt und könnt dann mühelos und direkt in die innere Stille eintreten.

Bleibt bei euch, in euch zentriert und richtet all eure Aufmerksamkeit auf das euch innewohnende Licht. Es mag euch „schrecklich" erscheinen, was den Geiseln oder anderen Menschen auf der Welt widerfährt, doch von hier aus könnt ihr nichts tun, als in der Liebe eures Herzens zu verweilen. Damit sendet ihr mächtige Lichtstrahlen aus, und nur das Licht kann dunkle Umstände erhellen und verhärtete Herzen erweichen. Begebt euch nicht in die Schwingung der Angst, des Kummers und Leidens mit hinein. Seid voller Mitgefühl, doch wisset im gleichen Moment auch, dass aus höchster Sicht in jedem Augenblick alles vollkommen ist. Ihr wisst nichts über das Karma der Geiseln, nichts über deren Vergangenheit, nichts über ihre innere Welt und ihr Lebensmotiv.

Nichts, was jemals geschieht, ist ohne Sinn und gegen die göttliche Ordnung. So könnt ihr am besten helfen und unterstützen, indem ihr euch diese wunderbare Ordnung, die allem innewohnt, bewusst macht, indem ihr in der Liebe ruht und indem ihr für die Menschen, die Hilfe bedürfen, betet.

Gebete sind Worte der Kraft und wirken umso stärker, je mehr ihr mit eurer Quelle verbunden und euch der göttlichen Gegenwart in euch bewusst seid. Wenn ihr aus dieser Quelle heraus euer Gebet in Worte fasst, so wird es Hilfe und Segen bringen. Da ihr nicht wisst, was jeweils das Beste für einen Menschen ist, bittet einfach um Hilfe, Segen und Gnade für ihn. Macht euch bewusst, dass das göttliche Licht in *jedem* Menschen wohnt und ihn leitet, selbst wenn es nach außen nicht so erscheinen mag.

Ihr Lieben, erinnert euch an eure Kraft, an den nie versiegenden Quell der Freude und des Friedens in eurem Herzen! Seid fröhlich, heiter und gelassen, lasst euch nicht von der „bösen" Welt einfangen, sondern befreit euch von der Illusion des „Bösen" und auch davon, dass das, was ihr als Person *tut*, so ungeheuer wichtig sei.

Das Wichtigste ist das, was du *bist*! Dies allein hat die Kraft, zu erhöhen, zu heilen, zu segnen und zu strahlen. Lasse dich in diese wunderbare Schwingung hineinsinken und spüre dich selbst! Das bist du! Stell dir vor, du bist so etwas Wunderbares und Vollkommenes wie reines göttliches Licht und unermessliche Liebe, die alles umfasst und einschließt! Das bist du! Wisse, dass du nichts anderes bist als das. Vertraue uns, deinen Lichtgeschwistern, wenn wir dir dies sagen.

Wenn du ganz still bist und in dich selbst hinein versinkst, kannst du dieses Leben, dieses Sein spüren, und dich wird Ehrfurcht vor diesem deinem wunderbaren Selbst ergreifen. Dieses Sein ist ein Mysterium, das du nicht mit deinem Verstand begreifen kannst, so versuche es gar nicht, sondern staune nur und sei dankbar für diese unvergleichliche Gottesgabe.

Wir sind jetzt hier, viele stehen neben und hinter euch, um euch ganz nahe zu sein. Denn auch für uns ist es wunderbar, mit Lichtarbeitern zusammen zu sein und so gemeinsam die Energie anzuheben zum Wohle des Ganzen. Wir sind euch zutiefst dankbar für euer Wirken, für euer Sein, für euer Bemühen und eure Beharrlichkeit.

Viele von euch werden nochmals einer Herzensprüfung unterzogen, dies kann mit einigen „Problemen“ und „Unpässlichkeiten“ einhergehen. Macht euch deshalb keine Sorgen, sondern wisset, dass es nötig ist, um zu erkennen, wo ihr steht. Ihr werdet stärker dadurch und mit mehr Vertrauen aus allen „Schwierigkeiten“ hervorgehen.

Erinnert euch immer wieder daran, dass wir immer bei euch sind. Ihr könnt uns jederzeit rufen, und auch die Engel stehen immer bereit, euch zu dienen.

Nun gebe ich euch noch eine kleine Übung als „Ostergeschenk“:

Meditation

Setze dich still hin, lasse den Alltag gehen und komme innerlich zur Ruhe. Stell dir vor, du sitzt an einem Gewässer, die Oberfläche ist wie ein klarer Spiegel, und vor dir auf dem Wasser schwimmt eine Lotosblüte. Schau, wie vollkommen sie geformt ist und wie rein ihre Blütenblätter sind! In der Mitte der geöffneten Blüte siehst du einen kleinen goldenen Stern und in dessen Mittelpunkt einen funkelnden Diamanten. Du spürst, wie dieses Funkeln deine ganze

Aufmerksamkeit anzieht und wie jetzt ein Strahl dieses Funkelns deine Stirn in der Mitte berührt. Jetzt spürst du diese Reinheit und Vollkommenheit der Blüte und des Steins als deine eigene, und du weißt, das bist du selbst! Hier wandeln sie sich in Weisheit und Klarheit des Geistes und bringen Segen.

Und jetzt spürst du, wie ein weiterer Strahl in dein Herz trifft und dich dort zutiefst berührt. Hier wandeln sich Reinheit und Vollkommenheit in allumfassende Liebe, und wieder spürst du: Das bist du selbst! Diese reine, sich verströmende Liebe bringt Heilung, Freude und Glückseligkeit.

Verweile in dieser erhabenen Schwingung, solange es dir angenehm ist. Sodann atme dreimal tief ein und aus, löse dich langsam von dem Bild und kehre in deine „Alltagswelt“ zurück.

Nimm diese „Ostergabe“ mit dir, bewahre sie gut und erfreue dich an jedem neuen Tag.

Der himmlische Garten

Meine geliebten Kinder des Lichtes, mögen Friede und Freude euch erfüllen! ICH BIN Hilarion, und ich komme, um euch einen himmlischen Blumenstrauß zu überreichen.

Es soll erstens ein Zeichen unserer Ehrerbietung für euch sein und zweitens ein Geschenk eurer himmlischen Geschwister als lichtvolle Hilfe auf dem Herzensweg.

Wisst ihr, dass ihr in eurem Herzen einen prächtigen Garten mit euch tragt, angefüllt mit den wunderbarsten Blumen und herrlichsten Früchten, Düften und Farben? Es ist der wahre Garten Gottes, und ihr seid es mit euren Gedanken, Worten und Taten, die ihn hegen und pflegen und gedeihen lassen.

Wenn ich dir jetzt diesen himmlischen Blumenstrauß überreiche, dann sind es in Wahrheit Blumen deines eigenen Gartens, denn das, was der Gärtner sät, erntet er. So bekommst du jetzt die Früchte dessen, wofür du die Samen ausgestreut hast. Mein Blumenstrauß für dich enthält solch wunderbare Gewächse wie Dankbarkeit, Vertrauen, Zuversicht, Gleichmut, Gelassenheit, Mitgefühl, Neugier, Seelenkraft, Mut und Herzenswärme.

Ich überreiche dir jetzt all diese Blumen, damit du weißt, jetzt sind sie in deinem Herzen, und du kannst sie jederzeit berühren, allein dadurch, dass du sie dir ins Bewusstsein rufst und dich ihrer erinnerst. Achte und nutze sie, wann immer sich die Gelegenheit bietet, so wird dadurch dein himmlischer Garten gedüngt und gegossen, und es wird sich seine ganze Pracht entfalten können.

Bei manchen von euch liegen die Samen noch in der Erde, manchmal sind schon kleine Pflänzchen zu sehen, manchmal ist bereits eine Knospe hervorgekommen, und bei einigen von euch stehen die Pflanzen in voller Blüte und die Zeit der Ernte ist gekommen. Es nützt nichts, wenn ihr an den Pflanzen zieht, damit sie schneller wachsen sollen, alles hat seine Zeit, und sie werden in der ihnen angemessenen Zeit zur Blüte kommen, wenn ihr sie gut pflegt und nährt. Euer inneres Licht ist das „Wasser“, das sie zum Wachsen benötigen, und Liebe ist der Dünger, der sie mit den nötigen Nährstoffen versorgt.

Meine wunderbaren Lichtgeschwister, könnt ihr nicht sehen, welche Kostbarkeiten ihr in euch tragt?! Es ist ein wunderbarer Garten, dessen Pracht niemals aufhören wird. So könnt ihr Tag für Tag reichlich darin ernten und pflücken, und doch wird er nicht leer werden.

Jedes Mal, wenn du dich an Gott erinnerst, wenn du ein Gebet sprichst, wenn du ein dankbares Herz hast oder einfach deinen Geist öffnest, wenn du neugierig auf das Leben bist, wenn du liebst und dich freust, dann befindest du dich in deinem Garten und bist der „beste Gärtner der Welt“. Du kannst dir im Geiste vorstellen, wie du dich darin befindest und sich jedes Mal, wenn du etwas von dem soeben Erwähnten tust, eine wunderbare Blüte öffnet und ihre göttliche Pracht offenbart. Wenn du also mehrmals am Tag in der Freude und Liebe bist, dich mit deiner Quelle verbindest und ein dankbares Herz hast, so kannst du am Abend einen großen bunten Strauß der herrlichsten Blumen ernten und dich daran erfreuen.

Ich lege dir jetzt deinen Blumenstrauß in die Arme und schmücke dein Haupt mit einem Kranz, der aus lauter kleinen leuchtenden Sternenblüten besteht. Er erleichtert es dir, dich dem Licht ganz zu öffnen, und lässt dich noch mehr strahlen.

Wegweiser für das Jahr 2006
(im Dezember 2005)

Seid gesegnet, meine geliebten Kinder des Lichtes. ICH BIN Hilarion, ein Meister der Wahrheit und der immerwährenden, grenzenlosen Liebe. Ich möchte euch jetzt den Wegweiser für das kommende Jahr geben, damit ihr es gewappnet und ohne Furcht begrüßen könnt.

Das alte Jahr neigt sich dem Ende zu, und es war für die meisten von euch von großen Veränderungen, für viele auch von Schmerzen und verlustreichen Erfahrungen geprägt. Die Zeitqualität ist so verschieden von der früheren, so dass ihr euch auch in der kommenden Zeit auf weitere gravierende Wandlungen einstellen müsst.

2006, das ist in der Quersumme die 8, und dies bedeutet, dass bald ein Zyklus von 1 bis 9 vollendet sein wird. Seht die Verheißung, die darin enthalten ist! So viele von euch sind oft der Verzweiflung nahe, möchten aufgeben, glauben, dass die Schwierigkeiten niemals mehr ein Ende haben werden, doch ich rufe euch jetzt zu: Haltet durch!

Das jetzt zu Ende gehende Jahr 2005 hat euch mit seiner Energie geholfen, eure Beziehungen zu klären, die Energie des neuen Jahres wird euch dabei unterstützen, Klarheit in eurem Inneren zu schaffen und euren Willen zu stärken, damit ihr aus der neuen Schwingung nicht immer wieder in die alte abrutscht.

So ist jetzt nötig, in eurem Inneren aufzuräumen. Ihr werdet spüren, dass es nicht mehr klappt, die Augen vor etwas verschließen oder Gefühle, die aufsteigen und euch vielleicht Angst machen, ignorieren zu wollen.

Zu diesem inneren Klärungsprozess gehört eines als wichtigste Zutat hinzu: die ***Liebe***! Denn, was immer du dir in dir anschaust, was immer du dort erkennst, welche Gedanken und Gefühle du auch wahrnimmst, es ist wichtig, dass du alles ***liebst,*** was du siehst, denn all das gehört zu dir. Es sind Anteile, die jetzt an die Oberfläche des Bewusstseins gelangen, damit du sie in Dankbarkeit anschauen und, wenn du willst, verabschieden kannst.

Du hast die Wahl! Werde dir darüber klar, was du willst!

Mit welchen Gedanken willst du deinen Kopf „füttern"? Mit welchen Gefühlen willst du dein Herz erfüllen? Mit welchen Worten willst du dich der Welt mitteilen? Kläre in dir, mit welchen Inhalten und welcher „Nahrung" du dich füttern willst. Je leichter die Kost, desto einfacher der Verdauungsprozess. Nimmst du schwere Nahrung zu dir, wird sie dir auch schwer im Magen liegen. So kläre für dich, was in dir sein soll, was du in dich aufnehmen willst und was du von dir geben willst. Und mache dir klar, dass deine Worte und Gedanken wiederum Nahrung für andere Menschen sind, die von ihnen aufgenommen und verdaut werden.

Was willst du? Wie fühlst du dich in dir?

Nutze die kommende Zeit, um dir immer wieder diese Fragen zu stellen, in dich zu gehen, ganz still zu sein und zu horchen.

Was willst du dir einverleiben, was willst du der Welt von dir geben?

Doch hüte dich davor, den Richter zu spielen und nun dies oder das als „böse" oder „schlecht" zu verurteilen. Nein, schau dich einfach ganz ehrlich selbst an, betrachte dich und ***liebe*** das, was du siehst. Und dann wähle und entscheide dich für die alte oder neue Energie, ganz wie *du willst*!

Wenn du in dir selbst klar bist, wird sich dies auch in deinen äußeren Umständen manifestieren, und die bisweilen chaotischen Zustände werden sich dann ebenso nach und nach klären. Denn das, was in dir ist, zeigt sich im Außen. So kannst du erkennen, wie Veränderung der äußeren Welt geschieht: sie beginnt *in dir selbst*!

Innere Klarheit bringt äußere Klarheit, Liebe in dir erhellt die Welt um dich. Wahrhaftigkeit in dir lässt Lug und Trug in der äußeren

Welt verschwinden, und das Licht in deinem Herzen hat die Macht, das ganze Universum erstrahlen zu lassen.

Du kannst diesen Klärungsprozess unterstützen durch klares Wasser, das du nach wie vor reichlich anwenden solltest, innerlich und äußerlich. Du kannst auch deine Vorstellungskraft einsetzen, indem du es in einem klaren Strom durch dich hindurchfließen und alle Unreinheit, Unklarheit und Unsicherheit mit sich nehmen lässt, so dass du dich anschließend frisch und klar siehst. Und du kannst die Reinheit des Bergkristalls nutzen, indem du einen solchen Stein einfach ganz still betrachtest und auf dich wirken lässt oder indem du ihn immer wieder einmal in die Hand nimmst und dort ruhen und wirken lässt. Über die Hände bist du sehr mit der Welt verbunden, so lasse auch sie die reine, klare Schwingung des Bergkristalls aufnehmen, speichern und in deinen Handlungen wieder in die Welt zurückfließen.

Meine innig geliebten Sternenkinder, die ihr diese Worte vernehmt, lasst euch in die Arme schließen und von meiner tiefen Liebe durchdringen. Ich lege jetzt meine Hand auf dein Haupt und lasse die reine klare göttliche Schwingung wirken, möge sie dich emporheben und frei machen!

Ich möchte euch sagen, dass wir euch über alle Maßen lieben, ehren und hochachten für all das, was ihr tut! Ihr seid wahrlich diejenigen, die die schwierigste Arbeit leisten, den Weg zu ebnen für diejenigen, die euch nachfolgen werden. All euer Leid, eure Schmerzen, eure Ängste und Sorgen waren nicht umsonst, wenn ihr jetzt sagt: ich bin bereit, sie gehenzulassen. Ich bin bereit für Klarheit in mir, ich bin bereit für die neue lichtere Schwingung, ich bin jetzt bereit, mich zu ***lieben!***

Seid alle gesegnet, wir sind zutiefst verbunden!

Wegweiser für das Jahr 2007

In tiefer, ewiger Liebe sind wir verbunden. Segen und Frieden sei mit euch, ihr wunderbaren Kinder des Lichtes.

Immer noch seid ihr auf der Suche nach euch selbst, bemüht euch, an ein Ziel zu gelangen, und seid doch schon dort!

Heute will ich euch auf diesem Wege eine Hilfe geben, die euch im nächsten Jahr begleiten kann. Ich habe euch einen jährlichen Wegweiser versprochen, und so empfangt jetzt den für das Jahr 2007.

Zunächst seht ihr, dass die Quersumme von 2007 die 9 ist, und hiermit vollendet sich ein Entwicklungszyklus der Zahlen 1 bis 9, und ihr könnt somit eine höhere Ebene des Bewusstseins erreichen.

Weiter ergibt 20 + 07 zusammen 27 = 3 x 9 oder 3 x 3 x 3. Auch hier seht ihr eine göttliche Zahl von hoher Intensität, die euch emporzuheben vermag und göttliche Aspekte offenbaren lässt.

Dienlich wäre, wenn ihr zum Beispiel Rezitationen neunmal macht oder ein Gebet dreimal am Tag je dreimal laut sprecht. Ihr könnt auch beispielsweise ein Mandala mit neun Strahlen zu Hilfe nehmen, um in die Stille zu gehen, ihr könnt Übungen an neun Tagen hintereinander je dreimal praktizieren und so weiter. Folgt eurer Intuition und den Wünschen eures Herzens.

Ihr seht, 2007 ist ein Jahr mit einer hohen Energie, welche die Kraft hat, sowohl eure höchsten Qualitäten in die Manifestation zu bringen als auch niedere Schwingungen, die euch noch in eurer Erkenntnisfähigkeit binden, zu transformieren. In diesem Jahr liegt die Priorität somit auf der spirituellen Ebene, hier könnt ihr wahrlich zu tiefsten Einsichten gelangen. Eure Selbsterforschung kann voranschreiten, und ihr solltet nicht zuviel Energie z. B. in Beziehungsdramen oder ehrgeizige Berufsprojekte stecken. Eure innere Entwicklung ist der „Schwerpunkt" des Jahres 2007, welches von der Energie her euer herrlichstes Strahlen möglich werden lässt.

Verliert trotzdem nicht den Bodenkontakt, bleibt gut zentriert und verzettelt euch nicht in den alltäglichen Belangen.

Du wirst spüren, dass dir der Kontakt zu uns, zu deiner Quelle, zu deinem wahren Wesen leichter fallen und intensiver sein wird. Dadurch wird dein Vertrauen gestärkt und du kannst die Liebe in dir intensiver wahrnehmen.

Wenn du ein Ziel ansteuern willst, dann wähle vor allen anderen dieses: ***bedingungslos zu lieben!*** – Dich selbst, das, was du wirklich bist, die Welt, in der du lebst, das, was du tust, und alle, die mit dir sind.

Wenn du dich beständig nach innen wendest und aus dem inneren Quell der Liebe und Freude heraus lebst, dann wird von dir ein helles Licht ausstrahlen, das alles andere in seiner Schwingung anhebt und Heilung und Segen bringt.

Wenn du irgendwann Projekte begonnen hast – jetzt kannst du sie vollenden.

Wenn du schon längst einmal ein Retreat machen wolltest – jetzt ist der richtige Zeitpunkt dafür!

Wenn du deine künstlerischen Pläne in die Tat umsetzen willst – tue es jetzt!

Wenn du etwas Neues anfangen willst – zögere nicht, denn dieses Jahr hält die nötige Energie dafür bereit.

Es ist die Zeit, um Altes endgültig zu beenden und neuen Ufern entgegenzugehen. Fürchte dich nicht, du hast unsere Hilfe und die ganze Unterstützung der Engel und Lichtwesen.

Auch wirst du spüren, dass dir in allen Angelegenheiten deines Lebens immer mehr die lichtvollen Aspekte bewusst werden. Dort, wo du bisher nur Dunkelheit sahst, Schwierigkeiten, Probleme, Leid und Mangel, dort wirst du nun auch das Licht sehen können, weil *in dir selbst* das Licht stärker scheint.

Freut euch auf dieses Jahr, denn viele von euch werden nach sehr belastenden Zeiten aufatmen können und das Gefühl haben, endlich wieder mit Freude leben zu können. Nutzt die Zeit und erinnert euch immer wieder an euer wahres Sein, ruft die Kraft des ICH BIN in euer Leben, so dass es zur strahlenden Manifestation eurer Göttlichkeit wird!

Und wenn du diesen Text jetzt liest, mein geliebtes Kind des Lichtes, höre und wisse, dass du einer dieser unermüdlichen Lichtarbeiter bist, die eine solch wunderbare Arbeit vollbringen. Mit diesen Worten nimmst du unseren Segen und unsere stärkenden Strahlen mit auf, damit du noch intensiver anderen Seelen helfen und der ganzen Welt dienen kannst.

Trotz aller Vorfreude auf das transformierende Jahr 2007 bleibe im Jetzt, denn nur jetzt bist du, nur jetzt geschieht Leben in dir.

Liebe jetzt!

ICH BIN jetzt bei dir.

Teil II

Beziehungen

Der Mittelpunkt, das bist du selbst! Auch wenn du dich auf der Kreisbahn der Familie, der Beziehungen, der Partnerschaft bewegst, bleibt dein Zentrum stets unbewegt und unverändert.

Und dieses Zentrum ist nichts anderes als ***Licht und Liebe***.

Wenn du also aus deinem Zentrum heraus lebst, bringst du Licht und Liebe in alle deine Beziehungen. Dann kannst du in Freude und Harmonie sein und eine glückliche Ehe oder Partnerschaft führen.

Verstricke dich nicht in Machtkämpfe, die das Ego ständig nur allzu gerne ausfechten will, versuche auch, bei Problemen nicht anderen Schuld zuzuweisen, sondern erkenne, dass du dich selbst von der Liebe abgetrennt hast. Kehre du in deine innere Heimat zurück, erinnere dich an die Liebe in dir und lasse sie in all deine Beziehungen hineinstrahlen.

Wenn ständig Schwierigkeiten da sind und du dich unglücklich fühlst, bedeutet dies, dass etwas zu verändern ist. Manchmal bedeutet es, eine Beziehung zu beenden, auch wenn du nicht weißt, wie es dann weitergehen soll. Gott in dir weiß es! Vertraue deinem Herzen und folge ihm!

Bleibt nicht in den alten Verhaltensmustern hängen, in Angststrukturen, die euch nicht mehr dienlich sind, die besagen, so oder so sollst du handeln, dies oder jenes sollst du tun oder lassen. Vertraue dir selbst! Nur dein Herz weiß, was jeweils das Beste für dich ist. Und Gottes Weisheit regelt alles zum größten Wohle aller.

Bleibe dir stets selbst treu, ganz gleich, in welcher Form einer Beziehung du lebst. Gib dich niemals auf und verliere nicht die Achtung vor dir und deinem inneren Begehren.

Das Wichtigste jedoch in einer jeglichen Form von Beziehung ist ***die Liebe!*** Sie ist der „Schmierstoff" und der „Kitt". Wenn du in der Liebe schwingst, erscheinen auch Schönheit und Glück.

Darum handle stets aus einem liebevollen Herzen heraus und sprich deine Worte in Liebe. Die Liebe ist das A und O! Wenn die Liebe nicht mehr da ist, kann es keine harmonische Beziehung geben. Ohne Liebe leidet die Seele und verkümmert.

So nähre dich und diejenigen, die mit dir sind, mit deiner göttlichen Liebe, hülle sie ein in die Freude, die aus einem von Gott erfüllten Herzen kommt, und strahle dein Licht aus.

Erinnere dich an den göttlichen Kern in jedem Wesen und nutze die Kraft des ICH BIN zur Heilung deiner Beziehungen.

Konzentriere dich auf dein wahres Sein und sage:

ICH BIN Liebe, und ich hülle alle und alles darin ein.
ICH BIN Licht, und ich lasse dieses Licht jetzt in meinen Partner/meine Familie einströmen.
ICH BIN entschlossen und mutig, das zu tun, was mir und allen anderen zum besten Wohle dient.
ICH BIN Liebe!

❊ ❊ ❊

Frage: *T. F. hat sich kürzlich von ihrem Partner getrennt, hat aber, nach einer Zeit großer Erleichterung, jetzt das Gefühl, an seine Seite zu gehören. Gibt es einen gemeinsamen Auftrag mit ihm für dieses Leben? Soll sie ihn loslassen oder darum kämpfen, dass sie eventuell einen Neustart schaffen können?*

Hilarion

Geliebte ..., du bist ein Kind des immerwährenden Lichtes, vergiss das niemals! Zunächst begrüße ich dich und möchte dir versichern, dass wir schon seit langer, langer Zeit verbunden sind. Wisse, dass wir immer zur Verfügung stehen, wenn ihr euch hilfesuchend an uns wendet.

Was deine Frage betrifft, so möchte ich dir Folgendes sagen. Beides, was du dir überlegst, stimmt auf eine Art. Du musst vollständig loslassen, nur so wird das zu dir kommen, was in dem Moment richtig und das Beste für dich ist. Und du hast Recht, wenn du sagst, ihr müsstet auf einer anderen Ebene zusammen sein. Diese gemeinsame Ebene ist im Augenblick jedoch nicht gegeben, das hat dir ... auch klargemacht. So akzeptiere das und lasse wirklich ganz los! Und dann nimm einfach jeweils das an, was jeder Moment dir bringt. Das Leben fließt weiter, und je mehr du dich dem Fluss hingibst, desto leichter und freudvoller wirst du dein Leben empfinden. Wenn dann die Zeit reif wäre, um mit ... einen Neuanfang zu starten, so wirst du die Zeichen erhalten und sie auch wahrnehmen, wenn du achtsam bist. Ich sage dir jedoch, dass es tatsächlich auf ganz anderer Ebene geschehen kann als ihr seither zusammen wart. Ob dies überhaupt der Fall sein wird, hängt von euer beider Entwicklung ab und von beider freier Entscheidung. Dass ihr als Paar zusammen „alt werdet", sehe ich nicht, aber dass ihr euch unter Umständen nochmals ein Stück eures Weges begleitet, das ist möglich.

So bitte ich dich nochmals: *Lasse vollständig los!* Nur so kannst du frei und unbelastet weiterschreiten. Enge dich nicht ein durch bestimmte Vorstellungen und Erwartungen, sondern sei einfach dem Leben gegenüber offen und bereit.

Wisse, du trägst die Wahrheit und das Licht in dir, dir fehlt nichts. Du bist vollkommen!

Frage: *Kann sie nur noch die Astrologie betreiben oder muss sie wieder eine Stelle annehmen, um Geld zu verdienen und eine zuverlässige und regelmäßige Einnahmequelle zu haben?*

Hilarion

Meine geliebte Schwester des Lichtes, es ist schön, dass du dich für die Sprache der Sterne interessierst, doch es ist wichtig, dass du ohne

Sorgen leben kannst. Da deine innerste Überzeugung, dies ginge auch „nur" mit der Astrologie, noch nicht ganz gefestigt ist, wäre es im Augenblick tatsächlich dienlich, einen regelmäßigen Verdienst zu haben. Es sollte jedoch so sein, dass du zeitlich beides machen kannst, denn das Eine ist sozusagen die „Pflicht", das andere die „Kür". Wobei ich ausdrücklich betonen möchte, dass du die Pflicht nicht als lästige Pflicht betrachten, sondern sie bestmöglich und mit Freude erfüllen solltest. Sie dient dir dazu, genau hinzuschauen: Was ist jetzt in diesem Moment erforderlich, und was brauche ich? Auch hier möchte ich hinzufügen, dass du im Grunde nichts „brauchst", doch dein Bewusstsein ist noch nicht auf der Ebene, da du das für dich als Wahrheit siehst. Also musst du dir die Dinge beschaffen, die du zu brauchen meinst. Es ist wichtig, dass du dir deine Herzenswünsche erfüllst, andererseits ist es genauso wichtig, die Erfordernisse des Augenblicks zu erfüllen.

Die Astrologie ist eine tiefgehende Wissenschaft, doch bitte ich dich trotzdem, spielerisch heranzugehen und das, was du tust, mit einer gewissen Leichtigkeit zu tun.

Freude ist bei allem ganz, ganz wichtig! Wer die Freude im und am Leben verliert, verliert das Leben selbst. Ohne Freude bist du wie tot. So lass die Freude aufleben und erlebe jeden Augenblick als einzigartigen Gottesfunken.

Sei innigst umarmt und gehe mit dem Segen Gottes deinen Weg weiter in Liebe und Freude.

* * *

Frage: *T.S. hat seit 9 Monaten einen Freund, der im Ausland lebt. Kann sie ihrem Gefühl trauen, dass er ihr Seelengefährte ist? Ist es wichtig, jetzt zu ihm zu ziehen, damit die Beziehung nicht zerbricht?*

Hilarion
Lass dich umarmen, meine Liebste, und fühle dich in meiner Liebe geborgen. Stets sind wunderbare Wesen an deiner Seite, um dich auf deinem Weg zu unterstützen. Bitte um Hilfe, wir geben sie dir gerne.

In der Tat seid ihr „alte Bekannte", nein, viel mehr als das. Ihr seid wesensverwandt, ihr seid euch sehr vertraut. Viele gemeinsame Leben habt ihr geteilt, und auch in anderen Ebenen des Seins habt ihr euch unterstützt.

So kann ich dir sagen, meine geliebte ..., ja, vertraue deinem Gefühl, deiner inneren Stimme. Du sollst auf sie hören, denn sie ist dein Leitstern, der dir sagt: Das ist der Weg.

(Soll sie jetzt umziehen, damit die Beziehung nicht zerbricht?)

Frage dich, meine liebste Schwester des Lichtes, möchtest du ganz bei ihm sein? Möchtest du dein Leben mit ihm teilen? Bist du bereit dazu? Tue nichts überstürzt aus einem momentanen Impuls heraus, jedoch handle, wenn deine innere Stimme dir dazu rät. Ich sage dir, es wäre gut, noch eine kleine Weile zu warten, jedoch nur so lange, bis du in dir ganz klar fühlst: Ja, ich bin bereit.

Ihr könnt gemeinsam eine sehr harmonische Gemeinschaft haben, wenn ihr bereit seid, euch aufeinander einzustellen und das Gewohnte hinter euch zu lassen. Ihr wollt eine neue Art der Beziehung leben, mit neuer Energie in dieser Zeit höherer Schwingung. Dies wird möglich sein, auch wenn es nicht die Form der althergebrachten Familie haben wird. Es kann mehr Freiheit, mehr Liebe, mehr Toleranz da sein, als das in früherer Form möglich war.

Doch vor diesem Schritt steht für dich die Frage: Was will ich? Dies sollte ganz klar sein und darauf solltest du deine Energie richten.

***Frage:** Menschen üben immer wieder Macht über sie aus. Sie hatte ein schwieriges Verhältnis zum Vater, es war besser, wenn er nicht da war. Wie kann die Wunde aus der Kindheit heilen?*

Hilarion
Nur über das Verzeihen kann Heilung geschehen! Wenn du magst, kannst du ein kleines Ritual machen, indem du allen männlichen Vorfahren verzeihst und auch um Verzeihung bittest, denn auch du hast Verletzungen zugefügt, sei es bewusst oder unbewusst.

Nach dem Verzeihen lasse es los und übergib es der reinigenden, transformierenden Flamme des Feuers und lasse alle Erinnerungen daran verbrennen. Schaue bewusst auf den göttlichen Funken in jedem Menschen, sei es Mann oder Frau, und erinnere dich immer wieder daran, dass ihr alle eine einzige Familie seid. Ihr alle seid Kinder des Lichtes und Geschöpfe der Liebe.

***Frage:** Wie kann sie den männlichen Pol besser integrieren?*

Hilarion
Dies geschieht über mehr Selbstvertrauen, und mehr Selbstvertrauen erwächst aus der Liebe zu dir selbst! So bitte ich dich: Liebe und achte dich und tue das, was dein Herz dir sagt!

Zunächst musst du dich so annehmen, das heißt, dich selbst lieben, so, wie du jetzt gerade bist. Das ist der erste Schritt, erst dann kannst du dich verändern. Diese Veränderung sollte aus deiner Schöpferkraft heraus geschehen, also schaue, was dir nicht mehr dienlich ist und wähle neu. Ihr könnt in dieser neuen Zeit mit der neuen höheren Energie viel freier wählen, als ihr glaubt und euch zutraut! Du hast alle Macht in dir! Gib sie nicht mehr ab, sondern nimm sie wieder an dich als dein gottgegebenes Erbe!

***Frage:** Welches ist ihre spirituelle Lebensaufgabe? Welche Schritte kann sie tun, um sie zu verwirklichen?*

Hilarion
Jetzt in diesem Augenblick bin ich ganz nah bei dir – spüre das und nimm meine Gegenwart wahr. Wir sind in inniger Liebe verbunden.

Gerne beantworte ich auch deine restlichen Fragen und wünsche mir, dass die Antworten in deinem Herzen Resonanz finden und dir den Weg weisen werden. Du bist diejenige, die die Worte umsetzen muss, das können wir nicht für dich erledigen.

Deine spirituelle Aufgabe beinhaltet, zur Lebensfreude zurückzukehren und diese frei fließen zu lassen. Durch deine Freude und Leichtigkeit kannst du viel Gutes bewirken und anderen Menschen helfen, aus der Dunkelheit herauszukommen. Weiter hast du dir zur Aufgabe gesetzt, nur noch deinem inneren Herrn zu folgen und keinen äußeren „Herren" mehr Macht zu geben. Dies ist deine größte Herausforderung. Der Weg dorthin führt über deine innere Einstellung, das heißt, du musst deine Glaubenssätze und Denkstrukturen überprüfen und diejenigen „aussortieren", die diesem Ziel nicht dienlich sind. Sodann finde für dich die Worte und Gedanken, die zu diesem Ziel hinführen, und schreibe sie auf, so dass du sie immer vor Augen hast. Sei mutig und lasse dich tief ins Vertrauen fallen und überlasse dich deiner inneren Führung. Sie wird dich nicht in die Irre führen und niemals verlassen.

***Frage:** Sie hat eine Zyste und zwei Knoten in der Schilddrüse, was ist nötig, damit sie ihren Körper heilen kann?*

Hilarion

Nur der Geist bringt wahre Heilung, jedoch tut es oftmals dem Körper gut, ihn auch mit stofflichen bzw. äußeren Mitteln zu unterstützen. Wichtig ist, deinen Körper ganz anzunehmen, ihn innerlich in Liebe zu umarmen, so wie er ist. Sei ganz liebevoll und achtsam mit ihm und gib ihm die Aufmerksamkeit, die er braucht.

Sinnvoll wäre eine Behandlung auf energetischer Ebene, um noch vorhandene tiefsitzende Ängste endgültig aufzulösen, denn diese Ängste sind die Ursache für die Blockierung des Energieflusses im Halsbereich. Auch hier gilt, je größer dein Vertrauen, desto freier kann die Energie fließen und Hindernisse beseitigen.

Wichtig ist, dass du nicht in die alte Energie der Angst hineingehst, sondern dich in der neuen Liebesenergie verankerst und die höhere Schwingung in deinem Bewusstsein hältst. Dein Körper besitzt die göttliche Macht und Kraft, ein jegliches Ungleichgewicht auszugleichen und eine jegliche Störung zu beseitigen. Als Hilfe kannst du dir bildlich vorstellen, dass zwei Waagschalen im Gleichgewicht sind, was zeigt, dass in deinem Körper vollkommene Harmonie herrscht.

Wenn du das Gefühl hast, dass eine Waagschale leichter ist, so fülle sie mit göttlichem Nektar, bis beide wieder ausgeglichen sind.

Wisse, für Gott sind alle Dinge möglich! Er hat dich erschaffen, er kennt deinen Körper wie niemand sonst, sollte es ihm da nicht möglich sein, Heilung zu bewirken? Vertraue Gott und seiner Heilkraft in dir!

Frage: *Ein Bekannter von ihr ist in der Finanzbranche tätig und um einen großen Betrag betrogen worden. Was kann er tun, um sich selber aus dieser Situation herauszuhelfen? Muss sein Bezug zum Geld anders werden? Was kann sie ihm sagen?*

Hilarion

Ja, seine Einstellung zum Geld muss sich ändern bzw. er muss alte Glaubenssätze, die mit Geld zusammenhängen, unbedingt loslassen und das alte Denken verabschieden, welches ihm nicht mehr dienlich ist. Er muss sich klarmachen, dass er es *verdient*, dass es ihm gut geht, dass es in dieser Zeit nicht mehr sinnvoll ist, in selbst auferlegtem Mangel zu leben, dass jetzt die Zeit ist, um in Freude und Fülle zu leben. Er möge all seine alten Überzeugungen und Glaubenssätze ans Licht holen und ins Bewusstsein bringen und sich klarmachen, dass sie nichts damit zu tun haben, dass Geld in Wirklichkeit eine Form von Energie ist, die entweder frei fließt oder gestaut ist.

Er möge sich die Erlaubnis geben, dass das Geld, die Energie, die es ist, im Überfluss zu ihm kommen darf, damit er die göttliche Fülle in jeder Form genießen kann.

In der vergangenen Zeit war es so, dass ihr hart für euer Geld arbeiten musstet oder glaubtet, es tun zu müssen, auch gab es Zeiten, da es sinnvoll war, in Armut und ohne Besitz zu leben, um spirituell weiterzukommen. Doch jetzt ist eine andere Zeit, und es ist nicht mehr nötig, Verzicht zu üben, um geistig zu wachsen. Im Gegenteil, wie wollt ihr euch dem geistigen Weg widmen, wenn ihr euch täglich um euer Dasein Sorgen machen müsst?

Die göttliche Fülle ist da, Geld ist für alle Menschen ausreichend vorhanden, ihr müsst jedoch durch euer Bewusstsein, durch eure Einstellung den Fluss fließen lassen, damit es den Weg zu euch findet.

Ich werde euch helfen beim Heilungsprozess. Ihr sollt geheilt werden von Armut, Mangel und Sorgen jeglicher Art.

Meine Liebe kann Wunder bewirken, wie auch die Liebe in euren Herzen Wunder bewirken kann. Gott wohnt in euch, und seine Stärke ist eure Stärke.

Lasst euch innig umarmen und geht in Frieden euren Weg weiter. Viele himmlische Wesen begleiten euch. Seid gesegnet und lasset euch jetzt einhüllen von meinem Licht.

* * *

Frage: *T. J. möchte wissen, ob es richtig war, das Sorgerecht für ihren 15-jährigen Sohn an den Vater abzugeben. Sie meint, dass ihr Sohn in Therapie muss, hat aber keinen Einfluss. Wie kann sie ihm trotzdem helfen?*

Hilarion

Geliebtes Kind des Lichtes. Lass den Kopf und den Mut nicht sinken. Wir sehen die Dunkelheit, die dich herabzieht und dir alle Kraft raubt. Was du im Augenblick tun kannst, ist allein, nach dir selbst zu schauen. Alle sorgenvollen Gedanken und Ängste ziehen dich herab und wirken sich auch auf deinen Sohn nicht positiv aus. So bemühe dich, deine Energie bei dir zu halten und deine Schwingung anzuheben. Das kannst du, indem du nach dir schaust, gut für dich sorgst und Dinge tust, die dir Freude bereiten und dich befriedigen. Immer wenn du merkst, dass dich trübe Gedanken an deinen Sohn oder seinen Vater lähmen und bedrängen, dann nimm dir ein Gebet, ein Mantra oder eine kleine Melodie zu Hilfe, um aus dieser negativen Schwingung wieder herauszukommen. Mit jedem Gedanken an das „Böse" oder „Schlechte", was dein Sohn oder dein Exmann tun bzw. getan haben, gibst du genau diesen Schwingungen „Nahrung" und verstärkst sie dadurch. Nur die Liebe kann das Dunkle erhellen und in Licht transformieren.

Es ist durchaus ein schwerer Weg, jedoch wäre es für alle dienlich, wenn du die Situation nicht mit Groll und Hass betrachtest, sondern versuchst, sie durch Liebe, d. h. durch Verständnis und Verzeihen zu erhellen. Wenn du Gleiches mit Gleichem vergiltst, kann und wird sich nicht viel ändern oder gar verbessern können. „Äußerlich" kannst du im Augenblick nichts erreichen, lediglich durch deine innere Einstellung, durch eine liebevollere Haltung kannst du eine Veränderung bewirken. Solange du jemanden verurteilst, sagst du damit, du bist nicht in Ordnung, du solltest anders sein, so will ich dich nicht haben. Könntest du sagen, ich liebe dich so, wie du bist, würdest du das Gute im Inneren ansprechen und stärken, und dadurch könnte es sich immer mehr auch nach außen zeigen.

Versuche dich einmal daran zu erinnern, was du an deinem Mann mochtest, als du ihn kennengelernt hast. Schließlich hast du ihn geheiratet und hast ihm deine Liebe geschenkt. Ebenso erinnere dich, was du an deinem Sohn liebst, was er gut kann, was du an ihm bewunderst. Das wird ihm und euch sehr helfen. Verstehe, dass du die Kraft des Lichts unterstützen musst, nicht die Dunkelheit! Gib ihn innerlich frei, dann kann er von selbst zu dir zurückkommen, wenn er möchte. Solange du etwas erzwingen willst und innerlich klammerst, wird dir das, was du möchtest, entzogen.

Meine geliebte Lichtschwester, ich sehe, wie schwer das alles für dich als Mutter ist, und es kann für dich nur dadurch leichter werden, indem du loslässt. Lege alles in Gottes Hand und vertraue zutiefst, dass ihr alle den richtigen Weg geht.

Nutze die Kraft des Gebetes oder eines Mantras, und auch die Musik kann helfen, deine Schwingung anzuheben und mehr Licht in deinen Alltag einfließen zu lassen.

Ich grüße dich aus dem Reich der Liebe und Wahrheit und hülle dich jetzt ein in diese Liebe. Spüre die Kraft, die ihr innewohnt, und nutze sie zu deinem und dem Wohle aller. Ich segne dich jetzt.

❊ ❊ ❊

Frage: *S. F. möchte etwas zu seiner aktuellen Lebenssituation hören. Er hat das Gefühl, dass eine andere Aufgabe ansteht als an der Seite seiner Frau zu sein, die er nicht liebt, aber sehr achtet und wertschätzt. Es gibt eine andere Frau, in deren Gegenwart er sich sehr wohl fühlt und mit der große Harmonie besteht.*

Hilarion

Mein innigst geliebter Bruder des Lichtes, sei von Herzen gegrüßt! Ich bin Hilarion, ein Meister des Lichtes und der Wahrheit, höre, was ich dir sage.

Ich sehe deine Aufrichtigkeit und dein Hin- und Hergerissensein zwischen dem, was dein Herz dir rät, und dem, was dein Pflichtgefühl dir sagt. Und manchmal scheint es in der Tat schwierig zu sein, beide unter einen Hut zu bringen. Du weißt, mein liebster ..., dass es immer richtig ist, auf die innere Stimme zu hören, auf die leise Stimme deines Herzens, denn dort wohnt Wahrheit und von dort erhältst du die „richtige“ Führung. Wenn du deinem Herzen folgst, bist du wahrhaftig, dann ist das, was du tust, auch stimmig und du kannst allen Betroffenen ins Auge schauen. So bitte ich dich, lasse dein Herz entscheiden, denn eine Entscheidung steht an, das spürst du genau. So, wie es jetzt ist, stimmt es nicht mehr, und wenn du unglücklich bist, können alle, die mit dir sind, auch nicht glücklich sein. Selbst wenn du nicht darüber sprichst, so wird sich dein Unglücklichsein oder dein Unbefriedigtsein auch auf deine Familie auswirken, denn deine entsprechende Schwingung steht ja in Resonanz zu deinen Familienmitgliedern.

Ich möchte dir sagen, du hast dein „Soll" bestmöglich erfüllt! Jetzt ist es an der Zeit, dass du tatsächlich deine wahre Aufgabe angehst. Deine Aufgabe als Ehemann und Familienoberhaupt hast du getragen und deine Pflicht bestmöglich erledigt. Jetzt ist es an der Zeit, die Liebe aus deinem Herzen strömen zu lassen und dein wahres Sein zu leben.

Du spürst, dass deine Frau nicht deine Seelenpartnerin ist. Nun, so möchte ich das nicht sagen. Natürlich ist sie auch eine Seelenpartnerin, und ihr habt einst beschlossen, diese Zeit zu teilen und daran zu wachsen. Aber du spürst auch, dass es noch eine Verbindung auf tieferer Ebene geben kann, und das ist mit deiner Frau in diesem Leben tatsächlich nicht möglich.

Mein geliebter Lichtbruder, im Grunde sehnst du dich nach der Verschmelzung mit Gott, nach der Einheit, die du verloren zu haben glaubst. Und dein Sehnen wird immer größer werden, bis du wieder in deine wahre Heimat zurückgekehrt sein wirst. Das Verschmelzen mit einer anderen Seele kann ein großer Schritt dahin sein, und nicht vielen Seelen ist es vergönnt, einer absolut gleichschwingenden Seele in diesem Erdenleben zu begegnen. Es ist auch für die Befreiung nicht notwendig, aber es ist dennoch etwas Wunderbares. Darum genieße es, wenn du auf eine gleichschwingende Seele triffst, dies ist ein großes Geschenk!

Auch wäre es, von unserer Warte aus gesehen, in Ordnung, deinen Weg sozusagen abseits der Familie fortzusetzen. Ich sage absichtlich nicht „ohne" Familie, denn diese wird dich auf jeden Fall bis ans Ende dieses irdischen Daseins begleiten. Deine Kinder werden deine Kinder bleiben und deine Frau wird die Mutter deiner Kinder bleiben, so würdet ihr auch weiterhin zutiefst verbunden bleiben – aber eben nicht auf der Ebene von Mann und Frau. Diese Verbindung ist schon lange durchbrochen und kann auch nicht „gekittet" werden – das ist auch nicht nötig. Es gibt für alles den richtigen Zeitpunkt, und oftmals spürt ihr über längere Zeit, wie etwas sich immer mehr zuspitzt und ihr immer unzufriedener mit einer Situation werdet –

bis letztendlich die Seele tatsächlich streikt und sagt: Jetzt ist Schluss! Bei dir scheint dieser Punkt fast erreicht zu sein, denn deine Seele ist kaum mehr bereit, Kompromisse zu schließen, und ein Weitermachen auf gleichem Stand wäre ein Kompromiß für das Drängen deines Herzens.

So rate ich dir, geliebter ..., mein wunderbarer leuchtender Sternenbruder, lausche intensiv auf dein Herz und lasse dich von ihm leiten! Vertraue darauf, dass es die Stimme Gottes ist, die dich weise führt und dir deinen „richtigen“ Platz zeigt. Vertraue! Bitte um Führung und dann lass los! Was hast du zu verlieren?! Du wirst nichts verlieren! Du kannst nur gewinnen.

Bevor du Liebe in die Welt strömen lassen kannst, musst du dich selbst lieben und achten! Dazu gehört, dass du auch deine tiefsten Gefühle wahr- und annimmst! Auch deine Gedanken musst du mit aller Konsequenz achten und akzeptieren, nur so liebst du dich wahrhaftig. Es funktioniert nicht mehr, sich selbst etwas vormachen zu wollen, du musst absolut ehrlich dir gegenüber sein. Schau in den Spiegel und prüfe, was du siehst! Schau dir in die Augen und frage dich, wie du wirklich leben willst! Ich versichere dir, du wirst es wissen, und du wirst deine wahre Aufgabe erkennen.

Sei innigst umarmt und lass mich dir noch dies übermitteln: Ich bin bei dir, ich begleite dich, so fürchte dich nicht! Gottes Segen ist mit dir und seine Gnade bringt dir Erfüllung.

***Frage** (in einer späteren Sitzung): Was bedeutet das, dass seine Frau und seine Freundin so eine intensive und spezielle Freundschaft haben? Was sagt es aus, dass er an eine solche Frau geraten ist? Was sagt es aus, dass er immer öfter lieber alleine ist als zusammen mit seiner Frau? Hat deshalb Schuldgefühle und keine Lebensqualität.*

Hilarion

Mein geliebter Bruder des Geistes, ich grüße dich aus der Ebene des immerwährenden Lichtes.

Sieh es einmal so. Du hast dir für dieses Leben eine Aufgabe vorgenommen, die du bewältigen willst, und zwar zu dem einen Zweck oder Ziel, auf deinem Weg nach Hause ein Stück voranzukommen. Du wolltest bestimmte Erfahrungen machen, die dir dafür dienlich sind. Dasselbe gilt auch für deine Frau und die Freundin. Ihr alle gemeinsam habt, bevor ihr in dieses Erdenleben tratet, besprochen, wie ihr euch am besten gegenseitig unterstützen könnt und welche Erfahrungen ihr gemeinsam machen wollt – immer mit dem Ziele der wahren Heimat näherzukommen. Ihr konntet damals „sehen", warum ihr dies oder jenes machen wolltet, warum ihr so oder so zusammensein wolltet, warum ihr euch für dieses oder jenes entscheiden würdet. Mit dem Eintritt in das irdische Leben setzte nun das Vergessen ein, und der tiefere Sinn all dessen entzieht sich euch nunmehr. Doch wisse, liebster ..., ihr habt es so besprochen, dass ihr alle drei aufeinander trefft, um euch gegenseitig bestimmte Erfahrungen zu ermöglichen, die euch weiterbringen. Dazu gehörte eben auch, dass deine Frau und die Freundin eine sehr enge Beziehung miteinander eingehen. Sie tun dies auch, um dir ein Stück weiterzuhelfen, denn genau dadurch bist du gezwungen, genau hinzuschauen, was du wirklich willst, deine Beziehungen genau anzuschauen und dich zu prüfen, wie du weiterhin leben willst.

Ich sagte dir bereits, dass es jetzt an der Zeit ist, die Beziehungen zu klären. Das ist für dich auch sehr wichtig. Du musst dich entscheiden, wohin dein weiterer Weg gehen soll. Und ich sage dir, wenn es für dich mit deiner Frau nicht mehr stimmt, dann brauchst du deshalb kein schlechtes Gewissen zu haben, denn auch dies gehört zu eurem gemeinsamen Plan. Ihr habt beschlossen, ein Stück des Weges gemeinsam zu gehen, aber nicht bis ans Lebensende.

Auch sagte ich dir bereits, dass es einfach wichtig ist, dass du für die Kinder da bist, auch wenn du dich von deiner Frau trennen solltest. Dieses „da sein" muss nicht die körperliche Anwesenheit bedeuten, sondern es soll bedeuten, dass du im Geiste bei ihnen bist und deine Frau dich nicht ausschließt. Du „verlierst" deine Kinder nicht!

Dass du immer öfter lieber alleine sein willst, bedeutet, dass es eben nicht mehr „stimmt". Ihr schwingt auf unterschiedlichen Ebenen, und dein Herz ruft dich an einen anderen Ort.

Mein geliebter Lichtbruder, höre auf, dich selbst zu quälen. Lausche nach innen und tue das, was dir deine Herzensstimme rät. Es ist das Richtige. Ich sagte dir bereits, dass du deine Pflicht erfüllt hast, jetzt steht etwas anderes an.

Frage: *Was ist der Grund, warum ein Mensch als „Single" durchs Leben geht?*

Hilarion

Das ist einfach zu beantworten: weil er es so will! Weil er sich das so erschaffen hat. Es mag allerdings sein, dass es großenteils unbewusst abläuft, aber es hat nichts mit irgendwelchen äußeren Umständen zu tun, sondern es hat mit dem Bewusstsein und dem Willen des betreffenden Menschen zu tun. Wenn er tatsächlich sehr lange oder gar sein ganzes Leben alleine verbringt, dann hat seine Seele dies so entschieden, und es dient zu seinem Besten. Vielleicht war er viele Leben lang zuvor stets in Beziehungen und möchte nun eine andere Erfahrung machen. Manchmal entschließt sich eine Seele auch im jetzigen Leben, den weiteren Weg alleine zu gehen, wenn sie z. B. tief verletzt worden ist oder ihren Seelenpartner gehen lassen musste.

Mein liebster Lichtbruder, erforsche dich selbst, schau in dein Herz und folge seinem Drängen. So kannst du niemals fehlgehen.

Ich segne dich und hülle dich jetzt ein in einen Mantel der Liebe und der Kraft. Lasse dich davon ganz durchdringen und gehe deinen Weg im Vertrauen auf Gottes Weisheit, die auch in dir gegenwärtig ist! Mein Segen begleitet dich.

Frage: *V. U. möchte wissen, wie sie (oder auch ihre Familie) ihrer Schwester helfen kann, die überall nur Schlechtes und Angriffe auf ihre Person sieht. Sie glaubt, ihr könne niemand helfen, sie will auch nicht reden, und alle leiden unter dieser Situation.*

Hilarion

Du bist eine meiner geliebten Lichtgeschwister, ich freue mich sehr, dass du dich auf diesem Wege meldest! Sei innig gegrüßt aus dem Reich des Lichtes.

Was dein „Problem" betrifft, so wisse, dass ihr alle nicht in die gleiche Negativität fallen solltet, in der deine Schwester gefangen ist. Ihr könnt ihr sehr helfen, indem ihr nicht mitspielt. Dazu müsst ihr stark sein und in euch das Positive stärken und euch immer wieder mit der Liebe und dem Licht in euren Herzen verbinden. Es ist euer aller Lernprozess! Ihr dürft nicht mit dem Finger auf ... zeigen und sagen: Du bist so negativ, du bist schuld, dass es uns allen nicht gut geht, du bist ... usw. Wenn ihr das tut, seid ihr in der gleichen dunklen Schwingung wie sie! Nur wenn ihr euch daraus erhebt, könnt ihr ihr helfen, sich auch daraus zu erheben. Da sie euch diese Negativität zeigt, hat es auch etwas mit euch zu tun. Ihr habt eine Resonanz dafür, sie zeigt euch etwas, was auch ihr in euch tragt. Und wenn ihr dieses Negative transformiert, wird, ja *muss* sich das auch im Außen zeigen. Versucht es mit Liebe, Akzeptanz und Toleranz und nicht mit Besserungsvorschlägen und schaut, was passiert.

Meine geliebte ..., du kannst auch dein Innerstes darum bitten, dir diese Liebe und dieses Annehmen zu ermöglichen, wenn du glaubst, du könnest es nicht. Gott in dir kann es, er steckt niemanden in eine Schublade, er will auch niemanden „besser" machen oder ändern, denn bei Gott sind alle Menschen vollkommen.

Tritt innerlich einen Schritt zurück und sieh, dass es für *euch alle* um einen Lernprozess geht und nicht nur darum, deine Schwester „umzukrempeln". Darum geht es am allerwenigsten.

Nehmt ... in Liebe an, dann kann sich ganz von selbst etwas verändern, denn dadurch verändert sich in euch etwas, wodurch sich dann auch das, was ihr wahrnehmt, verändert.

ICH BIN IMMER BEI DIR! Schließe deine Augen und spüre jetzt meine Gegenwart.

* * *

Frage: *F. S. möchte wissen, ob sie in ihrem Haus wohnen bleiben können. Sie hat das Gefühl, dass sie es gar nicht verdient hat, so wunderbar zu wohnen. Auch weiß sie nicht, ob es richtig ist, noch bei ihrem Mann zu bleiben. Sollten sie sich trennen, müsste sie ja auch aus dem Haus fort.*

Hilarion

Ihr geliebten Lichtkinder, seid innig gegrüßt. Meine immerwährende Liebe fließt jetzt zu euch, wir sind durch diese Liebe zutiefst verbunden.

Liebe ..., höre auf zu überlegen, was wäre, wenn ... Heute lebst du in deinem Haus, und heute lebst du mit deinem Mann gemeinsam dort. Morgen wirst du wissen, was dann sein wird, und in einem Monat oder einem Jahr wirst du vielleicht vor der Entscheidung stehen, alleine weiterzugehen und vielleicht auch an einen anderen Ort. Doch da du jetzt in deinem Herzen nicht ganz klar spürst, was du willst, so bitte ich dich, warte ab, bis es klar ist.

Was du tun kannst, bitte deinen inneren Gott um Klarheit und dann lass los. Vertraue, dass du aus deinem Inneren alle nötigen Impulse und Hinweise bekommst, die dich jeweils das für dich Richtige entscheiden und tun lassen. Vertraue unbedingt deiner inneren Stimme, sie ist Gott, der in dir wohnt! Vertraue darauf, dass diese innere Führung immer das beste Wohl aller im Auge hat. Würde ich jetzt sagen, du sollst dies oder das tun, so wäre dir damit nicht geholfen, wenn dein Gefühl ein anderes ist. *Du kannst tun, was du willst!*

Und dir steht alles zu, was es auf der Erde gibt! Der Glaube, dass dir etwas nicht zusteht, dass du etwas nicht verdient hättest, sind alte Überzeugungen, die du mitgebracht hast, die dir aber jetzt nicht mehr dienlich sind und die nicht der Wahrheit entsprechen. So genieße alles, was du hast und vor allem, was du bist! Erinnere dich immer wieder daran, dass du göttlich bist und dass Gott Liebe ist. Wenn du dieses Bewusstsein in dir stärkst, wirst du diese Liebe ausstrahlen und aus dieser Liebe heraus handeln, entscheiden und einfach das tun, was der jeweilige Augenblick erfordert.

Die „Ruppigkeit" deines Mannes ist nur Spiel, lass dich nicht davon in die Täuschung hineinziehen. Das, was *in dir* ist, die Liebe, das Licht, allein das ist wahr und bleibend. Die Ruppigkeit deines Mannes, genauso wie deine Wut, werden vergehen wie dunkle Wolken am Himmel. Je mehr Abstand du zu deiner Rolle bekommst, die du als irdische Person spielst, und je mehr du aus der göttlichen Liebe heraus wirkst, desto harmonischer und liebevoller werden alle deine Beziehungen werden und, um gleich deine nächste Frage mit zu beantworten, desto mehr Menschen werden von deinem Licht angezogen werden und deinen Rat suchen.

Je mehr Mangel du in dir spürst, desto weniger Menschen ziehst du an, auch und gerade wenn der Mangel sich nicht auf Äußeres bezieht, sondern mit dir selbst zu tun hat.

Lege ein neues Gelübde ab, dass dir zu jeder Zeit an jedem Ort die ganze göttliche Fülle zusteht, weil du selbst göttlich bist und nichts weniger als das verdient hast!

Lass mich dir sagen, dass du nichts falsch machst! Ihr denkt so oft, dass ihr etwas falsch macht, dass ihr dies oder das anders oder besser machen solltet, dass ihr überhaupt viel mehr tun müsstet usw. Ihr verwechselt hierbei immer wieder das Tun und das Sein. Willst du Veränderung, so liegt es an deinem Sein, an deinem Bewusstsein, den Wandel herbeizuführen. Das Tun wird dir nichts helfen, wenn dein Bewusstsein gleich bleibt. So wird dir auch keine Werbung nutzen, wenn du nicht in dir das Bewusstsein stärkst, dass es genügend Menschen gibt, die zu dir kommen möchten und auch das Geld dafür haben.

Diese ruhigere Phase war für dich sehr wichtig, damit die Transformation weitergehen konnte und noch geht. Wenn du mit sehr vielen Menschen arbeiten würdest, würde das im Augenblick deine eigene Transformation negativ beeinflussen. So habe noch ein bisschen Geduld, es wird sich wieder ändern, denn die „Hauptarbeit" ist bereits getan.

Ich schließe dich jetzt in meine Arme, mögen Kraft und Heilung dich durchströmen. Mein Segen begleitet dich allezeit.

* * *

Frage: *Die Töchter von M. G. machen ihr Sorgen, haben große Schwierigkeiten in der Schule. Die 15jährige ... sondert sich ab, hat vielleicht Depression, die 10jährige ... kann kaum lesen. Hat es etwas mit ihr zu tun? Welche Therapie könnte helfen?*

Hilarion

Innige Grüße sende ich Dir, meine geliebte Herzensschwester. Ich sehe, wie das Licht aus dir leuchtet, so möchte ich dir zunächst sagen, gehe den Weg des Herzens, du kannst viel Gutes tun und vielen Menschen helfen.

Was deine beiden Töchter betrifft, so möge dich beruhigen und dir etwas vom Druck nehmen, der auf deiner Seele liegt, wenn ich dir sage, dass du zwei wunderbare Lichtkinder an deiner Seite hast, die gekommen sind, um ebenfalls das Licht in der Welt zu verstärken. Jedoch verläuft dies anders, als ihr euch das so vorstellt. Auch diese beiden Seelen bringen noch – wenige – „Altlasten" mit, die es in diesem Leben abzuwerfen gilt. Oftmals geht eine Seele durch ein tiefes Tal, bevor sie zum Höhenflug ansetzt, und ihr denkt, dieses Tal sei „schlecht" oder „böse" oder was auch immer. Jedoch ist es einfach ein Prozess, durch den die Seele zum Licht gelangen kann. Oft sind es gerade Menschen, die „einfach" sind, nicht vollgestopft mit intelektuellem Wissen, die die göttliche Schwingung sehr rein und ungetrübt ausstrahlen. So ist deine jüngere Tochter eine dieser reinen Seelen, die Schwierigkeiten haben, mit dieser Welt klarzukommen, denn hier herrschen ja im Augenblick noch viele dunkle, niedere Schwingungen vor. Ihr scheinbares „Versagen“ auf mancherlei Gebieten, die von der Schule gefordert werden, ist sozusagen eine innere Verweigerung dieser dunklen Welt. Sie will neue Wege gehen, sie will ihren Kopf nicht mit unnötigem Wissen anfüllen, sie will durch ihr So-Sein auch anderen Seelen auf ihrem Weg weiterhelfen. Sie ist eine große Seele, die bereit ist, einiges auf sich zu nehmen, wozu andere Seelen nicht bereit wären, um auch dir zu dienen.

Und richtigerweise ist dir klar, dass es natürlich auch etwas mit dir zu tun hat. Sie hilft dir, wirklich alte, eingefahrene Vorstellungen, Erwartungen und Denkmuster fahren zu lassen und immer mehr nur in der ***Liebe*** zu sein. Förderung ist in Ordnung, aber nur im rechten Maße, so dass alle sich dabei gut fühlen. Es soll kein Druck und Stress entstehen, weder bei ihr noch bei dir. Vielleicht fragst du, ja, was soll denn aus ihr werden? Und ich möchte dir sagen, bitte *vertraue* sie der göttlichen Führung und Weisheit an. Vertraue darauf, dass sie an das Ziel kommen wird, das ihre Seele sich gesetzt hat. Akzeptiere und liebe sie uneingeschränkt! Sie muss sich von dir geliebt, angenommen und bei dir geborgen fühlen. Ihr unterstützt euch beide gegenseitig in eurem Weiterschreiten auf dem Weg ins Licht.

Was deine ältere Tochter betrifft, so ist es wichtig, sie ebenso vollkommen in ihrem So-Sein anzunehmen, d. h. zu ***lieben***. Wisse, dies ist ein Prozess, der vorübergehen wird. Auch sie leidet an der Welt, in der sie lebt. Sie ist ein Lichtkind und in dem Prozess, ihr Inneres und das äußere Bild, in dem sie mitspielt, unter einen Hut zu bringen. Das ist für sie sehr schwierig, denn auch die Schwingung ihrer Seele ist sehr rein und hoch. Doch in dieser Welt, die von niederen Schwingungen durchzogen ist, muss sie erst noch „ihren Platz“ finden. Sie spürt innerlich wahrscheinlich eine große Sehnsucht oder Unerfülltheit, und diese gewisse Leere kann nicht durch äußere Aktivitäten angefüllt bzw. aufgelöst werden. Sie kann nur durch die richtige „Nahrung für die Seele“ transformiert werden. Akzeptiert ihren Rückzug, drängt sie nicht, anders zu sein, als sie ist – das gäbe ihr ein noch schlechteres Gefühl. Zeigt ihr, dass ihr sie aufrichtig liebt, so, wie sie ist, und dass ihr einfach für sie da seid, wenn sie Hilfe und Unterstützung von euch haben möchte. Ohne ihre eigene Zustimmung kann ihr niemand helfen, niemand kann sie gegen ihren Willen zu etwas zwingen, wogegen sie sich innerlich sträubt. Du kannst ihr helfen, indem du Vorbild für sie bist, d. h. wenn du dich viel in der Natur bewegst, wird auch sie vielleicht Freude daran bekommen. Wenn du harmonische Geselligkeit pflegst und sie bei dir sieht, dass du Freude daran hast und es dir gut geht dabei, wird auch sie mehr aus sich herausgehen. Und wenn nicht – akzeptiere es! Nimm sie an, wie sie ist! Liebe sie einfach als wunderbares Geschöpf Gottes und sein Kind, das er dir anvertraut hat. Je mehr Freude und Zufriedenheit du ausstrahlst, um so mehr wird sich das natürlich auch auf deine Kinder auswirken.

Und du hast auch bereits die Erfahrung gemacht, dass deine Gebete zu Raphael Hilfe brachten. Du siehst, wie du dadurch, dass du für deine Töchter betest, einen engeren Kontakt zur geistigen Welt bekommst. Das ist eine Art, wie sie *dir* helfen, in engeren Kontakt zum Licht zu kommen. So bitte ich dich, nimm deine Gebete wieder auf, wende dich täglich der geistigen Welt zu, meditiere oder halte kurze Momente der Stille, um mit Gott in dir in Verbindung zu treten. Dies wird nicht nur den Kindern, sondern auch dir helfen.

Frage: *Sie ist selbständig und hoch verschuldet. Ist es überhaupt sinnvoll, das Geschäft noch weiterzuführen, oder soll sie es auflösen und etwas Neues machen?*

Hilarion

Tue unbedingt das, was dein *Herz* dir rät! Es ist in dieser Zeit so wichtig, den Weg des Herzens zu gehen, so lasse auch du dich von deiner inneren Stimme führen. Wenn du ehrlich bist und den Mut hast, genau hinzuhören, wird sie ganz klar zu dir sprechen. Im Grunde weißt du schon längst, dass es keinen Sinn mehr hat, das Geschäft weiterzuführen, aber *du* musst das erkennen und *du* musst die Entscheidung treffen, jetzt höre ich auf oder ich mache weiter.

Viele Menschen sagen, ja, wenn ich etwas Neues hätte, dann würde ich meinen jetzigen Job hinschmeißen, ich mag schon lange nicht mehr. Doch sehr oft ist es so, dass zuerst der nicht mehr passende Job beendet werden müsste, damit sich das Neue zeigen kann. Wie soll etwas Neues kommen, wenn du in der Mühle des Alten gefangen bist?

So nimm dir die Zeit, ganz still zu sein, und lausche in dich hinein. Prüfe das innerste Begehren deines Herzens. Im Grunde kennst du es bereits, denn du sagst, du möchtest etwas mit deinen Händen machen. So tue das, was du tun willst! Folge dem Ruf deiner Seele! Wenn du es nicht tust, wirst du nicht zufrieden und glücklich sein können. Tue es so, dass dein Ego dabei nicht aufgeplustert wird. Sieh es einfach als „normale" Tätigkeit an, die gut tut. Meine liebste Schwester des Lichtes, es soll dir gut gehen! Du sollst dich wohlfühlen! Du sollst in Fülle und Freude leben! Deshalb meide, was dich hiervon wegzieht, und lass dich nicht in eine niedere Angstschwingung hineinziehen. Bleibe mit deinem inneren, himmlischen Kern verbunden und wisse, alles wird gut!

Ich segne dich und deine Töchter jetzt mit meinem Strahl der Heilung. Lasst euch stärken und ermutigen, euren Weg ins Licht entschieden weiterzugehen. Gottes Segen ist mit euch allezeit!

* * *

Frage: *Wie soll sich B. H. ihrer Tochter gegenüber verhalten, was soll sie tun, wenn diese bei ihr zu Hause bleiben will und in Lethargie verfällt? Wie soll sie damit umgehen?*

Hilarion

Ich freue mich, dich hier zu sehen! Du bist eine meiner geliebten Schwestern des Lichtes, die in dieser wichtigen Zeit ein großes Stück auf ihrem Weg vorwärts schreiten können. Ich grüße dich innig und rufe dir zu: Freue dich, meine Liebe! Erfreue dich am Leben und sei glücklich! Das Wichtigste, *du bist*, so spüre dein Sein und mache dir nicht so viele Gedanken. Die Sorgen sind wie Wolken am Himmel, die sich vor die Sonne schieben. Doch wisse, die Sonne ist trotzdem da, sie scheint immer, auch *sie ist*. So ist meine Liebe auch immer bei dir und bei deinen Töchtern.

Meine liebste Lichtschwester, es ist an der Zeit, deine Töchter innerlich loszulassen, gib ihnen die Freiheit, die du dir ja auch für dich selbst wünschst. Loslassen heißt, nur so viel zu tun, dass es dir gut geht dabei. Du kannst für alle da sein und deine Bereitschaft kundtun, dass du ihnen Hilfe gibst, wenn sie möchten – aber nur, wenn es für dich stimmt! Das Wichtigste, was du vermitteln solltest, ist, dass du sie liebst, ganz gleich, was sie tun oder nicht tun. Deine Liebe ist das, was ihnen am meisten hilft. Deine Liebe, dein Vertrauen, deine Freude, die du ausstrahlst.

Schaue, dass du selbst intensiv lebst, dass du bewusst hier bist und dich auch an kleinen Dingen erfreuen kannst. Das wirkt sich positiv auf alle anderen Familienmitglieder aus. Wenn du dich nicht gut dabei fühlst, dass deine Tochter bei dir eine Ruhephase einlegt, so schaue bei dir genau hin, was es ist, was dich stört. Hast du bestimmte Erwartungen? Stellst du bestimmte Forderungen an sie? Beurteilst du sie nach den Maßstäben der anderen? Schaue zunächst bei dir selbst, was es genau ist, was dein ungutes Gefühl auslöst. Ist es das, dass du Angst hast? Ist es Wut, ist es Ärger? Schau in dich hinein und erforsche dich selbst! Du bist diejenige, die sich nicht gut fühlt, so musst du auch bei dir schauen, was du mit *dir* tun kannst, damit du dich wieder gut fühlst.

Wenn du spürst, du willst deine Tochter nicht im Hause haben, dann sage ihr das. Wenn du spürst, dass du Angst hast, so erfülle dich mit licht- und hoffnungsvollen Gedanken, die die Angst auflösen, und schaue dann nochmals in dich hinein. Du weißt, dass das, was du im Außen siehst, eine Widerspiegelung deines Inneren ist. So schaue mehr nach dir selbst, was in dir ist. Wenn du etwas nicht willst, dann äußere das auch. Wichtig ist, dass manches auch ausgesprochen wird, damit mehr Klarheit zwischen euch herrscht.

Nimm deine Töchter so an, wie sie sind! Sieh in ihnen das, was sie sind, nicht das Körperkleid, sondern die wunderbaren Seelen, die dieses irdische Dasein gewählt haben, um zu erwachen und um dir zu helfen, aufzusteigen ins Licht.

***Frage:** Was steckt hinter ihren Gelenkschwierigkeiten?*

Hilarion

Der Körper ist dein irdisches Kleid, das zu pflegen und mit Achtung und Sorgfalt zu behandeln ist. Auch dieser Körper macht eine Entwicklung durch und geht durch einen Transformationsprozess. Dazu gehört, dass ihr ab und zu „Schwierigkeiten" mit ihm habt. Es lösen sich hier alte, festsitzende Muster und auch Schlacken. Es ist wichtig, dass der Körper gereinigt wird, sonst kann er nicht mit deinen anderen Körpern und deiner Seele in Harmonie wirken. So sage ich auch hier: Mache dir keine Sorgen, aber lausche bewusst hin, welche Signale dir dein Körper gibt. Die Sprache deines Inneren ist weise, lausche und höre darauf.

***Frage:** Ist ihr Mann auch eine alte Seele? Er ist nicht an spiritueller Literatur oder Esoterik interessiert.*

Hilarion

Ja, er ist einer der wunderbaren Menschen, die nicht bewusst einen „spirituellen Weg" gehen, die aber dennoch zutiefst mit der geistigen Welt verbunden sind und die die Inspirationen, welche sie, eben meist ohne dass es ihnen ins Bewusstsein dringt, bekommen, täglich in ihrem Alltag umsetzen und darin einfließen lassen. Sie gehen ihren Weg, immer mit Hilfe von „oben", und sind zumeist glücklich mit dem, was sie tun, weil es „passt". Dränge solche Menschen nicht, etwas bestimmtes „Spirituelles" zu tun oder Bücher zu lesen, das ist nicht ihr Weg.

Frage: Soll sie weiter zu der Heilpraktikerin in ... gehen, die viel mit Spritzen und Geräten arbeitet? Ist sie dort richtig, oder wird sich für sie ein anderer Weg auftun?

Hilarion

Ich sage nochmals: *Höre auf dich und tue das, was du willst!* Du musst lernen, dir selbst ganz zu vertrauen und dir nicht so viele Gedanken und Sorgen zu machen. Überlege nicht so viel hin und her, das bringt dir keine wirkliche Lösung. Gehe deinem inneren Gefühl nach, lausche auf den leisen Rat deines Herzens. Wenn etwas für dich nicht stimmt, dann lasse es. Fühlt es sich gut an und du bist voller Begeisterung dabei, dann ist das das „Richtige" für dich. Es ist ganz einfach.

Aber ich helfe dir ein bisschen und möchte dir sagen, dass es dienlich wäre, nicht mehr allzu lange dorthin zu gehen, denn es steht tatsächlich etwas anderes für dich an, was ganz zu dir passt. Doch wirst du das erst dann in Angriff nehmen können, wenn du genügend Selbstvertrauen hast und dich wirklich der Führung „von oben" übergibst. Richte dein Augenmerk vermehrt auf deine feinstoffliche energetische Arbeit, hier wirst du viel erreichen können.

Ich segne dich und hülle dich jetzt ein in einen Mantel der Liebe und Freude.

* * *

Frage: Was kann N. Z. tun, um die Beziehung zwischen ihr und ihrem Mann zu verbessern? Wie kann sie in Harmonie leben?

Hilarion

Sei aus dem Licht gegrüßt!

Eine Beziehung kann nur dann funktionieren, wenn gegenseitige Achtung, Hingabe und Toleranz bestehen. Wichtig ist, dass beide Partner einen eigenen Freiraum für sich selbst haben und dem anderen ebenfalls einen solchen Freiraum gewähren. Auch wichtig ist, dass eine gemeinsame Basis vorhanden ist, die das Fundament der Beziehung darstellt. Dies muss nicht das sein, was ihr allgemein unter „Liebe" versteht. Denn meist ist es eher eine vorübergehende Verliebtheit, die euch aneinander bindet. Und wenn diese vergeht, merkt ihr dann, dass eben kein festes Fundament da ist, kein solider Grund, auf dem aufgebaut werden kann.

In einer Beziehung, die „funktionieren" soll, gehört es dazu, Kompromisse zu schließen bzw. für Probleme *gemeinsame* Lösungen zu finden. Hierbei ist das Wichtigste, den Partner zu achten und auch eine gewisse Toleranz zu üben. Und es müssen sich beide bemühen. Es nutzt nichts, wenn nur der Eine daran „arbeitet" und der Andere nicht wirklich daran interessiert ist. Dieses Interesse am anderen Partner, an seinen Gefühlen und Gedanken und an dem, was er macht, ist ein bedeutungsvoller Punkt, der zu dem angesprochenen Fundament gehört.

Meine liebste ..., frage dich nochmals – darum habe ich dich schon einmal gebeten – , was du wirklich willst. Wenn du sagst, ich will diese Beziehung fortführen, dann tue dies – nicht halbherzig, sondern dann musst du voll und ganz dazu stehen. Wenn du sagst, nein, ich will sie nicht fortsetzen, dann beende sie. Dies solltest du tun, wenn dein Herz immer wieder sagt, es stimmt nicht mehr für mich. Falls du diesen Schritt tun willst, kannst du trotzdem vorher noch einen Versuch machen, mit deinem Mann ein offenes, von Fairneß und gegenseitiger Achtung geprägtes Gespräch zu führen, in dem ihr euch beide klarmacht, wo ihr steht, was jeder vom anderen erwartet, eventuell auch fordert, und was jeder bereit ist einzubringen. Und dann müsstet ihr eine solide gemeinsame Basis finden, bei der ihr beide euch wohlfühlt und sagen könnt, so ist es gut.

Wenn du ständig unzufrieden bist, dir oder deinem Partner innerlich oder auch ausgesprochen Vorwürfe machst oder einfach das Gefühl hast, so wie es jetzt ist, kann und möchte ich nicht weitermachen, dann ist es dringend an der Zeit, Klarheit zu schaffen! Dies ist eine gute Zeit dafür, denn das ist ja das Thema dieses Jahres. Schiebe es nicht auf die lange Bank, dadurch wird es nicht besser. Kläre es jetzt!

Und, meine liebste Lichtschwester, wisse, wir sind bei dir und unterstützen dich. Fürchte dich nicht vor Konsequenzen, sondern folge einzig und allein deinem innersten Impuls deines Herzens.

***Frage:** Gibt es eine gemeinsame Aufgabe im gemeinsamen Leben?*

Hilarion

Es ist stets eure Aufgabe, eure Göttlichkeit auf der Erde zu offenbaren und das, was in eurem Geiste ist, zu manifestieren. Dies gilt für dich ebenso wie für deinen Partner. Um diese Aufgabe zu erfüllen, sucht ihr euch die Menschen und Umstände, Situationen und Gelegenheiten, die euch dabei helfen, dies in immer reinerer und deutlicherer Form zu vollbringen. Alles, was in dein Leben tritt, dient letztendlich diesem Ziel. Alles dient dem einen Zweck, zur Wahrheit zu erwachen. Und gerade zwei Partner helfen sich sehr dadurch, dass sie dem anderen als Spiegel seiner selbst dienen, damit sie aneinander lernen können und ihnen vieles über sich selbst klar wird. Auch verabreden sich Seelen, um manches wieder gutzumachen, was sie in früheren Leben getan haben, was der anderen Seele Schmerzen oder Leid zugefügt hat. Auch ihr beide seid „alte Vertraute“ und kennt euch nicht nur aus diesem Leben, sondern habt bereits gemeinsame Zeiten an anderem Ort verbracht. Eure Aufgabe jetzt wäre die, sich gegenseitig zu respektieren und zu achten und selbstlose Liebe zu leben. Eine gemeinsame berufliche Aufgabe sehe ich nicht, jedoch liegt das bei euch, was ihr euch für die Zukunft vornehmen wollt.

Frau ... hat mich ausdrücklich gebeten, dir ihren innigen Dank zu übermitteln!

Hilarion

Mein liebstes Sternenkind, ich danke dir auch! Ich bin voller Freude, wenn ich zu dir schaue, und ich möchte dich wissen lassen, dass ich dich begleite und immer bereitstehe, wenn du glaubst, der Hilfe zu bedürfen. Rufe mich, ich bin da!

Ich segne dich jetzt mit meinen Strahlen der Liebe und der Heilung. Glaube daran, alles wird gut!

* * *

Frage: Die Kinder von A. N. möchten wieder bei ihm wohnen. Er möchte wissen, ob sie tatsächlich wieder zu ihm kommen.

Hilarion

Mein geliebter Lichtbruder, sei gegrüßt.

Ich weiß, dass du sehr konkrete Antworten möchtest, und doch sage ich dir nicht, morgen wird dies und übermorgen wird das geschehen. Denn wir können zwar sehen, in welche Richtung es läuft, jedoch habt ihr ja stets den freien Willen, und so entsteht jeden Tag eine neue Zukunft, die ihr euch durch eure Gedanken, Gefühle und Taten von Augenblick zu Augenblick neu erschafft.

Deshalb ist es auch so entscheidend und absolut wichtig, in euren Gedanken und Gefühlen die Wahl der Liebe, der Freude und Zuversicht zu pflegen, denn entsprechend wird eure „Zukunft" aussehen.

Mein liebster ..., nutze deinen freien Willen und dein göttliches Potenzial! Wähle eine feinere, höhere Schwingung und gehe aus der dunklen Schwingung der Angst heraus! Nur so wird sich alles auf leichte Weise zum Positiven wenden.

Habe den Mut und ***vertraue!*** Glaubst du nicht, dass für Gott alle Dinge möglich sind? Und ich sage dir, dass du göttliche Macht und göttliches Potenzial in dir trägst, die jedoch nur hervortreten und Fülle in allen Bereichen erschaffen können, wenn du die Wahl für diese hohe Schwingung triffst.

Dein Herz ist bereit, also zögere nicht! Dann kann ich dir sagen, dass alles gut wird! Denn in dieser hohen Schwingung der Liebe gibt es weder Mangel, Armut, noch Leid, Schmerz oder Angst.

Entweder du lebst in der Schwingung der Angst, so wie du es im Augenblick gewählt hast, oder du entscheidest dich für die hohe Schwingung der Freude und der Liebe, dann wird sich *automatisch* dein ganzes Leben verändern. Dies betrifft alle Bereiche, nach denen du fragst, denn es ist gleichgültig, ob du Angst hast in Beziehung auf deine Kinder, deine Freundin oder dein Haus. Die niedere Schwingung der Angst ist immer dieselbe, und die lichte Schwingung der Freude und Liebe ist auch immer dieselbe, ganz gleich, auf welchem Gebiet sie sich zeigen.

So kann nur ein Hinwenden deines Bewusstseins zur neuen Energie der ***Liebe und Freude*** das hervorbringen, was du dir wünschst.

Glaube, dass das möglich ist! Glaube an die Kraft der Wahl deines Herzens und an die Kraft des schöpferischen Potenzials in dir! Mache dir das bewusst und *wähle bewusst* die neue Energie, die dir dienlicher ist als die alte Energie der Angst, die dir nicht mehr dienlich ist.

Es ist an der Zeit, wirklich bewusst diese Wahl zu treffen! Willst du auf alten Pfaden weitergehen, oder willst du in Freude und Fülle auf allen Gebieten weiterleben? Es ist deine Wahl! Du musst diese Wahl bewusst treffen!

Du sagst vielleicht, dass die äußeren Umstände schwierig oder aussichtslos sind, dass andere Menschen dir Probleme bereiten, dass dir Geld fehlt usw. Damit machst du äußere Umstände dafür verantwortlich, wie es dir geht.

Das ist jedoch nicht die Wahrheit.

Auch wenn du in ärmster Umgebung lebtest, könntest du doch die ganze göttliche Fülle fließen lassen, die ja immer da ist, wenn du diese bewusst wählst und dich für ein Leben in Freude und Liebe entscheidest. Das ist wahrlich so!

So tue diesen Schritt! Habe den Mut! Du kannst nur dabei gewinnen!

Mein Segen begleitet dich, und ich bin an deiner Seite, um dich mit all meiner Liebe und Kraft zu unterstützen. Lass göttlichen Frieden in dein Herz einziehen und erwecke die Freude in dir zu neuem

Leben! Umarme das Leben und wähle den Weg der Liebe! Ich segne dich, geliebter Bruder des Lichtes.

* * *

Frage: *A. G. ist ganz unsicher, wie er sich seiner Freundin gegenüber verhalten soll. Soll er standhalten oder sich ganz zurückziehen? Ist es seine Aufgabe, einen Menschen durchzutragen? Was ist für beider weitere Entwicklung gut?*

Hilarion

Ich segne dich aus den Sphären des ewigen Lichtes, mein geliebter Sternenbruder.

Was du tun sollst, fragst du. Nun, ich möchte dir raten, noch einen Versuch zu machen mit dem „Zuwarten". Behalte im Augenblick den Abstand bei, jedoch ziehe dich noch nicht ganz aus der Beziehung zurück, denn sie ist noch nicht vollständig „erledigt".

So gib euch beiden eine Pause, das ist in Ordnung, danach trefft euch noch einmal zu einem Austausch. Wie lange es noch dauert, bis ihr euch aus eurem gemeinsamen Karma lösen könnt, kann ich dir nicht sagen, denn das liegt an euch und an eurer Bereitschaft, den anderen in Liebe und Frieden gehen zu lassen, sobald eure Fäden, die euch aneinander binden, gelöst sind.

Auch hängt es davon ab, ob du den Teil, den sie dir spiegelt, wirklich selbst integriert und akzeptiert hast. Wenn du dir diesen einstmals verloren gegangenen Teil von dir sozusagen wieder einverleibt hast, dann kann sie gehen, und ein anderer Mensch, der einen anderen Teil von dir repräsentiert, kann in dein Leben treten, damit du dann auch diesen wieder integrieren kannst. So gelangst du immer mehr zur Einheit, zu dem, was du wirklich bist.

Du siehst, lieber ..., es geht über das Akzeptieren und Tolerieren, es ist alles eine Sache der *Liebe.*

Es ist jedoch nicht deine Aufgabe, sie oder jemand anderen durch eine Beziehung „hindurchzutragen", wie du es nennst. Du kannst das mit niemandem tun, wenn der es nicht will oder es euch nicht bestimmt ist, euer Leben bis zum Ende auf dieser Erde gemeinsam zu bestreiten.

Doch wie ich sagte, ist euer Weg des gemeinsamen Erfahrens noch nicht zu Ende. Das spürst du selbst deutlich, denn du merkst, dass du innerlich noch nicht loslassen kannst. Es sind eben noch einige unerlöste Dinge zwischen euch, die in Liebe entlassen werden sollen. Aber mach dir nun bitte keine Gedanken, was das sein könnte. Übe dich ein bisschen darin, einfach zu leben, das, was momentan ist, einfach anzunehmen und nicht zuviel mit dem Kopf zu analysieren und zu hinterfragen. Das macht es dir nur unnötig schwer, und eben das ist es, was dich auch entscheidungsunfähig macht.

Weißt du, lieber ..., im Grunde ist es gleichgültig, wie du entscheidest. Wenn du es im Lichte Gottes tust, wird es, so oder so, das Richtige sein. Aber da du im Augenblick nicht fähig bist, dich zu entscheiden, ist eben auch keine Entscheidung gefragt. Es ist nicht der richtige Zeitpunkt, das spürst du ja deutlich.

So quäle dich nicht weiter, sondern genieße die Pause, und dann, du wirst den richtigen Moment innerlich spüren, gehe wieder auf ... zu, aber nicht unter der Prämisse, du müsstest ihr helfen, du müsstest sie irgendwo hinführen, es müsste noch soundso lange gehen usw. Bitte, tue das alles nicht. Lasse all diese Überlegungen zu Hause und gehe so unbefangen wie möglich, einfach *mit offenem Herzen*, auf sie zu.

Es ist gut, wenn du die Dinge tief erforschst, doch manchmal ist es auch nötig, alles Forschen einmal sein zu lassen und lediglich einfach nur den Menschen zu sehen und zu lieben, gerade so, wie er sich dir zeigt. Das Erforschen deiner selbst sollte allerdings nie aufhören, denn das ist unerlässlich für deine Befreiung.

Ich segne dich mit all meiner Liebe und meinen heilenden Strahlen, lasse sie dich gänzlich durchdringen und Klarheit bringen. Frieden möge in deinem Herzen wohnen!

***Frage:** C. W.s lesbische Beziehung zu ihrer Freundin ist zerbrochen. Diese möchte Familie und Kinder, ruft aber jeden Tag an und möchte weiterhin eine Freundschaft aufrechterhalten.*

Wofür war diese Beziehung gut? Gehören sie überhaupt irgendwie in das Leben des# anderen? Ist es wert, noch etwas zu investieren oder soll sie einen Schlussstrich ziehen? War es eine völlig falsche Wahl gewesen?

Hilarion

Meine geliebte ..., mein Kind des Lichtes, sei auf das Herzlichste gegrüßt! Wie viele Fragen und welche Unsicherheit. So lasse mich dir Folgendes sagen.

Keine Erfahrung ist umsonst. Alles, was du durchlebst, sind Szenen auf deiner Lebensbühne, es sind Ereignisse, die im Kosmos aufblitzen und wieder vergehen.

Vergiss bei all diesen Begebenheiten niemals, dass es nie die Wirklichkeit ist, die du siehst, sondern es ist das Schauspiel des Lebens, von dem ihr euch einfangen und beeindrucken lasst.

Und so hattet ihr euch beide verabredet, für eine Szene gemeinsam auf der Bühne zu stehen, und du musst schauen, was der Regisseur nun sagt, welche Anweisungen er gibt. Natürlich hatte es einen Sinn, denn nichts ist sinnlos. Es hatte den Sinn, dass du tiefer in dich gehst und dich selbst besser kennenlernst mit deinen wahren Bedürfnissen und Wünschen.

Nimm alles nicht so ernst, erinnere dich: Es ist ein Spiel!

Du fragst, ob es wert sei, noch etwas zu investieren? Diese Frage musst du dir selbst beantworten, d. h. du musst dir selbst darüber klar werden, *was du für dich willst!* Ich bitte dich, tief in dich hineinzulauschen und dort zu spüren, was du wirklich möchtest. Und dann ist das gut und in Ordnung, wenn du dieser inneren Stimme folgst. Möchtest du die Beziehung aufrechterhalten, dann tue das, möchtest du sie beenden, dann tue das. Es ist so einfach. Aber es muss für dich stimmen und du musst dich dabei wirklich gut fühlen.

Hilfreich kann auch sein, dass du dir einmal genau vorstellst, wie es wäre, wenn ..., also z. B. wie es in ein oder fünf oder mehr Jahren sein würde, wenn du die Beziehung fortführst, egal in welcher Form, oder wie es nach dieser Zeit sein würde, wenn du dich für die Trennung entscheidest. Und höre dabei vor allem auf dein Gefühl tief im Innersten, du wirst genau spüren, was dir dienlich ist! Vertraue darauf!

Mache deinen Kopf frei von all den Überlegungen.

Es wäre gut, eine „Auszeit" zu nehmen, d. h. sich mit ganz anderen Dingen zu beschäftigen, die dir Freude bereiten, und etwas für dich selbst zu tun, was dir gut tut.

Ich breite meinen Segen über dich aus und lasse Strahlen der Freude und Kraft zu dir fließen. Nimm sie in dein Herz auf und lasse sie von dort ausstrahlen und Körper, Geist und Seele erhellen und erwärmen. Sei gesegnet!

* * *

***Frage:** D. F. hat seit vielen Jahren ihren Sohn nicht gesehen, er meidet den Kontakt zu ihr, obwohl sie immer ein herzliches Verhältnis hatten. Ihre Schwiegertochter hat sie allerdings abgelehnt, für ihren Sohn weiß sie allerdings keinen Grund. Warum zieht er sich so von ihr zurück?*

Hilarion

Welch eine große Freude, mit dir zu kommunizieren, meine liebste Lichtschwester! Spürst du die Freude und wie tief wir verbunden sind? Lass dich inniglich in meine Arme schließen.

Ja, das ist sehr schwer für ein Mutterherz zu ertragen, wenn ein Kind keinen Kontakt mehr haben möchte. Wie schön, dass du ihm trotzdem deine Liebe nicht vorenthältst und ihn Gottes wunderbarer Weisheit anvertraust. Darin ist er wohlgeborgen.

Und ich verstehe auch, dass du nach dem Warum fragst, denn dies gehört nun einmal zur menschlichen Natur, dass der Mensch verstehen möchte und Erklärungen benötigt, um mit einer Sache zurechtzukommen.

Doch bitte ich dich, nicht länger über das Warum nachzugrübeln, denn gerade das macht dir dein Herz schwer. Sage dir einfach, weil *er es so will.* Selbst wenn er sich von seiner Frau beeinflussen lässt, so ist doch auch dies seine Entscheidung, eben sich beeinflussen zu lassen. Dies kannst du nicht verhindern und ändern. Es ist eine Erfahrung, die er so „braucht", weil er noch nicht in der Lage ist, zu erkennen, *wie wichtig die Liebe ist.*

Aber, meine liebste ..., wisse, dass genau dieser Weg, den er geht, ihn dorthin bringen wird, irgendwann zu erkennen, dass die Liebe das höchste Gut ist, dass die Liebesschwingung die höchste, feinste Schwingung ist. Er handelt aus „Liebe" zu seiner Frau so, doch ist dies nicht die wahre Liebe. Er hört nicht auf die Stimme seines Herzens, denn dort würde er vernehmen, dass er dich wahrlich liebt und dich ehren und achten sollte. An erster Stelle jedoch würde er vernehmen, dass er sich selbst lieben, wertschätzen und achten sollte, das fällt ihm manchmal noch schwer.

Liebste Lichtschwester, so bitte ich, bleibe du weiterhin in der Schwingung der Liebe und wisse trotz allem, dass Gott mit ihm ist. Er geht seinen Weg, und auch er wird ins Licht und in die Liebe kommen, das ist gewiss.

Sprich liebevoll im Geiste mit ihm und lass deine Liebesstrahlen aus dem Herzen zu ihm fließen, das tut ihm sehr gut und ist für ihn hilfreich. Wenn es dir möglich ist, so sende auch seiner Frau diese Liebe, denn sie braucht sie noch mehr als er!

Wisse, dass ihr euch eines Tages wiedersehen werdet, und spüre tief in dir die Freude darüber! Gehe also in die Liebe und Freude, sooft du kannst, das wird nicht nur ihm, sondern auch dir selbst helfen und dein ganzes Leben heller und strahlender machen.

***Frage:** Ist es ihre Aufgabe zu helfen?*

Hilarion

Ja, das ist es. Du bist einer unserer wundervollen Lichtboten, die den Weg für viele, viele Menschen bereiten, die nachfolgen werden.

Dein „Helfen“ besteht darin, dein Licht auszustrahlen und dein göttliches Sein im irdischen Alltag zu demonstrieren, d. h. dein wahres Sein zu offenbaren. Du bist wie ein Wegweiser, der den Menschen sagen kann: Hier geht's lang, folgt mir, ich zeige euch den Weg.

Hierfür musst du eigentlich nichts Bestimmtes tun, sondern du musst lediglich so sein, wie du bist. Sei einfach du selbst, sei authentisch und strahle aus, dass du dich selbst liebst und vollkommen annimmst. Das strahlt auf alle Wesen aus, die mit dir zu tun haben. Sieh in jedem Menschen den göttlichen Funken, der in ihm wohnt, das ist die größte Hilfe, die du geben kannst, denn dadurch, dass du diesen Funken wahrnimmst, kann er aufleuchten und größer und stärker werden. Welch ein Segen!

Sorge dich nicht und lasse los. Nimm das Leben so an, wie es gerade ist, umarme es in der Form, die es *jetzt* hat. So kannst du in die Freude gehen und dich frei fühlen.

ICH BIN immer bei dir! Nimm jetzt meine Strahlen in dein Herz auf und fülle es mit Kraft, Freude und Frieden. Gottes Segen ist allezeit mit dir!

* * *

Frage: *Wie können E. F. und ihre Tochter die Enkelin dazu bringen, von ihrer Freundin loszukommen, die sie sehr beeinflusst und in schlechte Gesellschaft bringt, oder hat die Enkelin soviel Kraft, dass sie auf dem geraden Weg bleibt und wieder eine Zukunft sieht?*

Hilarion

ICH BIN Hilarion, sei gegrüßt!

Das Wichtigste, was ihr wissen sollt, ist dies, dass die ***Liebe*** und das ***Vertrauen*** die größte Kraft und Hilfe sind, die ihr jemandem geben könnt. Denn dadurch, dass ihr Vertrauen in einen Menschen setzt, stärkt ihr in ihm das Vertrauen in sich selbst, und nur aus einem starken Selbstvertrauen erwächst die Kraft, den eigenen Weg zu gehen und sich nicht beeinflussen zu lassen.

Doch wisset auch, dass es erstens keinen Zufall gibt, niemals, und dass jede Seele sich bestimmte Ereignisse und Menschen aussucht, um Erfahrungen zu machen, die ihr auf ihrem Weg dienlich sind. Dies können durchaus auch Erfahrungen sein, die ihr, von außen betrachtet, als „schlecht" oder in irgendeiner Weise als negativ beurteilt. Doch heißt das nicht, dass sie nicht doch gut für die Entwicklung der Seele sind. Da euer Verstand nicht in der Lage ist, dies zu beurteilen oder wirklich klar zu sehen, ist es wichtig, auf die innere Führung zu vertrauen und sich daran zu erinnern, dass bei Gott alles vollkommen ist, egal, wie ihr es beurteilt.

So stärkt in euch das Vertrauen in Gottes weise Führung und legt das Schicksal von ... in seine Hände. Wenn ihr beständig das Licht, den göttlichen Funken in ihr anruft und euch daran erinnert, dass sie viel Kraft in sich trägt, so wird sie gestärkt und kann ihren Weg gehen.

Hütet euch davor, alles mit dem Verstand beurteilen zu wollen, der Verstand sieht immer nur einen kleinen Ausschnitt des Ganzen und kann kein Bild der Wirklichkeit liefern. Nur das Herz kann die Wirklichkeit erfassen, und nur die Liebe ist in der Lage, Wunden zu heilen und Harmonie und Freude zu bringen. Deshalb bitte ich euch, hört auf zu verurteilen, sondern liebt, liebt, liebt uneingeschränkt! Wenn ihr in der Schwingung der Liebe und des Vertrauens bleibt, wird alles sich zum besten Wohle aller fügen, das ist gewiss. Vertraut auf das Beste, und das Beste kann sich offenbaren!

Meine liebste ..., ich hülle dich jetzt ein in meinen Strahl der Heilung und der Liebe, möge er dich stärken und dir Frieden im Herzen bringen. Auch deiner ganzen Familie sende ich jetzt meinen Segen. Wisse, niemand ist jemals allein! Vertraue darauf, dass auch bei deinen Enkelkindern himmlische Wesen sind, die sie begleiten und unterstützen. Vertraue darauf, dass sie nicht „abstürzen" werden, nein, vertraue darauf, dass sie den Weg ins Licht gehen, und das ist so!

Ich grüße dich aus dem Reich der Liebe und der Wahrheit und sage dir: Alles ist gut!

❊ ❊ ❊

Frage: Bei L. G. läuft jetzt die Scheidung, und mit ihrem Freund gibt es in letzter Zeit immer häufiger Schwierigkeiten. Ist er der richtige Partner, ist es gut, mit ihm den Weg weiterzugehen? Oder steht eventuell mit ihrem Bekannten ... eine Zusammenarbeit oder Beziehung an?

Hilarion

Lass dich grüßen, meine geliebte ... und umschließen von Strahlen der Liebe und Freude. Gerne antworte ich auf deine Fragen, doch wisse im voraus, dass du alle Entscheidungen selbst treffen musst, denn du hast das Geschenk der freien Wahl in jedem Augenblick. So liegt mein Bestreben lediglich darin, euch zu unterstützen und eventuell Klarheit für eine Entscheidung zu schaffen, und darin, euch zu begleiten und vor allen Dingen, das Vertrauen in euch selbst zu stärken.

Warum zweifelt ihr nur immer wieder an eurer eigenen inneren Stimme, warum misstraut ihr dem, was ihr im tiefsten Inneren empfindet, warum fließt ihr nicht einfach mit dem Strom des Lebens, sondern lasst euch von eurem Verstand malträtieren?

So rate ich dir, meine liebste Schwester des Lichtes, lasse dich von deiner inneren Weisheit führen und vertraue auf das, was in dir ist! Gott in dir weiß, was für dich das Beste ist und was deinem inneren Weg dient.

So ist es auch nicht meine Aufgabe, deine Zukunft zu deuten, denn deine Zukunft hängt von dem ab, was du *jetzt* denkst, fühlst und tust. Du erschaffst dir deine Welt in jedem einzelnen Augenblick, und niemand kann deshalb mit Sicherheit sagen, was morgen, in einem Jahr oder in 10 Jahren sein wird. Wir können nur sagen, was dienlich ist und wie der Weg voraussichtlich weitergehen wird, wenn keine besonderen Veränderungen eintreten. Da diese Zeit jedoch eine Zeit der großen Transformation, d. h. der Umwandlung und Veränderung auf allen Ebenen ist, bist auch du davon betroffen, ebenso wie die Männer, zu denen du eine Verbindung hast. Niemand kann sich davon ausschließen, denn die Transformation betrifft ja die ganze Erde.

Wichtig für dich wäre, dir über deine Gefühle klar zu werden, sowie darüber, was du von einem Partner erwartest und was du in eine Beziehung einbringen möchtest. Hierüber solltest du dir Klarheit verschaffen. Wenn du dich mit mir verbindest, helfe ich dir gerne dabei. Mache dir klar, *was du willst!* Und höre darauf, was dein Herz dazu sagt. Lasse dich von deiner Intuition leiten und sei gewiss, dass du dann den „richtigen" Weg gehst.

Was glaubst du, meine liebste Lichtschwester, ist „der richtige Partner" für dich? Ich sage dir, es gibt nicht *den* richtigen Partner bzw. ist ein jeder Mann der Richtige, insofern als ihr euch als Spiegel dient und aneinander lernen könnt. Jeder Mann zeigt dir Anteile von dir, die du liebst oder ablehnst, mit denen du „auf Kriegsfuß" stehst oder die du liebevoll annimmst.

Lasse die Liebe, die in deinem Herzen wohnt, fließen, jedoch ohne bestimmte Erwartungen und ohne auf ein Objekt gerichtet zu sein. Liebe einfach! Dann wird alles andere sich wunderbar fügen, so, dass du glücklich sein kannst.

Wir sehen, dass zu ... eine alte innere Verbindung besteht, doch prüfe dich gut, auf welcher Ebene du mit ihm agieren willst. Auch hier muss Klarheit herrschen, denn sonst wirst du dich nicht gut fühlen. Folge auch hier einfach der Stimme deines Herzens und *vertraue!* Gehe immer wieder in die Schwingung der Liebe, sie wird dich mit dem Mann zusammenführen, mit dem du in Harmonie zusammen sein kannst.

***Frage:** Soll sie bei ihrer spirituellen Arbeit etwas verändern?*

Hilarion

Im Augenblick nicht. Doch sei einfach achtsam und offen für Veränderungen und Hinweise, die dir gegeben werden. Da die Transformation rasch fortschreitet, ist es wichtig, mit der Energie höher zu schwingen, und so wird es auch für dich vielleicht noch in diesem

Jahr nötig sein, dich dem anzupassen. Du wirst Zeichen bekommen und kannst dann wählen, mit der höheren Energie zu schwingen oder auf der niedrigeren Ebene zu bleiben. Du hast auch hier die Wahl.

Frage: *Hast du eine Botschaft für ihre vier Kinder?*

Hilarion

Liebste ..., ich sage dir: Deine Kinder sind Geschöpfe Gottes, Kinder des Lichtes wie du und wahrhaft himmlische Wesen.

Ganz gleich, was sie tun, vergiss niemals, dass sie zu dir gekommen sind, weil ihr es gemeinsam so beschlossen habt und weil sie dir helfen wollen auf deinem Weg. Sie sind „Engel" in Menschenkleidern, die viel Liebe im Herzen tragen.

Erinnere dich immer wieder, dass ***Liebe*** das Band ist, das euch zutiefst verbindet, und dass Liebe ohne Einschränkungen das ist, was heilt, was verbindet, was trägt und nährt. Liebe ist die Nahrung, die Kinder benötigen, um groß zu werden, und Liebe ist die Nahrung, die die Erwachsenen benötigen, um so rein und direkt zu leben wie die Kinder. ***Liebe und Freude sind die Energie dieser neuen Zeit!***

Ich segne dich jetzt und lasse Strahlen der Kraft und Zuversicht zu dir fließen. Möge Frieden in deinem Herzen wohnen und deine Seele jubeln!

❋ ❋ ❋

Frage: *Das Thema Beziehungen/Sexualität ist bei D. N. angstbesetzt und sein Körper „spielt nicht mit". Er möchte, dass er seiner Partnerin Lust verschafft, und eine leidenschaftliche Beziehung. Was kann er tun für Heilung?*

Hilarion

Seid mir von Herzen willkommen. In Liebe begrüße ich euch. Dir möchte ich sagen, mein über alles geliebter Bruder des Lichtes, dass ich dir sehr oft sehr nahe bin. Auch wenn du das nicht immer bewusst wahrnehmen kannst, ist es doch so. Wisse, dass ich dich über alles liebe und dich auf deinem Weg unterstütze!

Ja, Sexualität zwischen zwei Menschen ist eine wunderbare Angelegenheit, wenn sie verbunden ist mit wahrer Liebe. Denn ohne die Liebe nimmt sie Kraft und zieht dich hinab auf niederere Ebenen. Wenn du aber in der hohen Schwingung der Liebe bist, dann kann die Sexualität wahrlich in höchste Höhen führen.

Ihr beide habt unterschiedliche Erwartungen an eine Beziehung, das macht die Sache nicht einfach. Wichtig ist, keine Erwartungen zu haben, sondern einfach das zu genießen, was momentan ist. Zu lieben, aus reinem Herzen, und Freude in der Begegnung zu spüren, ohne etwas zu erwarten für sich und für die Partnerin, das würde etwas mehr Leichtigkeit bringen.

Du kannst keine Ekstase erzwingen, denn dies bedeutet gerade das Gegenteil. Es bedeutet ja völliges Loslassen und völlige Hingabe an den Partner. Dies ist bei euch beiden momentan nicht möglich. Und es wird nur dann möglich sein, wenn genügend Selbstvertrauen da ist und keine Erwartungen. Solange du Widerstand oder Abwehr spürst, hemmst du den Fluss der Energie, und solange du Angst hast, dich wirklich ganz hinzugeben, rebelliert dein Körper auf die eine oder andere Art und Weise. So wäre dienlich, vor allem die Liebe zu dir selbst zu stärken und deine Erwartungen fallenzulassen.

Lasse los und lasse dich fallen! Vertraue darauf, dass alles so in Ordnung ist, wie es ist, und hadere nicht mit deinem Körper. Nimm ihn liebevoll an und achte ihn.

Auch deine Partnerin hat Angst, sich fallenzulassen und gänzlich hinzugeben. Sie ist sich unsicher, ob sie sich wirklich binden will. Du kannst wählen, ob du ein bisschen mitspielen willst, oder ob du sagst, ich will etwas anderes. Verurteile sie nicht, aber schaue du für dich, was *du willst*, und *wähle* das, was *du* möchtest.

Liebe dich selbst, das ist die Basis, auf der eine tiefe Partnerschaft gedeihen kann. Nur so wirst du Erfüllung finden. Heilung geschieht immer nur aus der Liebe, nur durch die höchste Lichtschwingung kann Heilung geschehen, so gib auch deinem Körper dieses Licht und die hohe Liebe der göttlichen Schwingung. Gehe aus der Angst heraus und in die Ebene des Vertrauens, nur so kann Veränderung geschehen.

***Frage:** Warum will sich seine Partnerin nicht fest binden, weil sie es nicht weiß oder wegen alter Verletzungen?*

Hilarion

Nein, es sind keine alten Verletzungen, sie ist sich einfach unsicher und weiß nicht, was sie will. Das ist ihr auch nicht wirklich bewusst, und sie weiß auch nicht, dass sie selbst jederzeit bewusst wählen kann, dass sie stets die Wahl und selbst die Macht hat, ihr Leben zu gestalten. Sie weiß einfach nicht, ob sie sich auf eine ganz tiefe Beziehung einlassen soll oder „mit dem Feuer spielen" will.

***Frage:** Wie kann er noch mehr männliche Energien integrieren? Er lässt sich von Barrieren abschrecken.*

Hilarion

Mein liebster Bruder des Lichtes, du kannst nicht etwas „mit Gewalt" integrieren, also von außen etwas hereinholen, was dir vermeintlich „fehlt". Alles ist bereits vorhanden, und auch du bist bereits vollkommen. Dies bedeutet, dass auch genügend männliche Energien in dir sind, es ist lediglich so, dass du diesen männlichen Teil nicht so stark wirken lässt wie die weiblichen, weicheren Anteile.

Ich möchte dich bitten, dich mehr in die neue Energie der Liebe und Freude zu begeben als in der alten Energie der Dualität hängenzubleiben. Männlich und weiblich, gut und böse, hell und dunkel, all dies sind Unterscheidungen der alten Energie. Jetzt ist die Zeit, um sich auf einer anderen Ebene zu bewegen und aus einem höheren Bewusstsein heraus zu agieren. So bitte ich dich: Sage nicht mehr, dir fehle männliche Energie, sondern versuche dich wirklich aus der Liebe heraus vollkommen anzunehmen und eben zu ***lieben!*** Wenn du dich so vollkommen selbst umarmst und dich ohne Vorbehalte, ohne Einschränkungen und Bedingungen liebst, dann *bist* du in einem ausgewogenen Zustand von männlich-weiblich.

Doch ich weiß, dass du gerne etwas dafür tun möchtest, wie die meisten von euch immer etwas tun möchten und sich etwas erarbeiten wollen. So möchte ich dir hier noch zwei kleine Übungen geben, die dir mehr Willenskraft und Durchsetzungsvermögen geben mögen.

Das Eine wäre, dass du dir vorstellst, wie du auf einem Berg stehst und die Wahl hast, dich hinabzustürzen, im Vertrauen, dass du unten aufgefangen wirst, oder dich in die Lüfte zu erheben, mit goldenen Schwingen wie ein großer Adler, und dich überallhin begeben zu können, um dich dort zurückzuverwandeln und goldenes Licht zu bringen. Beides ist nötig für das Leben in der Welt: das Vertrauen in das irdische Sein und das sich darüber Erheben ins goldene Licht.

Die zweite Übung wäre die, dass du dir jeden Tag einige Minuten Zeit nimmst, um dir bewusst zu machen, wann du an diesem Tag etwas getan hast, was *dir* gut getan hat, wobei du dich wohlgefühlt hast, wo du mit dir zufrieden warst. Dies können durchaus kleine Begebenheiten sein, dadurch soll einfach die Liebe zu dir selbst gestärkt werden und damit dein Selbstvertrauen wachsen.

* * *

Frage: *P. T. möchte wissen, ob sie den Kontakt zu ihrem Freund, der im Ausland wohnt und verheiratet ist, aufrechterhalten und einfach Geduld haben soll oder ob das keinen Sinn hat. Sie möchte Klarheit, auch von ihm, und wissen, wie sie sich verhalten soll.*

Hilarion

Zunächst segne ich dich mit meinem heilenden Strahl und grüße dich aus dem Reich des immerwährenden Lichtes.

Mein geliebtes Sternenkind, so lass dir sagen, was für dich wichtig ist. Du kannst keine befriedigende Partnerschaft haben, wenn du nicht selbst mit dir und deiner Vergangenheit im Reinen bist. Ich sagte bereits, dass Vergebung und Verzeihen der Schlüssel ist. Zuerst kommen die Liebe, Akzeptanz und Nachsicht mit dir selbst, dann erst bist du fähig, in Liebe und Harmonie eine Gemeinschaft mit einem Partner zu führen. Und da du für dich selbst noch nicht so weit bist, ist auch kein passender Partner da, mit dem das möglich wäre.

Unbewusst hast du dir genau den Mann ausgesucht, mit dem du eben *keine* Partnerschaft leben kannst, keine Partnerschaft, die diesen Namen verdient hätte. Es ist dir nicht dienlich, zwischen eine bestehende Ehe zu treten, denn selbst wenn der Mann seine Ehefrau verlässt, wird solch eine Partnerschaft nicht unbelastet sein von der vorangegangenen Ehe, und die erste Ehefrau steht oftmals noch immer dazwischen. Ratsam für dich ist, dich sofort zurückzuziehen, sobald du erfährst, dass ein Mann verheiratet ist oder in einer festen Beziehung lebt, auch wenn er beteuert, dass er darin nicht glücklich ist.

Es ist auch eine Frage der Verantwortung. Dein Freund drückt sich vor der Verantwortung. Er übernimmt weder seiner Frau gegenüber die volle Verantwortung noch dir gegenüber, aber was am wichtigsten wäre, auch nicht sich selbst gegenüber.

Du möchtest wissen, was du tun sollst, und ich kann dir nur sagen, was für deinen weiteren Weg dienlich wäre. So sage ich dir, meine geliebte ..., höre auf zu warten! Mit dem Warten auf etwas, was wahrscheinlich nie eintreten wird, vergeudest du dein kostbares Leben! Lebe *jetzt* und stehe zu dir selbst. Liebe und achte dich und öffne dich für die Menschen. Das bedeutet, öffne dein Herz für die Gefühle und gib deinem strapazierten Kopf eine Auszeit. Vielleicht hast du Angst, Enttäuschung zu spüren, Wut zu spüren, Einsamkeit zu spüren, jedoch all das gehört zu dir, und es ist besser, diese Gefühle zuzulassen und einmal zu durchleben, als sie ständig zu unterdrücken, wodurch sie „im Untergrund“ immer stärker werden und dir das Leben sehr beschwerlich machen.

Sobald du bereit bist, deine Gefühle zuzulassen und auch zu zeigen und zu äußern, sobald du dir selbst Rechenschaft abgibst über das, was wirklich in dir ist, wirst du nicht mehr abhängig sein von der Sehnsucht nach einem Mann, den es in Wahrheit gar nicht gibt. Renne nicht länger einem Phantom hinterher, sondern übernimm die volle Verantwortung für dein Leben mit all seinen Facetten, nicht nur beruflich, sondern in allen Bereichen. Und sei voller Liebe und Nachsicht, voller Güte und Toleranz dir selbst gegenüber. Schau dich einfach offen und ehrlich an, aber dann sage, o.k., das bin ich und es ist gut! Du bist ein Geschöpf Gottes, und er hat dich wunderbar und vollkommen erschaffen. So hadere nicht mit dir selbst und putz‘ dich nicht herunter!

Lass das Thema Partnerschaft ein wenig ruhen und konzentriere dich zunächst einmal darauf, mit dir selbst ins Reine zu kommen. Übe Verzeihen dir selbst und deinen Eltern gegenüber und schenke ihnen die Achtung und Liebe, die auch du haben möchtest. Auch sie sind wunderbare, vollkommene Geschöpfe Gottes und haben ihre Aufgabe erfüllt, die zu erledigen sie sich vorgenommen hatten.

Vergiss niemals, dass du dich im anderen stets selber siehst, und sei vorsichtig, wenn du dabei bist, über andere Menschen ein Urteil zu fällen. Nimm alles als wunderbare Zeichen, die dir gegeben werden, um letztendlich zu reifen und zu wachsen und dem Licht näher zu kommen.

Wenn du diese Schritte getan hast, dann wird es auch möglich sein, mit einem Partner eine befriedigende Gemeinschaft einzugehen. Denn beide sollten bereit und fähig sein, dem anderen Achtung, Respekt und uneigennützige Liebe entgegenzubringen, ihm Freiräume zu lassen und das eigene Glück nicht von ihm abhängig zu machen. Das Glück liegt immer in dir selbst! Niemand anders kann dich jemals glücklich machen, sondern nur du allein kannst das!

All das Gesagte zeigt bereits die Antwort auf deine nächste Frage. Denn um dich selbst besser kennenzulernen, Verantwortung für *alle* Bereiche deines Lebens zu übernehmen und dir selbst treu zu sein, bedeutet das natürlich, genügend Zeit für dich zu haben und Dinge zu tun, die dir das alles möglich machen. So wäre es nicht dienlich, rund um die Uhr nur für den Beruf da zu sein, sondern vielmehr hier etwas kürzer zu treten und dir viel mehr Zeit für dich selbst zu nehmen und dich zu erforschen. Dem bist du seither ausgewichen, aber jetzt ist die Zeit, in der dies anzugehen ist. Wage es, du kannst nur gewinnen! Und wir sind bei dir und helfen dir, das möchte ich dir versichern.

Ob ein Beruf die Berufung ist, spürst du daran, ob du mit Freude und Begeisterung dabei bist und ob dich der Beruf einfach zufrieden macht. Zufriedenheit ist hier der Schlüssel. Wenn du zufrieden bist mit dem, was du tust, so ist es das Richtige, wenn du unzufrieden bist, so ändere etwas.

Am wichtigsten ist deine innere Entwicklung, nicht dein äußerer Erfolg! Wenn dein Körper stirbt, wird dir dein beruflicher Erfolg nichts nutzen, deinen inneren Fortschritt jedoch wirst du als kostbaren Schatz mit dir nehmen können.

Beruflicher Erfolg ist wichtig für das Ego, Erfolg in der Bemeisterung deiner selbst ist wichtig für den Weg ins Licht. Schau einfach, was für dich Priorität hat, und setze, wenn du das möchtest, eine neue Gewichtung. Du kannst auf jeden Fall wählen, wohin dich dein Weg führen soll, so wähle weise und höre auf dein Herz.

Ich umarme dich voller Liebe und versichere dir, dass meine Unterstützung stets für dich da ist. Lass dich segnen und wisse, *alles ist gut!*

* * *

Frage: *Obwohl H. B. ihren Mann liebt, hatte sie schon zweimal neben ihm einen anderen Mann. Warum kann sie die Treue nicht halten?*

Hilarion

Aus demselben Grund wie dem für deine Essprobleme. Es ist die mangelnde Wertschätzung deiner selbst, oder besser gesagt: deines

Selbstes, die dich dazu treibt. Denn unbewusst suchst du dort die Anerkennung und Wertschätzung, die Achtung und Liebe, die du dir selbst nicht in ausreichendem Maße gibst. Du willst da ein Manko auffüllen, das deine Seele empfindet. Es hat nichts mit mangelnder Liebe deinem Mann gegenüber zu tun, sondern mit mangelnder Liebe dir selbst gegenüber. Wenn du das erkennst und hieran arbeitest, wirst du von selbst treu sein, ohne dich darum bemühen zu müssen. Unbewusst möchtest du etwas haben oder bekommen, was du nur dir selbst geben kannst. Auch hier wird das Erforschen deiner selbst Veränderung bringen.

So schön es sein mag, mit einem anderen Mann zusammen zu sein, so bringt es doch auch immer Druck, Stress und ein schlechtes Gewissen oder Schuldgefühle mit sich. Willst du dir das antun?

***Frage** (8 Monate später): Ihre Beziehung hat ganz nett begonnen, jetzt ist die zweite Trennung, und obwohl sie das auch wollte, war sie sehr gekränkt, als er den Wunsch nach Trennung ausgesprochen hat. Warum tun sie sich gegenseitig immer wieder weh? Was ist der Punkt, was hat sie zu lernen? Wird sie noch den richtigen Partner finden?*

Hilarion

Meine liebste ..., „den“ richtigen Partner gibt es nicht, bzw. ist jeder Partner in dem Moment, da du mit ihm zu tun hast, „der richtige“, denn mit ihm, und nur mit ihm, kannst du dich in einem bestimmten Punkt weiterentwickeln, mit einem anderen Partner dann in einem anderen Punkt. Solange du auf „den Richtigen“ wartest, solange wirst du vergeblich warten. Was du zu lernen hast, ist dies, zu erkennen, dass dir eben kein Partner etwas geben kann, was dir vermeintlich fehlt. Außerdem gilt es, sich in Nachsicht, Geduld und Selbstbewusstsein zu üben.

Auch wenn du einen anderen Partner nähmest, wäre dein Glück nur begrenzt, solange du nicht an dir selbst genug hast, das heißt, solange du vom Partner etwas erwartest, was er geben soll, damit du glücklich bist. Wisse, dass dir nichts fehlt. Wisse, dass alles Glück nur in dir selbst liegt. Wisse, dass kein anderer Mensch dich glücklich machen kann, nur du selbst kannst es sein.

Bleibe einfach offen und bereit, erwarte nichts, sondern bemühe dich, in dir selbst zentriert zu sein, dich selbst wertzuschätzen und dir selbst die Liebe zu geben, die du auch von einem Partner haben möchtest.

Du weißt, dass all das, was in dir ist, sich im Außen widerspiegelt, dass du im Außen nur das „finden“ kannst, was du auch in dir hast.

Habe den Mut, ganz und gar zu dir zu stehen und dich zu leben, so wie du bist.

Vertrauen zu haben, ist sehr wichtig, so übe dich im Vertrauen und übergib alles Gott und vertraue Ihm. Glaubst du nicht, dass er die Macht und die Weisheit hat, alles zum Besten aller zu regeln?

* * *

Frage: *Der Sohn von G. B. leidet unter Angst und Panik. Er liebt Musik und ist sehr negativ. Was kann sie tun, um ihm zu helfen? Sie befürchtet, dass er eine Dummheit machen könnte. Er hängt sehr an ihr. Sie meint es gut, hat aber keine Geduld mehr und möchte, dass es ihr wieder gut geht.*

Hilarion

Geliebtes Kind des Lichtes, sei von Herzen gegrüßt.

Alles, was wichtig ist, habe ich dir bereits mitgeteilt, so möchte ich mich wiederholen und dir raten, gut für dich selbst zu sorgen und es dir gut gehen zu lassen, da du sonst für niemanden eine Stütze oder Hilfe sein kannst. Außerdem bitte ich dich, deinen Sohn wirklich innerlich loszulassen, denn seine starke Bindung an dich zeigt dir, dass auch du eine sehr starke Bindung an ihn hast. Um ihn ganz loszulassen, musst du Vertrauen in ihn und in das Leben haben, und du musst loslassen und dessen gewiss sein, dass es so, wie es kommt, letztendlich für alle zum Besten ist.

Wisse, dass in Gottes Welt alles vollkommen ist und Er stets bei dir ist. Übe dich im Vertrauen und lasse wirklich los! Dein Sohn ist ein erwachsener Mann, und er hat stets die Wahl, den nächsten Schritt so oder so zu wählen und sich für oder gegen das Leben zu entscheiden.

Viele alte Ängste sitzen tief in ihm, diese gilt es aufzulösen, damit er in der neuen höheren Schwingung mitschwingen kann. Sich auf die tiefste, größte Angst einzulassen und diese anzuschauen, hatte er bis jetzt nicht den Mut. Er braucht weiterhin Führung und Begleitung durch jemanden, der ihm dabei hilft, diese alten Muster und Ängste aufzulösen. Er muss Geduld haben, doch sollte auch Schritt für Schritt ein Fortschritt spürbar sein, sonst fehlt ihm die Ermutigung und es schwächt ihn eher.

Wenn über längere Zeit kein Fortschritt stattfindet, kann er schauen, ob er für den nächsten Schritt vielleicht einen anderen Menschen braucht, der mit ihm diesen Schritt tun kann. Oftmals ist es so, dass für bestimmte Abschnitte bestimmte Menschen hilfreich sind, und so kann es sein, dass nach einer gewissen Zeit eine Veränderung nötig ist. Hierbei kann und soll er auf sein inneres Gefühl lauschen, dies sagt ihm, wo es weiter hingeht.

Um mit der Panik fertig zu werden, wird ihm nichts anderes übrigbleiben, als diese anzuschauen und bewusst zu erleben. Nur wenn er sich ihr stellt, wird sie sich auflösen können. Dabei braucht er auch Hilfe, dies sollte er nicht alleine tun.

Doch all dies ist seine Angelegenheit, dränge ihn nicht, lasse ihn selbst entscheiden und warte, ob er dich um Hilfe bittet. Sei einfach da und gib ihm zu verstehen, dass du ihm helfen wirst, wenn er das möchte. Ansonsten kümmere dich gut um dich selbst und lasse es dir gut gehen!

Du kannst selbstverständlich für ihn beten, doch auch dann *lasse los!* Wisse, dass das Beste kommen wird, und so wird es sein, wie immer es nach außen erscheinen mag. Nicht immer ist das, was ihr nach außen hin als das Angenehmste betrachtet, auch für den Weg der Seele am dienlichsten. So bete für den rechten Weg und die rechte Führung und vertraue dich dieser Führung mit Hingabe an.

Dränge deine Hilfe deinem Sohn nicht auf, „bemuttere" ihn nicht, wie soll er da seinen Lebensweg selbständig und stark beschreiten? Behandle ihn auch nicht als schwach oder krank, sondern ganz „normal" wie einen gesunden starken jungen Mann, der er in Wahrheit auch ist. Je mehr Kraft und Positives du in ihm siehst, desto mehr wird ihn das tatsächlich innerlich stark machen und ihm Vertrauen geben. Selbst wenn du das nicht aussprichst, so wird seine Seele es doch spüren.

Tue öfters Dinge, die dir Spaß machen und dich begeistern, finde dein Lachen wieder und erfreue dich des Lebens! Dir soll es gut gehen, und wenn das so ist, dann wirst du auch für die anderen Mitglieder deiner Familie ein helles Licht sein, an dem sie sich aufrichten können, ohne dass du großartig „helfen" musst. Tue nur soviel, wie für dich selbst gut ist und womit du dich wohlfühlst, mehr sollst du nicht tun, denn mehr ist dann nicht mehr deine Sache.

Wenn dir etwas zuviel wird, tue das, was du tun kannst, den Rest übergib Gott, Er wird das Übrige erledigen.

Wir sind immer bei euch, ihr geliebten Menschenkinder. Habt Vertrauen und geht mit dem Licht in eurem Herzen. Ich segne dich jetzt.

* * *

Frage: *Vor einem halben Jahr ist die Mutter von I. F. ins betreute Wohnen in ihrem Wohnort gezogen. Ihr Freund, ein wesentlich jüngerer Mann mit Alkoholproblemen, ist jetzt wieder da, hat sich bei ihr eingenistet und nützt sie offenbar aus. Was soll sie machen, auch mit ihm, inwieweit geht sie das etwas an? Was bedeutet es für sie?*

Hilarion

Liebe ist überall und immer da. Spüre sie für einen Moment ganz intensiv in deinem Herzen und schwinge mit in dieser feinen hohen Schwingung.

Ich grüße dich, mein geliebtes Kind des Lichtes. Gerne antworte ich auf die Fragen, die deinen Geist beschweren und dir die Ruhe nehmen.

Deine Mutter ist ein erwachsener Mensch mit einem freien Willen, den ihr respektieren müsst. Auch wenn ihr sie in die Schublade *krank* steckt, steht ihr zu, mit einem Menschen zusammen zu sein, den sie gewählt hat, auch wenn er euch nicht gefällt. Es ist in der Tat ihr Leben und du kannst ihr nicht vorschreiben, mit wem sie zusammen sein soll und mit wem nicht. Wie es ja offensichtlich ist, hat sie andere Auswahlkriterien als du und legt andere Maßstäbe an. Und wenn diese beiden Seelen sich nicht abgesprochen und etwas miteinander zu „erledigen" hätten, wären sie jetzt nicht zusammen.

Etwas anderes wäre es, wenn deine Mutter dich um Hilfe bäte, wenn sie sich von ihrem Freund trennen wollte und alleine nicht die Kraft hätte, dies in die Tat umzusetzen. Dann solltest du ihr natürlich helfen. Ansonsten ist es tatsächlich nicht deine Angelegenheit.

Lass dich jetzt umhüllen mit meinen Strahlen der Liebe und der Wahrheit und nimm sie tief in dich auf. Strahle die Liebe deines Herzens aus und richte den Blick fest auf dein höchstes Ziel. Unser Segen ist mit dir. Du bist niemals allein.

* * *

Frage: *M. M. fragt, was ihre mittlere Schwester tun kann, um eine glückliche Beziehung zu einem Mann zu finden. Sie ist sehr verschlossen und hat keinen Partner.*

Hilarion

Vergebung ist der Schlüssel. In Liebe vergeben zu können, aus tiefstem Herzen, ist eine Gnade und ein großer Segen. Es gibt vieles zu vergeben, bei sich selbst, dem Vater, auch der Mutter, den Geschwistern und den Männern, die sie gekannt hat oder kennt. Vor allem jedoch sich selbst zu vergeben, wäre das Wichtigste.

Sie wagt es nicht, sich selbst in Liebe anzunehmen, weil dann ein Damm brechen würde und die Gefühle sie zunächst einmal überschwemmen würden. Diese „Blöße" möchte sie sich nicht geben. Es wäre dienlich, wenn sie dafür Hilfe in Anspruch nehmen würde von einem Menschen, zu dem sie Vertrauen hat. Nur Einsicht über sich selbst, Liebe zu sich selbst, Ehrlichkeit und Akzeptanz ihrer selbst kann es ihr möglich machen, eine befriedigende Beziehung einzugehen.

* * *

Frage: *Was kann O. K. tun wegen der vielen Auseinandersetzungen mit seiner Frau?*

Hilarion

Mein Bruder des Lichtes. Ich freue mich sehr, mit dir auf diesem Wege kommunizieren zu können. Sei inniglich gegrüßt und lass dir gleich zu Beginn sagen, dass meine tiefe Liebe stets mit dir ist und meine Hand die deine hält! Du bist niemals allein!

Du merkst, dass du dich immer wieder von irdischen Angelegenheiten herunterziehen lässt, dass Ängste anderer Menschen sich auf dich auswirken und du es schwer hast, dich dagegen abzugrenzen und dich nicht in diese dunkle Schwingung hineinziehen zu lassen. Diese dunkle Schwingung der Ängste und Zweifel, der Hoffnungslosigkeit und Verzweiflung schadet dir und behindert deinen Weg ins Licht. Lass dich nicht darauf ein! Grenze dich unbedingt davon ab und bleibe in dir zentriert. Wenn du dich mit sehr starken dunklen Schwingungen konfrontiert siehst, dann ziehe dich zurück, um wieder in deine Mitte zu kommen und dein Licht zu verstärken.

Du bist jetzt hier, weil du dich entschieden hast, als Lichtarbeiter tätig zu sein und der Menschheit zu dienen. Wenn du dich ständig mit der Abwehr schwächender Einflüsse beschäftigen musst, bleibt nicht die Zeit und Energie, die du deiner Aufgabe widmen solltest. So gehe in dich und lausche intensiv nach innen und frage dich, ob du noch am richtigen Platz bist. Frage dich, was du im Grunde deines Herzens machen möchtest – einmal gänzlich davon abgesehen, ob du Geld verdienen „musst" oder nicht.

Im Grunde steckt hinter diesem Gedanken, „ich muss doch einen Job haben, in dem ich soundso viel verdiene", Angst. Angst vor der Zukunft, Angst vor Armut, Angst vor Gesichtsverlust usw. Diese Angst bremst dich, sie schwächt dich und hindert dich, den „richtigen" Weg zu gehen. Gib all diesen Ängsten keine Nahrung.

Wenn deine Frau in solchen Ängsten lebt, ist das auch nicht dienlich für dich, selbstverständlich auch nicht für alle übrigen Familienmitglieder. So bitte ich dich nochmals, lass dich davon nicht einfangen, ziehe dich zurück, wenn du nicht in der Lage bist, es an dir abprallen zu lassen. Wenn es auch in nächster Zeit nicht besser wird, so wäre zu überlegen, ob eine, eventuell auch vorübergehende, Trennung sinnvoll wäre.

Bitte prüfe dich genau, was du möchtest, wie es weitergehen soll. Du entscheidest! Ich lege dir nochmals ans Herz: Bleibe in dir zentriert, halte das lichtvolle Ausgerichtetsein aufrecht, vergiss nicht, weshalb du hier bist!

Falls du es vergessen hast, so erinnere ich dich daran: Du bist hier, um dein göttliches Sein zu offenbaren. Du bist hier, um ein angstfreies, sorgenfreies und erfülltes, glückliches Leben zu leben! Das alles steht dir zu, weil du göttlich bist! Du kannst das jedoch nur dann verwirklichen und offenbaren, wenn du dich nicht in die weit verbreitete schwere, dunkle Schwingung der Ängste und Sorgen, der Zweifel und des Mangels hineinbegibst, sondern wenn du im Vertrauen zentriert bleibst und dir immer wieder klarmachst, dass dein göttliches Bewusstsein alles wunderbar regelt und für dich sorgt.

Du als Lichtarbeiter sollst ein leuchtendes Vorbild dafür sein, wie man in dieser schwierigen Zeit ohne all diese Ängste leben und gelassen bleiben kann. Und wie sich gerade und nur durch diese Weise alle Schwierigkeiten auflösen.

Es mag sein, dass sich eure Wege trennen werden. Wenn das so ist, akzeptiere es in Liebe und wisse, alles ist gut. Gottes weiser Ratschluss regelt die Dinge in vollkommener Weise.

Sei voller Hoffnung und vertraue! Bleibe beständig in der Schwingung der Liebe, der Freude und der Hingabe, so wird alles bestens gelingen! Du bist gesegnet in all deinem Tun.

Gesundheit

Du selbst bist das Zentrum! Wenn du dich auf der Kreisbahn der Körperlichkeit bewegst, erfährst du vielleicht Schwierigkeiten mit deinen Organen, du leidest unter einer „Krankheit", du spürst einen Mangel oder eine Einschränkung deiner Sinnesorgane, vielleicht fühlst du dich gerade jetzt schwach und sagst: Ich bin krank, ich bin müde, ich bin ohne Hoffnung.

Nun wisse, dass dies alles auf deinen physischen Körper und deine Persönlichkeit zutrifft, dass es dich selbst, das, was du in Wahrheit bist, aber nicht betrifft!

Dein wahres Wesen ist göttlich, wie sollte es da krank, schwach oder müde sein?! Nun fragst du dich, warum du dich dann so schlecht fühlst, warum dich diese Krankheit „erwischt" hat, an der du vielleicht sogar sterben wirst.

Ich sage dir, alle deine Schwierigkeiten und Probleme sind immer ein Zeichen dafür, dass die Liebe in dir nicht frei fließen kann. Es sind Barrieren und Hindernisse da, die aus deinem Geiste kommen und die du mit Hilfe deiner Beschwerden erkennen kannst. So hilft dir eine jede „Krankheit", mehr Erkenntnis über dich selbst zu gewinnen und letztendlich wirklich vollkommen heil zu werden.

Doch du musst bereit sein, dich zu öffnen und dich selbst anzuschauen. Auch gehört Mut dazu, denn gerade die ungeliebten Anteile, gegen die du Widerstände hast, wollen ja in Liebe angenommen werden.

Wenn du „krank" bist, kannst du nicht mehr so funktionieren, wie du sonst funktioniert hast. Es zwingt dich, du zwingst dich, innezuhalten und dein Leben anzuschauen.

Frage dich: Bin ich glücklich? Habe ich aus meinem Leben das gemacht, was ich mir gewünscht habe? Ist es ein Zeichen meiner göttlichen Herkunft? Liebe ich genug?

All diese Fragen kannst du mit einem klaren „Ja!" beantworten, wenn du mit deiner göttlichen Quelle verbunden bist und den Herzensweg gehst.

Alles, was du tust, alle Wege, die du gehst, führen letztendlich *zu dir selbst!* Alles, was in deinem Leben geschieht, dient deiner Entwicklung, es kommt zu dir, damit du erkennst, dass du *Schöpfer* bist!

Wenn du gerade leidest, wenn du krank bist, frage dich also: Meine Seele, was willst du? Welche Teile in mir liebe ich nicht genug? Welche Botschaft hat der Schmerz für mich? Und sei gewiss, du wirst Antwort bekommen.

Viele von euch hören die innere Stimme, doch dann lasst ihr euch von eurem Verstand wieder in die Irre führen und handelt gegen euch selbst. Ihr bleibt dadurch in den alten Mustern gefangen, obwohl ihr doch jetzt die Möglichkeit hättet, euch aus der alten Energie zu befreien und auf eine höhere Ebene zu gelangen. Wenn ihr nun mehrmals nicht eurer inneren Stimme folgt, muss sie eine deutlichere Sprache sprechen, d. h. es tritt vielleicht plötzlich ein Schmerz im Körper auf, ihr bekommt eine Erkältung oder, wenn ihr ganz massiv über lange Zeit euren Kopf durchgesetzt habt, eine schwere oder gar lebensbedrohende Erkrankung.

So zeigt ein jegliches Gesundheitsproblem, dass etwas in deinem Leben nicht stimmig ist, dass in einem oder mehreren Bereichen ein Richtungswechsel notwendig ist. Es ist immer ein Zeichen, dass die Seele leidet.

Vielleicht bist du jetzt empört, weil du doch so viel meditierst und betest und dich selbst erforschst und trotz allem unter gesundheitlichen Problemen leidest. Prüfe gut deine Gedanken- und Gefühlswelt! Wie oft setzt du dich selbst durch Gedanken und Worte herab, wie oft gibst du deine Macht ab, und wie oft bist du nicht in der Liebe! Schau dich genau an und prüfe, welche Gedanken du denkst. Sind sie aufbauend, stärkend, tröstend und voller Liebe? Oder sind sie ängstlich, zweifelnd, missachtend und schwächend?

Sage nicht: Ich bin krank, sondern sprich aus deiner göttlichen Quelle heraus die Wahrheit:

ICH BIN gesund!
ICH BIN ein göttliches Wesen mit aller Macht, meinen Körper so zu erschaffen, dass er mir bestmöglich dienen kann.
ICH BIN Licht, und dieses Licht wird jetzt in mir wirksam.

* * *

Frage: *T. H. weiß seit wenigen Tagen, dass bereits vor vielen Monaten ein Karzinom festgestellt wurde. Vor einem Vierteljahr ist nach einem Heilungsgottesdienst etwas abgegangen, vielleicht der Tumor?*

Wie kann sie damit umgehen, was ist zu tun? Sie möchte sich auf keinen Fall operieren lassen, sie glaubt, dass das dann der Anfang vom Ende wäre.

Hilarion

Spürst du meine Kraft? Diese Kraft hast auch du! Sei gegrüßt aus dem Reich der ewigen Liebe und lass dich einhüllen in den Glanz des höchsten Seins.

Zunächst lass mich dir sagen, meine innigst geliebte Lichtschwester, dass du vollkommen gesund bist! Es ist eine der letzten Prüfungen, die du zu bestehen hast, jetzt bewusst zu wählen, auf welche Ebene du dich begeben willst. Wählst du die göttliche Schwingung der Liebe, Freude und Gesundheit oder die dunklere Ebene der „alten" Energie, die durchdrungen ist von Angst, Zweifeln, Schmerzen, Leid und dergleichen. Du bist bereits auf einer Ebene, die es dir viel leichter macht, so bewusst zu wählen, und doch ist da noch ein letztes Päckchen, das aufzulösen war. Ja, ich sage *war*, denn im Geiste ist dies bereits geschehen!

Dein Licht leuchtet so hell, die Strahlen deines Herzens fließen oft ohne jegliche Hindernisse hinaus in die Welt. Nur wenn die erwähnten negativen Gedanken und Gefühle da sind, wird dieser wunderbare Strom der reinen göttlichen Energie gebremst und behindert.

So ist die Hauptsache, die ich dir ans Herz legen möchte, dies, dass du in deiner reinen Herzensschwingung bleibst, egal, was geschieht. Bleibe in der Energie der Liebe und der Freude, auch wenn der äußere Anschein sagen will: Du musst Angst haben, weil der Ausgang ungewiss ist; du musst Angst haben, weil vielleicht Unangenehmes auf dich zukommen könnte; du musst Angst haben, weil dein Leben vielleicht bald zu Ende sein könnte. Gib all diesem keine Kraft! Löse dich sofort davon, sobald es dir ins Bewusstsein kommt, und zentriere dich auf die leuchtende Blüte deines Herzens. Vertraue darauf, dass alles wunderbar in Ordnung ist, egal, wie es nach außen erscheinen möge. Schau tief in die Dinge hinein und nimm das Wahre, das Göttliche, die Vollkommenheit darin wahr! Richte all deine Kraft und Aufmerksamkeit auf dein *wahres Sein*.

Du weißt sehr genau, dass du nicht dein Körper bist, sondern dass du eine Verkörperung des göttlichen ICH BIN bist! So tue alles, was für deinen Körper jetzt dienlich ist, liebe und achte ihn, aber identifiziere dich nicht mit ihm! Und mache dir vor allem bewusst, dass deine höher schwingenden Gedanken und Gefühle ihm wirkliche Heilung geben. Du weißt, dass deine Körperzellen in einer bestimmten Frequenz schwingen, und wenn eine Störung da ist, schwingen sie sofort langsamer, d. h. ihr Ton wird dunkler, und wenn du dich mit deinem Bewusstsein auf eine höhere Schwingungsebene begibst, so *müssen* sich auch die Körperzellen dieser höheren Frequenz anpassen. Mache dir diesen Zusammenhang immer wieder bewusst und vertraue darauf, dass du *in Wahrheit gesund bist!*

Um den Körper auch auf physischer Ebene zu unterstützen und zu stärken, wären Salzbäder dienlich. Auch reagieren deine Körperzellen sehr gut auf verschiedene Lichtfrequenzen, das heißt, du könntest z. B. über farbiges Licht deinem Körper auch etwas Gutes tun. Dies sollte nicht nur im Geiste als Vorstellung geschehen, sondern auch auf der irdischen Realitätsebene.

Meine liebste ..., *vertraue* nur dem strahlenden Licht in dir, so wird alles gut sein! Lass deine innere Sonne weiterhin leuchten und behalte deine innige Verbindung zu uns aufrecht. Wir freuen uns zutiefst über jeden Austausch!

Sei innigst umarmt und lass dich jetzt einhüllen von der Kraft und Liebe meines Herzens. Möge dein Herz davon durchflutet werden und sie zur vollkommenen Heilung und Befreiung nutzen. Sei frei! Jetzt!

* * *

Frage: *T. N. fragt, was mit seinem Schwager, der seit 2 Monaten im Krankenhaus liegt, los ist. Er kann nichts mehr essen, ist nicht mehr klar bei sich, die Ärzte haben alles untersucht und sagen, er sei gesund! Kannst du bitte einen Hinweis geben, was man tun kann, was auch die Schwester machen kann?*

Hilarion

Seid gegrüßt, meine Lieben. Eine Seele ist unentschlossen, ob sie gehen oder bleiben soll. Sie stand schon zweimal vor dieser Entscheidung, jetzt muss sie endgültig wählen zwischen Leben auf der Erde oder weitergehen „drüben“. Ihr könnt ihr dabei helfen, indem ihr auf geistiger Ebene Kontakt mit ihr aufnehmt und sie bittet, sich zu entscheiden. Gebt ihr klar zu erkennen, dass ihr die Entscheidung, egal, wie sie ausfällt, akzeptieren werdet! Hilfreich wäre, eine Person hinzuzuziehen, die darin geübt ist, auf der geistigen Ebene zu arbeiten und zu kommunizieren. Auch könnte man so deinem Schwager, falls er hinübergehen möchte, dabei helfen und ihn begleiten.

Er braucht viel seelischen Beistand und geistige Kraft, da er einen nicht sichtbaren Kampf ausficht. So wäre dienlich, mit viel Licht und Gebeten zu helfen.

Seid geborgen in der göttlichen Liebe und Gnade. Ich bin bei euch allezeit.

(Wie ich später erfahren habe, hat er sich entschlossen, hier zu bleiben, und es geht ihm inzwischen wieder gut.)

⁂ ⁂ ⁂

Frage: *Sie leidet unter der Basedow-Erkrankung der Schilddrüse und hat dadurch Doppelbilder. Worin liegt der Grund?*

Hilarion

Ich grüße dich, mein wunderbares Kind des Lichtes. Gerne gebe ich Antworten auf deine Fragen, die dich beschäftigen.

Was deine Augen betrifft, so sage ich dir: Ja, selbstverständlich ist es möglich, dass du sie ohne Operation heilen kannst. Denn du weißt, dass allein die göttliche Heilkraft heilt. Weißt du, dass sich deine Augen innerhalb weniger Wochen vollkommen erneuern? So siehst du, dass sie auch innerhalb weniger Wochen vollkommen gesund sein könnten. Lediglich alte in den Zellen gespeicherte Informationen sind es, die dieses Problem, die Fehlfunktion, aufrechterhalten. So ist nötig, diese alten gespeicherten Muster zu löschen und die Zellen mit neuen Informationen, die Gesundheit und Licht enthalten, zu speisen.

Dienlich wäre, zu schauen, welche Gefühle damit verbunden sind. Gehe einfach wie auf eine innere Reise und lasse dich dabei von deiner inneren Weisheit führen, damit das ins Bewusstsein steigen kann, worin die Ursache liegt. Das Licht der Erkenntnis kann Heilung bringen, denn dadurch wird die alte dunkle Energie aufgelöst. Schau besonders in der Kindheit und lasse einfach Bilder und Gefühle aufsteigen, doch werte und urteile nicht. Betrachte einfach alles, was sich zeigt, und lasse es in Liebe und voller Dankbarkeit los und verzeihe, wenn Verzeihen nötig ist.

Frage: *Wie kann sie die Heilung selbst unterstützen?*

Hilarion

Indem du dir immer wieder bewusst machst, dass sich täglich, ja stündlich und minütlich neue Zellen deines Körpers bilden, dass du diese voller Licht siehst und dir auch bewusst machst, dass sie vollkommen sind und auf vollkommene Weise ihren Dienst tun, für den sie erschaffen sind.

Das Bewusstsein ist das Entscheidende. Sage dir immer wieder, dass in jeder Zelle, auch in denen deiner Augen, Vollkommenheit wohnt, dass sie erfüllt sind von göttlicher Schöpferkraft. Stelle dir vor, dass sich die alten Zellen durch einen Lichtstrom, den du vom Herzen aus in die „kranken" Regionen aussendest, in Licht umwandeln bzw. die dunklen Energien aufgelöst werden. Hier kann sehr rasch ein „Wunder" geschehen. Glauben und Vertrauen sind nötig. Lass alle Zweifel fahren, sie behindern den Fluss der Lebensenergie und verzögern den Transformationsprozess.

Dein „doppelter Blick" zeigt auch, dass tiefgehende Transformation geschieht, du stehst wahrlich an einem wichtigen Punkt deines Weges. Du siehst bereits hinter die Dinge, bist dennoch in der irdischen Welt verhaftet. Der göttliche Blick wird noch getrübt durch den irdischen Blick. Doch das Tor zur Freiheit ist schon nah.

(Hier bekam ich noch das Bild, Auflagen auf der Augenpartie mit grünem Stoff zu machen.)

***Frage:** Was ist ihr wahres Ziel? Schlummert irgendetwas, was sie nicht zulässt, eventuell Ängste? Hat es mit Freude zu tun?*

Hilarion

Übe dich darin und habe den Mut, das, was in dir ist, nach außen zu geben. Denke nicht darüber nach, was dann und dann sein wird. Spüre dich ***jetzt***! Bleibe im Moment und spüre dich. Es ist jetzt die Zeit, die alten Muster gehen zu lassen, denn deine Seele wünscht sich, frei zu sein.

Übe dich darin, in dir zentriert zu bleiben, deine Mitte und dein innerstes Sein zu spüren. Nimm dich selbst wahr und sei authentisch.

Je direkter du mit deiner Quelle verbunden bist, um so tiefer wirst du die Freude in dir spüren, und sie wird aus dir herausströmen, ohne dass du es verhindern könntest. Nur wenn du selbst Freude bist, wirst du andere damit anstecken. In der Freude bist du um so mehr, je deutlicher du deine wahre Heimat wahrnimmst. Freude bedeutet Leichtigkeit, so kannst du anderen Wesen durch dein Beispiel zeigen, dass das Leben leicht und freudvoll sein kann. Mache dein Leben zu einem leuchtenden Zeichen dessen, *was du bist!* Hierbei ist nicht entscheidend, *was* du tust, sondern eben, dass du voller Liebe und Freude bist bei dem, was du tust. Verstehe, dass dein *Sein* bei allem Tun auf die Menschen und Tiere und alles, was ist, wirkt.

Eine gewisse Scheu, dich wirklich so zu zeigen, wie du bist, ist vorhanden. Doch ich sage dir auch, dass du sehr mutig sein kannst. So habe den Mut, dich ganz zu zeigen, stehe zu dir, denn dir kann nichts geschehen.

Wir lieben dich sehr, spüre, wie tief wir verbunden sind. So viel Licht ist in dir, lasse es ausstrahlen und hülle alle und alles darin ein.

***Frage** (in einer späteren Sitzung): Sie fragt nach besonderen Fähigkeiten und Begabungen, vielleicht schlummert in ihr etwas, das sie nicht zulässt?*

Hilarion

Ich grüße dich aus dem Licht, meine innig geliebte Herzensschwester.

Du fragst nach Talenten und Fähigkeiten, die du hast, und ich frage dich zurück: Was war es, was dir als Kind und Jugendliche besonders viel Freude bereitet hat? Was hast du besonders gerne gemacht? Erinnere dich! Gehe in dich und erforsche dich selbst – das nehmen wir dir nicht ab, denn es gehört zu deinem Weg, dich selbst zu entwickeln. Ich kann dir aber sagen, dass es wichtig ist, deine Kreativität nach außen zu bringen, auf welche Weise auch immer du magst. Wenn du kreativ bist, bist du sehr tief und direkt mit deiner Quelle verbunden.

Wenn du möchtest, gehe hinaus in die Natur und lasse sie einfach mit offenem Geist auf dich wirken, so wirst du Inspirationen bekommen, und es wird dir leichter fallen, deiner Intuition zu folgen.

Zunächst ist wichtig, dass du nach dir selbst schaust, dass auch deine Augen wieder vollkommen ihren Dienst tun können, später wirst du dann auf eine wunderbare und kreative Art und Weise vielen Wesen helfen können, auch dadurch, dass du die Freude, die in dir ist, weitergibst und die Leben vieler damit berührst und erhebst.

***Frage:** Sie hat Rückenschmerzen, Probleme mit herausrutschenden Wirbeln, was kann sie hier für Heilung tun?*

Hilarion

„Äußerlich" ist es wichtig, den physischen Rücken zu stärken, das heißt, regelmäßig Übungen zu machen, die die Muskulatur des Rückens stärken. „Den Rücken stärken" heißt aber auch, die „inneren Muskeln" zu stärken, das bedeutet, dir selbst zu vertrauen und zu dir zu stehen, authentisch zu sein und mutig das zu tun, was dir dein Herz rät. Auch ist noch eine tiefe alte Verletzung in deiner Wirbelsäule gespeichert, diese sollte ins Bewusstsein gebracht und aufgelöst werden. Möglich ist das, indem du beispielsweise eine energetische oder kinesiologische Behandlung machst oder selbst in die Stille gehst und entsprechende Bilder aufsteigen lässt und sie durch das Licht deines Bewusstseins auflöst. Aber nimm dir ruhig Hilfe dazu, wenn du das Gefühl hast, du brauchst Unterstützung dafür.

Hilfreich wäre auch, wenn du dir vorstellst, wie ein Lichtstrom durch deine Wirbelsäule fließt und alle Wirbel, Sehnen und Muskeln von alten Informationen reinigt, sie stärkt und durch das Licht heilt.

Vertraue und wisse, dass ihr auf dem Weg in eine wunderbare Zukunft seid.

Meine Liebe ist allezeit mit dir.

❊ ❊ ❊

Frage: *V. F. hat brennende Hände und Fußsohlen, wobei organisch alles in Ordnung ist, auch der „Stein" im Bauch, der weg war, ist wieder da, außerdem hat er seit einer OP Potenzprobleme. Was hat das alles zu bedeuten, und was kann er selbst zur Heilung tun?*

Hilarion

Sei gegrüßt, mein geliebter Bruder des Lichtes. Wir sind alle Kinder des Einen Geistes und zutiefst verbunden. Wisse, dass du niemals alleine bist und es immer Hilfe gibt, manchmal sichtbar in deiner äußeren Welt, manchmal unsichtbar aus dem Reich der immerwährenden Liebe, dem wir alle angehören.

So lass mich dir eines sagen, geliebter ... Dein „Problem" ist nicht derart, dass man hingehen könnte, ein Pülverchen einnehmen und eine Salbe auftragen und dann wäre es fort – nein, so geht es nicht. Denn was dahintersteckt, ist ein „altes" Problem, das dir schon lange „anhängt", das sich jedoch jetzt in dieser Zeit des Wandels so deutlich zeigt, damit du dieses „Alte" gehen lassen kannst, um dann neue Wege zu gehen. Das Brennen deiner Hände und Füße sind Erinnerungen des Körpers an etwas, das längst vergangen ist, das du damals jedoch nicht verarbeiten konntest und das jetzt endlich aufgelöst werden soll. Denn du sollst ohne „Altlasten" in die neue Zeit gehen, um mitzuwirken an der Entwicklung der Erde.

Auch der „Stein im Bauch", der dich beschwert, ist ein Klumpen alter Gefühle aus Erlebnissen und Situationen, die längst vergangen sind. Auch hier sind es im Grunde Erinnerungen, die mit Ängsten beladen sind und dich noch immer belasten, weil du sie damals nicht loslassen konntest.

Suche dir am besten Hilfe bei einem Menschen, dem du vertraust, der dir helfen kann, dieses Alte abzulösen und zu befreien. Mache dir bewusst, dass du es jetzt nicht mehr brauchst und alles in Liebe gehen lassen willst. Hilfreich hierbei könnte auch sein, wenn du einfach Bilder dazu malst, die in dir entstehen oder aufsteigen, auch dadurch kann etwas befreit werden.

Durch deine Hände könnte viel positive Kraft fließen, jedoch „bestrafst" du dich quasi selbst durch dieses Brennen, weil du dich unbewusst schuldig fühlst. Schließe mit der Vergangenheit ab und erlaube dir selbst, gesund und frei zu sein. Erlaube dir selbst, in Freude zu leben und alle Gaben des Himmels zu genießen. Du selbst trennst dich ab von der göttlichen Fülle und dem Überfluss des Lebens, weil in dir noch der Glaube sitzt, dass du es nicht verdient hättest, dass es dir auf allen Ebenen gut geht. Daran solltest du mit deinem Bewusstsein arbeiten.

Wenn du diese alten Knoten löst und die darin gefangenen Gefühle freilässt, kann tatsächlich ein neues, strahlendes Leben erscheinen, in dem du dann auch die Erfüllung deiner Bestimmung wirst erleben können. Obwohl die Beschwerden deinen Körper betreffen, ist vor allem notwendig, dass du auch deine Gefühle und deine Gedankenwelt mit einbeziehst, denn hier liegt sozusagen die Wurzel allen Übels.

Mein geliebter Bruder des Lichtes, wie ich sagte, sind all deine „Probleme" im Grunde Erinnerungen an etwas längst Gewesenes, so auch dein Gefühl, dass dein Unterleib wie abgetrennt von dir sei. Auch das ist etwas Altes, das noch einmal zutage tritt, um endlich Erlösung zu erfahren. All diese Gefühle, die du hast, betreffen nicht das Jetzt. So mache dir das bewusst und sage: Damals waren diese Gefühle angemessen, heute sind sie es nicht mehr, ich lasse sie deshalb jetzt ein für allemal frei und danke für alle Erfahrungen. Jetzt ist eine neue Zeit und ich bin bereit, neue Schritte zu gehen und die Vergangenheit loszulassen.

Bitte mache dir bewusst, dass du in Wahrheit weder krank bist noch Probleme hast, noch unter irgendeinem Mangel leidest. All das betrifft lediglich deine irdische Person und deinen Leib, dein wahres Ich ist davon gänzlich unberührt. Denn das alles bist du nicht wirklich. Gehe dem nach, was du in Wahrheit bist, und du wirst Heilung und Befreiung finden.

Auf deinem Weg begleiten wir dich, wir senden dir Hilfe und Unterstützung, wenn du uns rufst.

Lass dich segnen mit dem Licht und der Liebe der großen Meister und wisse: *alles ist gut!*

Frage (in einer späteren Sitzung): Er möchte etwas Genaueres wissen, was er in Bezug auf seine Potenzprobleme tun kann und was der Grund dafür ist.

Hilarion

Sei gegrüßt, mein innig geliebter Bruder des Lichtes.

Der Körper hat einstmals einen Schock erlitten, und dieser Schrecken sitzt immer noch in den Zellen und lässt ihn nicht harmonisch funktionieren. Es ist also etwas Altes aus der Vergangenheit, das aufgelöst werden muss, und dadurch würde sich auch dein Problem mit lösen.

Wenn es dir nicht „reicht", das heißt, wenn du das Gefühl hast, es sei nicht genug, mit dem Bewusstsein daran zu arbeiten, so wäre für dich sinnvoll, noch einmal diese alte Situation anzuschauen, die dir sozusagen „in den Unterleib gefahren" ist. Das kann zum Beispiel über Kinesiologie, über ein Zurückgehen in der Vorstellung oder über Hypnose geschehen. Schau, was du möchtest und wobei du dich wohlfühlst. Auch wäre dienlich, das, was dazu an Bildern in dir entsteht, als sichtbares Bild aufs Papier zu bringen. Bitte zuvor bewusst darum, dass die Bilder aufsteigen und sich zeigen mögen, die für dich hilfreich sind, um das Problem aufzulösen. Bitte darum, die Ursache erkennen und dich von dieser alten Energie lösen zu können.

Weiterhin sprich diese Affirmation laut: Ich löse hiermit alle Gelübde der Keuschheit, die ich jemals bewusst oder unbewusst abgelegt habe, auf, um in Freiheit mein volles göttliches Potenzial zu entfalten.

Und so sei es!

Ich breite mein Licht über dich aus. Gehe deinen Weg weiter in Frieden und wisse, dass Gottes Segen und Liebe stets mit dir sind.

* * *

Frage: B. W. bedrängen oftmals starke Seelenschmerzen, und ihm wurde gesagt, das sei die Folge früherer Folterungen. Was kann er tun, um dieses Paket abzuwerfen? Ist eine Therapie nötig? Gibt es einen Zusammenhang mit der Unsicherheit, mit der er seiner Sexualität gegenübersteht? Wie wird er das Gefühl los, hier zu wenig zu tun?

Hilarion

Mein geliebter Sohn des Lichtes. Sei innigst gegrüßt und lass dir sogleich sagen, dass du von unserer Seite Hilfe bekommst, wann immer du willst. Unser Segen ist mit dir und das Licht Gottes begleitet dich, auch in diesen dunklen Momenten, die du spürst. Ja, was dich belastet, sind Erinnerungen an alte Verletzungen aus der Vergangenheit, und da das Speichern nicht nur über das Gehirn, sondern auch in den Körperzellen geschieht, ist es sinnvoll, beim Heilen dieser alten Verletzungen Seele, Geist und Körper einzubeziehen. Auch bei dir ist noch die Identifikation mit dem Körper vorhanden, also muss auch er mitbehandelt werden. Letztendlich kann vom Geist aus alles erreicht werden, aber oftmals ist es für euch einfach hilfreich, auch auf körperlich-materieller Ebene, im grobstofflichen Bereich, etwas zu tun.

Vielleicht mag es „verrückt" für dich klingen, aber es ist so, dass dir Tiere dabei behilflich sein könnten. Sie sind sehr oft sehr gute „Therapeuten". Auch könnte dir alles helfen, was eine wohltuende Verbindung zu deinem Körper schafft, aus dem du am liebsten manchmal entweichen willst. D. h. alles, was deinem Körper richtig gut tut, seien es Bäder, Massagen, Packungen oder Streicheleinheiten, könnten Entlastung und Heilung bewirken.

Wenn du deine Körperlichkeit, in der du jetzt wohnst, vollständig akzeptierst, wenn du deinen Körper als wunderbares Werkzeug ganz annehmen kannst, wenn Seele und Körper in Harmonie zusammenarbeiten, dann wirst du dich ausgeglichen und heil empfinden. Nimm deinen Körper an, sei dankbar für dieses göttliche Instrument und für die Erfahrungen, die du durch ihn machen kannst.

Alles hängt mit allem zusammen. So spielen natürlich auch alle gewesenen Ereignisse eine Rolle für dein jetziges Leben. Die Persönlichkeit lebt ja immer aus der Vergangenheit. Nur ein Befreiter hat die Vergangenheit gelöscht, er lebt nur noch im Jetzt. So heilt letztendlich die Erkenntnis, wer du wirklich bist, alle Wunden aus der Vergangenheit. Übe dich darin, deinen Körper bewusst zu spüren, jedoch nicht als das, was du *bist*, sondern als das, was dir als Werkzeug zur Verfügung steht und dir wunderbare Erfahrungen ermöglicht.

Mein geliebter ..., bitte setze dich nicht unter Druck! Wer will dir vorschreiben, wie viel von irgendetwas das richtige Maß sei? Das kannst nur du für dich selbst wissen und spüren. Und natürlich wird dieses Maß sich verändern, wenn sich in deiner Beziehung zu deinem Körper etwas wandelt und wenn Heilung der erwähnten alten Verwundungen geschieht.

Natürlich kannst du auch innere Bilder zu Hilfe nehmen. Du könntest dir beispielsweise vorstellen, dass du in eine Kristallwanne steigst, in der sich Wasser befindet, das durch meinen heilenden Strahl eine smaragdgrüne Farbe hat. Du legst deine Kleidung ab und steigst nackt hinein und tauchst vollständig darin unter. Dann kannst du dir vorstellen, wie die Kristallwanne innerhalb einer Lichtkugel schwebt, von der von allen Seiten Lichtfunken in und durch die Wanne und alle deine Zellen geschickt werden, die sämtliche alten Verletzungen in Licht transformieren. Sodann holst du die Wanne wieder „herunter“, tauchst aus dem smaragdfarbenen Wasser auf, holst tief Luft und machst dir bewusst: *Ich bin jetzt frei!* Dann steigst du aus der Wanne aus und ziehst neue Kleider an, die ich dir reiche. Wenn du möchtest, kannst du dich auch vor dem Bad auf eine Waage der besonderen Art stellen. Sie zeigt das Gewicht der „Altlasten“ an, das du mit dir herumträgst. Wiege dich vor dem Bad und stelle dich dann nach dem Bad nochmals darauf und sieh, dass du von einer schweren Last befreit bist. Dass du allen hilfreichen Wesen dankst, brauche ich dir nicht zu sagen, das tust du ja von selbst.

Mein geliebter Lichtbruder, sei voller Hoffnung. Die Selbsterkenntnis schreitet voran, und auch du wirst den Weg bald vollenden. Wenn ihr euer wahres Sein erkannt habt, dann werdet ihr frei sein und in Glückseligkeit leben.

Sei aus dem Reich des Lichtes gegrüßt und lasse auch du die Wahrheit leuchten. Frieden möge in deiner Seele wohnen und Gottes Weisheit deine Schritte lenken. Unser Segen ist mit dir, allezeit.

* * *

Frage: *Es ging A. L. jetzt nach der OP sehr schlecht wegen seiner Fibromyalgie (starke Schmerzen z. B. im Rücken und Bauch, Schwindel, Erbrechen). Kannst du ihm ein paar hilfreiche Tipps geben? Vor allem möchte er sich aber sehr für die spürbare Unterstützung bedanken, die er, als es ihm ganz schlecht ging, „von oben" erfahren hat. Er spürt auch einen roten Strahl, der ihm Kraft gibt.*

Hilarion

Gesegnet bist du, mein Lichtbruder. Nimm deine Macht zurück zu dir! Selbstverständlich können „äußere" Mittel und Methoden helfen, z. B. Schmerzen zu lindern, Krankheit zu beseitigen, Symptome zu beseitigen – aber nur dadurch, dass ihr diesen Hilfsmitteln Macht gebt. Ihr gebt immer wieder eure eigene Macht ab an andere Menschen und an Substanzen, die als solche keine Macht besitzen. Wie kann eine kleine künstliche Pille Macht haben über die Vorgänge in deinem Körper? Das ist nicht möglich, wenn du ihr nicht diese Kraft verleihst durch deinen Glauben, deine Überzeugung. So nimm die Macht wieder an dich und mache dir klar, dass in dir die Kraft wohnt, die alles verändern kann. Selbstverständlich sollst du nun nicht sofort auf alle „äußeren" Hilfen verzichten, nein. Das steht erst dann an, wenn du im Inneren ganz sicher und stark bist, dass du überzeugt bist, dass jetzt Heilung geschieht. Bis dahin helfen dir andere Menschen und Mittel, Anwendungen und Übungen, denn der Körper als materielles Instrument deiner Entwicklung braucht einfach Zeit, um in eine hohe Schwingung zu kommen und alle Zellen feiner vibrieren zu lassen. Auch müssen noch „alte" Erinnerungen gelöscht werden, was auch jetzt wieder der Fall war, als es dir so schlecht ging. Hierbei hat sich etwas ganz Altes, was tief im Zellgedächtnis verankert war, gelöst und konnte entlassen werden.

Wichtig ist, dass du *sooft wie möglich* an dein positives Ziel denkst, nicht an das, was du weghaben möchtest. Richte dein Bewusstsein auf Gesundheit, Wohlergehen, Freude und Licht, immer wieder, auch wenn es nur kurze Momente sind.

Höre sehr aufmerksam in dich hinein, lasse dich von deiner leisen inneren Stimme leiten, höre auf die Impulse, die aus deinem Herzen kommen, und vertraue ihnen. Selbst wenn der Kopf sagt: Das ist dumm, oder: Tue das nicht. Es wird immer wichtiger werden, dem Herzen zu folgen, denn die äußere Welt wird noch chaotischer und für viele Menschen scheinbar bedrohlicher werden. Bleibe unbedingt in dir zentriert! Lass dich nicht beirren, gehe deinen Weg weiter! Distanziere dich von Menschen, die dich auf eine Ebene von Angst herunterziehen, die dir weismachen wollen, du selbst hättest nicht die ganze schöpferische Kraft in dir. Schaue genau hin, mit wem du dich wohlfühlst und wer dich schwächt.

Benutze weiterhin das Wasser und deine Vorstellungskraft, um dich zu reinigen, zu stärken und den Körper zu heilen. Eine ähnliche Kraft wie das Wasser besitzt auch dein Atem, so nutze auch ihn und setze ihn bewusst ein. Du kannst auch ausprobieren, wie es dir damit geht, wenn du durch die Fußsohlen die heilende Kraft der Erde einatmest, dann durch deinen ganzen Körper strömen lässt, und alles „Unreine“ durch den Mund ins Universum ausatmest. Diese Übung solltest du natürlich auch öfter und regelmäßig machen. Du bist sehr stark mit „oben“ verbunden, durch diese Atemübung schaffst du eine starke, kräftigende Verbindung zwischen „oben“ und „unten“.

Mein innigst geliebter ..., ich sehe deine wunderbaren Fortschritte und freue mich sehr, wie klar und stark du bist – auch wenn es dir selbst vielleicht nicht so erscheinen mag. Wisse, dein Leiden wird ein Ende haben und du wirst in Liebe und Freude leben.

Lass dich nicht von der Angst einfangen, sondern gehe voller Vertrauen weiter. Die dunkle Wolke der Angst ist sehr groß, und viele, viele Menschen lassen sich immer wieder davon einfangen. So sei sehr achtsam und wach und hüte dich davor, mit hineinzugehen. Wenn du weißt, dass alles gut ist, besteht keinerlei Grund zur Angst. Wenn du weißt, dass nichts und niemand dir schaden kann, brauchst du dich vor nichts zu fürchten. Gott hält seine Hand über dich und du wirst sicher nach Hause kommen.

Du benutzt schon wunderbar meinen grünen Strahl und den roten Strahl zur Stärkung und Reinigung deines Körpers. Ich bitte dich nun, noch etwas hinzuzunehmen, und zwar könnte es hilfreich für dich sein, die Vorstellung eines Regenbogens mit anzuwenden. Sei es, dass du ihn dir vorstellst, vielleicht ist es gut, ihn zu malen, oder z. B. deine Kristallbadewanne in Regenbogenfarben leuchten zu lassen. Probiere aus, wie es dir damit ergeht, und lasse dich auch hier von deiner Intuition und den Impulsen deines Herzens leiten.

Lass dich nicht beirren, bleibe dir selbst treu und wisse, du bist nicht allein. Wir sind stets an deiner Seite mit unserer tiefen Liebe und unserem Segen.

***Frage** (4 Monate später): Sein Leidensweg ist zur Zeit sehr heftig, ein Ding jagt das andere, was eine große Herausforderung für ihn bedeutet. Warum braucht er diesen Leidensdruck? Hat er ein extremes Körperbewusstsein, verlangt er zuviel von sich? Was kann er tun, damit es besser wird? Muss er vielleicht sein Leben umstrukturieren?*

Hilarion

Ich grüße dich, mein geliebter ..., sei umhüllt von meinen heilenden Strahlen.

Eigentlich brauchst du nicht zu fragen, ob du zuviel von dir verlangst, denn du spürst, dass alles, was du tust, insgesamt über deine Kräfte geht. So wäre tatsächlich sinnvoll, dich zu fragen, was dir das Wichtigste ist und was du wirklich von Herzen gerne tun möchtest. Denn auch wenn es dir körperlich wieder besser geht, solltest du nichts tun, was nicht dem Drängen deines Herzens entspricht. So lasse dich von deiner weisen inneren Stimme führen und folge ihr voller Vertrauen. Dein Herz spricht eine deutliche Sprache, so sei still und lausche.

Dein Leidensprozess ist so stark, weil du mitten in der Transformation steckst, so verzweifle nicht und wisse, dass jetzt ganz tiefliegende alte Energien ans Licht kommen, um erhellt zu werden, die deine Weiterentwicklung behindern. Ich bitte dich, die Bedürfnisse deines Körpers und deiner Seele zu achten und dir die nötige Stille zu gewähren, wenn das Verlangen danach da ist.

Frage: *Was kann er denn noch tun, damit es erträglicher für ihn wird?*

Hilarion

Du brauchst viel Ruhe, nicht nur wegen der Transformation und Reinigung deines Körpers, auch um Klarheit darüber zu bekommen, wohin dich dein Weg führen soll, wie ich schon zuvor angesprochen habe. Du nennst es Lebensmodell, ja, schaue, wie du dein Lebensmodell so umbauen kannst, dass es dir wirklich gut geht damit. Es wäre auch dienlich, dir vielleicht nochmals innere Bilder anzuschauen, um die Ursache für dein körperliches Leiden besser auflösen zu können.

Ich lasse jetzt meine Liebe zu dir fließen und segne dich mit meinem Licht.

❊ ❊ ❊

Frage: *N. N. hat eine Darmerkrankung, muss sie das ernst nehmen? Ist eine Woche Fasten ausreichend für die Heilung? Soll sie zum Arzt gehen?*

Hilarion

Ich begrüße dich voller Freude *(diese Freude ist für mich sehr stark zu spüren).* Sei aus den himmlischen Ebenen gegrüßt. Wie schön, dass du den Weg hierher gefunden hast, um mit mir zu kommunizieren. Viele Fragen stehen an, und ich bin immer gerne bereit, sie zu beantworten. Freude über Freude!

Auch wenn du glaubst, mich nicht wahrnehmen zu können, so möchte ich dir doch versichern, dass du wunderbare Lichthelfer an deiner Seite hast, die deinen Weg begleiten.

Was deine erste Frage betrifft, sage ich dir, dass gerade jetzt viele Menschen hier in diesem Bereich „Probleme" haben. So wie die ganze Erde gerade jetzt eine starke Wandlung erfährt, so erfährt auch der Körper eine durchgreifende Erhöhung und Veränderung. Es ist nicht so, dass du dir Sorgen machen musst, jedoch ist wichtig, dass du auf die Signale deines Körpers achtest und *hörst* und vor allem die Impulse deiner Seele wahrnimmst und diese Impulse, es sind z.T. auch Inspirationen von uns, in die Tat umsetzt. Das Wichtigste *jetzt* ist jedoch, dich nicht verunsichern zu lassen, ruhig und gelassen zu bleiben und dich nicht in die allgemeine Angstschwingung zu begeben.

Du könntest dir keinen besseren Zeitpunkt gewählt haben als *jetzt,* um zu fasten, denn gerade jetzt ist eine entscheidende Zeit des Wandels für die ganze Erde. Je reiner ihr seid und je mehr ihr in euch zentriert bleibt, um so mehr unterstützt ihr diesen Prozess. So möchte ich dich bitten: Ja, faste ab jetzt für neun Tage, das ist die allerbeste Zeit. Fasten heißt hier, nicht nur in Bezug auf das Essen, sondern auch in Bezug auf deine Gedanken, Worte und Taten Verzicht zu üben. So kannst du diese Tage dazu nutzen, dir selbst in deinem Innersten näherzukommen und dich auf allen Ebenen zu reinigen, um dich in eine höhere Schwingung zu begeben.

Sei gesegnet! Ich werde dich mit all meiner Liebe unterstützen!

Frage: *Sie hat in der rechten Brust einen Knoten. Soll sie sich operieren lassen? Was ist mit ihrem unregelmäßigen Zyklus?*

Hilarion

Meine Liebe, du weißt, dass alle Heilung von innen kommt, nicht wahr? Eine Operation bedeutet immer auch eine Verletzung des grobstofflichen Körpers und auch der feinstofflichen Körper. Wenn du Vertrauen in dich und die innere Heilkraft hast, wenn du der göttlichen Kraft in dir vertraust, ist keine Operation nötig und für deinen Weg nicht dienlich. Solltest du allerdings immer wieder in eine Angstschwingung hineinrutschen, könnte dir die Operation eine gewisse Sicherheit bringen, allerdings müsste anschließend wieder Heilung auf geistiger Ebene geschehen, um die Verletzung zu heilen, die durch die Operation entstanden ist.

Ich kann dir nicht sagen, du sollst dies oder das tun oder lassen. Tue das, was dein Herz sagt. Vertraue dieser weisen inneren Stimme. Darauf kannst und sollst du bauen. Sie gibt dir auf jeden Fall den richtigen Rat!

Ihr habt stets die Kraft, euch selbst zu heilen, ihr gebt diese Kraft jedoch immer wieder ab, an Pillen, an Ärzte, an äußere Hilfsmittel und Therapien. Verstehe mich richtig, all diese Hilfsmittel helfen auch, aber schau dahinter und wisse, dass sie nur deshalb helfen, weil ihr diese Überzeugung in euch tragt, dass es so ist.

Was ist mit dem Zyklus?

Meine geliebte Schwester des Lichtes, wenn du so willst, bist du tatsächlich in den Wechseljahren, denn du wechselst deine Schwingungsfrequenz, und zwar gerade jetzt in sehr starkem Maße. All deine „Schwierigkeiten" hängen damit zusammen. Du wirst noch ein Kind gebären, aber kein irdisch-leibliches, sondern ein geistiges. Du trägst es bereits in dir, und es will bald ans Licht. Du bist sozusagen in der „Tragezeit", diese wird bald zu Ende sein. Darum sorge dich nicht!

Deine Kraft und Energie soll sich dann auf deinen neuen Weg konzentrieren. Stell dir vor, du würdest jetzt tatsächlich mit einem leiblichen Kind schwanger gehen. Dies würde bedeuten, dich diesem Kind ganz zu widmen und für es da zu sein. Deine Aufgabe in nächster Zeit wird sich jedoch auf mehr Menschen richten als nur auf ein kleines Menschenkind. Viele „kleine Menschenkinder" warten auf deine Hilfe, die du ihnen wirst geben können.

Du fragst dich, wie? Ich sage dir, durch das, was du tust, durch deine innere Haltung und dadurch, dass du auch im Außen zeigst, was in dir ist, und du sie zu sich selbst führst. Du kannst ihnen auf leichte Art und Weise die innere Quelle der Freude wieder nahebringen, welch eine Freude auch für uns! Das Licht strahlt hell – lasse es leuchten!

(*Kannst du sie unterstützen, um den Kinderwunsch loszulassen?*)

Dieser Wunsch wird verschwinden, sobald du deiner Berufung folgst!

Frage: *Wie ist ihr Tinnitus entstanden und wie kann sie ihn wieder loswerden?*

Hilarion

Es ist immer ein Zeichen des Ungleichgewichts, des Unausgeglichenseins. Außerdem fordert es dazu auf, das Hören des öfteren von außen nach innen zu verlegen. So wäre es dir dienlich, regelmäßig nach innen zu lauschen, ohne Erwartung, einfach dein Ohr sozusagen an dein Herz zu legen und zu fragen: Mein Herz, was willst du mir sagen? Diese Unausgewogenheit sagt auch, dass kleine Hinweise der Seele nicht gehört, d. h. überhört wurden, deshalb lässt sie dann den Körper deutlicher sprechen. So solltest du dich darin üben, die kleinen Zeichen deiner Seele und auch die kleinen Zeichen von uns nicht zu überhören oder zu übersehen. Sei achtsam und folge deinen Impulsen.

Die Überempfindlichkeit gegenüber äußeren Geräuschen sagt ebenfalls: Horche nach innen! Nimm die Sprache deines Herzens wahr! Und folge dem, was es sagt. Auch hier ist ganz wichtig, dass du *weißt*, dass du wieder gut hören kannst und dass du *vertraust*. Wenn du vertraust und in die Schwingung der Liebe und *Freude* gehst, kann Heilung auf allen Ebenen geschehen!

Frage: *Ihr kleiner Sohn muss sehr häufig Wasser lassen, manchmal auch wieder nicht. Gibt es hier etwas, worauf sie achten muss?*

Hilarion
Ja, achte sehr gut auf seine Seele! Nimm seine Gefühle wahr und achte sehr genau auf das, was er sagt. Seine Seele ist zart und rein und sehr empfindsam. Dies äußert sich in dem Blasendruck. Es ist keine Sache für den Arzt, es ist eine Sache für dich, ihn in seinem Selbstbewusstsein zu stärken, ihn immer wieder zu ermutigen in dem, was er fühlt, was er denkt und was er tut. Es wird vorübergehen. Je gelassener du es einfach hinnimmst, um so mehr wird ihn das stärken. Wenn du in die Angst gehst, wird sich das „Problem" eher verstärken, denn dann spürt er deine Schwingung, und dies schwächt ihn. Wenn du möchtest, kannst du diesen Prozess unterstützen durch sehr feine, hochschwingende Mittel, die seine Seele stärken oder durch eine rein energetische Behandlung.

***Frage:** Ihr Mann ist freigestellt, er hat noch keine neue Arbeit. Sie möchte wissen, ob sie in ihren alten Beruf zurück muss.*

Hilarion
Denke bitte nicht darüber nach, ob du irgendwann vielleicht irgendetwas wirst tun müssen. Damit vergeudest du wahrlich deine Energie und machst dir Gedanken, die dir nicht dienlich sind. Lebe jetzt und frage dich einfach, was du vom Herzen aus tun willst. Das tue dann auch! Es ist so einfach!

Sie möchte sich ausdrücklich bei euch bedanken, denn sie weiß, dass ihr immer da seid und dass ihr Hilfe und Unterstützung gebt.

Hilarion
Ich schließe dich in meine Arme und danke auch dir in ewiger Liebe! Spüre meine Achtung und meinen Segen. Du bist auf dem richtigen Weg, es ist wunderbar. Lebe die Freude und lass die Liebe aus deinem Herzen fließen, dann kann die Welt in größerem Glanz erstrahlen. Gottes Segen ist mit dir!

Frage (ein halbes Jahr später): Ihr Mann wird demnächst arbeitslos. Er möchte, dass sie wieder anfängt zu arbeiten, weil sie das Geld brauchen. Ihr Arbeitsverhältnis ruht und sie würde sich gerne für dieses eine Jahr noch ihren jetzigen Tätigkeiten widmen, die ihr viel Freude bereiten. Sie ist verunsichert und bittet um Entscheidungshilfen.

Hilarion

Mein Licht fließt jetzt zu dir herab, spüre es als Liebe in deinem Herzen und sei innig gegrüßt.

Mein geliebtes Kind des Lichtes, lass dich nicht beirren in dem, was du als richtig empfindest. Nur wenn du ohne „Zähneknirschen" wieder arbeiten würdest, wäre es für dich in Ordnung, nur wenn du es nicht als lästiges Übel empfinden würdest und deine Arbeit mit Freude tun könntest.

Versteht, meine Lieben, wenn ihr zutiefst vertraut und euch von Gott führen lasst, wird es immer weitergehen, werdet ihr immer Hilfe bekommen, wenn es nötig ist, und es wird immer ausreichend für euch gesorgt werden. Doch euer Vertrauen muss tief und echt sein und eure Hingabe nicht halbherzig.

Ich sagte dir bereits, dass es gerade in der jetzigen Zeit so wichtig ist, dass ihr den Weg des Herzens gehen lernt. Das bedeutet, dass ihr lernt, auf eure innere Stimme zu lauschen und ihr zu vertrauen und vor allem den Mut zu haben, dieser Stimme Folge zu leisten und sich ihr ganz anzuvertrauen. Diesen Mut haben noch nicht viele Menschen, denn immer wieder funkt euer Verstand dazwischen, und immer wieder fallt ihr in alte Denk- und Verhaltensmuster zurück.

Doch jetzt ist die neue Zeit, ihr Lieben, und ihr seid diejenigen, die den Weg weisen und an denen sich viele andere Seelen orientieren, ob ihr euch dessen bewusst seid oder nicht.

Wenn ihr, die Lichtarbeiter, nicht den Mut habt, neue Wege zu gehen und die überholten alten Muster hinter euch zu lassen, wer soll es dann tun?!

So bitte ich dich, meine geliebte Schwester der Wahrheit, folge deinem Herzen und erspüre in jedem Moment, was es will. Denn der Wille deines Herzens ist der Wille Gottes, und ihm sollst du folgen.

Meine Liebe, lass dich ganz fest in meine Arme nehmen und einhüllen in mein glänzendes Gewand aus Licht und Liebe. So strahlen wir gemeinsam für den Aufstieg der ganzen Erde. Mein Segen ist mit dir und mit deinem Mann. Bitte grüße auch ihn, denn wir sind ***alle*** zutiefst verbunden.

⁂ ⁂ ⁂

Frage: *M. F. hat seit 10 Jahren gesundheitliche Probleme, Darm, Kopf, Pilz, Energielosigkeit, Müdigkeit. Was kann sie auf geistiger Ebene tun, um bald gesund zu werden?*

Hilarion

Meine innig geliebte Sternenschwester, sei von Herzen gegrüßt!

Die Basis jeglicher Heilung ist das Vertrauen in die eigene göttliche Kraft und das Wissen, dass es in Wahrheit nichts gibt, was *dir* schaden könnte. Nur durch das Licht des Bewusstseins und der Erkenntnis kann Dunkelheit aufgelöst werden.

Probleme mit dem Körper, Krankheit, Angst, Zweifel, all dies sind dunklere Schwingungen als diejenigen deines höheren spirituellen Bewusstseins. Hier herrscht kein harmonisches Zusammenschwingen, weil die Frequenzen unterschiedlich sind.

Deshalb, meine geliebte ..., ist es so wichtig, dass du dich immer wieder in dir zentrierst, immer wieder Kontakt zu deiner inneren Quelle aufnimmst, dir immer wieder bewusst machst, dass du nicht der Körper bist, sondern unsterbliche Liebe und ewiges Licht.

Natürlich kann man dem Körper auch von außen etwas Gutes tun, um die inneren Prozesse zu unterstützen. Jedoch das Wichtigste ist stets, Licht in die Körperzellen zu bringen, d. h. deinen Körper *zu lieben, zu umarmen, zu akzeptieren*, so, wie er ist.

Dadurch wird seine Schwingung erhöht und er kann sich der Frequenz der anderen Körper anpassen.

Die neue Energie, in der die Erde jetzt ist, macht es möglich, dass ihr euch relativ schnell und relativ leicht von jeglicher Krankheit befreien könnt, wenn ihr *nicht in die Angst hineinfallt.*

Wähle bewusst die Schwingung der Liebe und der Freude! Auch wenn du sie nicht empfindest, ist es doch wichtig, diese bewusste Wahl zu treffen, und je öfter du das in den verschiedensten Situationen tust, wird die Freude nach und nach zurückkehren, und du wirst auch die Liebe spüren können.

Sei *geduldig und liebevoll mit dir selbst!* Hier bei dir beginnt alles! Hier beginnt auch dein geistiges „Tun". Denn nur, wenn sich in deinem Bewusstsein, in deiner Sicht der Dinge etwas verändert, kann diese Veränderung sich auch im Außen, z. B. auch in deinem Körper zeigen.

Treffe eine bewusste Wahl! Erinnere dich daran, dass du diese Möglichkeit hast und dass die göttliche Schöpferkraft in dir wohnt! Damit übernimmst du die volle Verantwortung für dich und deinen Körper, und dann kannst du wählen, wohin dein Weg dich führen soll.

Schau dir deine Gedanken und Gefühle an und wähle diejenigen, die dir dienlich sind und dir gut tun, bei den negativen sage dir jedes Mal: Das bin ich nicht! Dann ersetze sie durch aufbauende und solche, die du haben möchtest.

Was deine Energielosigkeit und Müdigkeit betrifft, bitte ich dich, sooft du kannst, hinaus in die Natur zu gehen und bewusst Kraft aufzutanken, zum einen von der Sonne, zum anderen von den Bäumen und dem Wasser. Nutze das Wasser, um dich innerlich und äußerlich zu reinigen, im Überfluss.

Eine tiefgreifende Reinigung des Körpers ist dienlich, er sollte gründlich durchgeputzt werden bis auf Zellebene.

Um sich auch mit dem physischen Körper in der neuen Energie verankern zu können und dauernd in der höheren Ebene zu schwingen, ist ein gereinigter, d. h. reiner Körper wichtig, ebenso wie ein geläuterter, d. h. reiner Geist und ein reines Herz.

Der physische Leib als der dichteste deiner Körper, braucht ein wenig länger und es fällt ihm etwas schwerer, in die höhere Schwingung zu kommen. Du kannst ihn, wie ich bereits sagte, durch die Wahl deiner Gedanken und Gefühle sehr dabei unterstützen. Denn jedes Mal, wenn du „schlechte" Gedanken oder Gefühle hast, sinkt die Schwingung deiner Verkörperung ab, das spürst du deutlich. Wichtig ist aber, die höhere Schwingung mit der Zeit auch im Alltag beibehalten zu können und alle Körper daraufhin auszurichten.

So achte auf deine Gedanken und Gefühle und wähle die, welche gut für dich sind. Das kannst du tun!

Was deine Lebensaufgabe betrifft, so möchte ich dir sagen, dass es darum geht, deine Göttlichkeit zu leben. D. h. deine Aufgabe ist es, dein Menschsein und deine Göttlichkeit harmonisch zu verbinden und in ***Liebe und Freude*** zu ***leben!***

Das Licht in der Welt verankern, das willst und sollst du tun. *Wie* du das tust, ist nicht wesentlich, sondern dass es geschieht, das ist wichtig.

Wenn du im göttlichen Bewusstsein weilst, ist es vollkommen gleichgültig, welche Tätigkeit und ob du überhaupt eine verrichtest, denn dein Sein strahlt dann auf jeden und alles aus und hüllt alle darin ein, die mit dir in Berührung kommen.

Aber nun sage nicht, o je, wie soll ich dieses Ziel erreichen? Nimm dir dies nicht als Ziel, denn *du bist bereits am Ziel!* Es gibt nichts, was zu erreichen wäre, du bist bereits das, was du werden willst! Es muss lediglich noch in dein Bewusstsein treten, du musst dich daran erinnern, was du bist, das ist alles.

Lange Meditationszeiten sind nicht mehr nötig, sondern viele kurze Momente des Sich-Anschließens, Augenblicke, in denen sich dein Bewusstsein auf dein innerstes Sein richtet, sind dir dienlich.

Wir lieben dich so sehr! Bitte tue du das auch! Mache dich nicht runter und sage nicht, dass du energielos und müde oder dass du krank oder schwach bist. ***Das bist du alles nicht!*** Du bist stark, du bist vollkommen, du bist gesund, ***du bist göttlich!*** Das ist die Wahrheit.

Ich schließe dich voller Liebe in meine Arme und lasse jetzt meine segnenden Strahlen zu dir fließen. Lass dich davon umhüllen und dein Herz erwärmen. Gott ist immer mit dir.

* * *

Frage: *N. E. hat arge Probleme mit der rechten Seite seines Kopfes, Ohr, Auge, Nase, Stirn sind betroffen, zum Teil zu, und er hat kein Gleichgewicht. Er wird am Mittwoch geröntgt. Ist eine Operation nötig? Was kann er tun?*

Hilarion

Sei aus dem Lichte gegrüßt!

Was du erlebst, ist die Folge dessen, was du gefühlt, gedacht und getan hast. Einerseits bist du sehr bewusst und mit der geistigen Ebene verbunden, andererseits gehst du auch wieder unbewusst mit dir um, d. h. du achtest zum Beispiel nicht auf die kleinen Signale deines Körpers und die leisen Hinweise deiner Seele, die sagen, lass es dir gut gehen, achte gut auf dich, genieße das Leben, halte ausreichend Ruhezeiten, überfordere dich nicht usw.

Wenn du kleine Anzeichen übergehst, kommen größere, wenn du diese ignorierst, kommt es ganz „dick". So zeigt dir dein jetziger Zustand, dass du im Grunde dir selbst gegenüber nicht liebevoll warst. Und Liebe ist auch *das* Heilmittel.

Du hast im Augenblick kein Gleichgewicht, was bedeutet, dass *in dir* das Gleichgewicht fehlt. Es ist das Gleichgewicht zwischen Ruhe und Arbeit, zwischen Körper und Seele und zwischen himmlisch und irdisch. Du bist aus dem Lot geraten und es ist nötig, dass du dein Gleichgewicht wiederfindest, was bedeutet, dass du wieder in deine Mitte kommen musst.

Gut ist, dass du auch medizinisch abklären lässt, was nicht „stimmt". Es ist ja tatsächlich ein Mißklang da, und du musst dich wieder auf deinen inneren Klang einstimmen, dann wird auch mit deinem Körper wieder alles „stimmen“, d. h. alle Saiten werden wieder in Harmonie zusammenschwingen können.

Ich kann dir nicht sagen, ob eine Operation nötig ist oder nicht, von höchster Sicht aus ist keine „nötig“, es liegt jedoch an dir, ob dein innerer weiser Führer dich diese Erfahrung machen lassen will oder nicht.

Wie ich bereits sagte, ist allein die Liebe das Heilmittel, welches wirkliche Heilung bewirkt. Denn durch die Liebe werden alle Saiten in die gleiche höhere Schwingung gebracht, so dass sich Symptome einer niederen Schwingung auflösen.

Deshalb sage ich: ***Liebe dich!***

Achte auf dich und deinen Körper. Spüre das wunderbare Leben und genieße es. Mache hin und wieder Atemübungen, damit dein Atem kraftvoll und ungehindert fließt und dir Kraft bringt. Überanstrenge dich nicht!

Prüfe deine Lebensumstände daraufhin, was „stimmt“ und was nicht. Nur wenn du mit den Dingen, Umständen und Menschen im Gleichklang schwingst, d. h. wenn ihr gleichgestimmt seid wie die Saiten eines Instrumentes, kannst du glücklich und zufrieden sein und es geht dir gut. Schau, wo Mißklänge sind, und beseitige sie.

Mein Segen ist mit dir, und ich halte dir die Hand, mein geliebter Sternenbruder. Sei ohne Sorge, denn alles wird gut verlaufen. Das Licht ist in dir und mit dir! Du bist wohlbehütet.

⁂ ⁂ ⁂

Frage: *A. R. fragt, welche geistige Einstellung und körperlichen Aktivitäten dazu dienen, einen gesunden und leistungsfähigen Körper für eine lange Dauer haben zu dürfen?*

Hilarion

Mein Bruder des Lichtes, ich grüße dich und teile deine Freude über den Kontakt und unsere Kommunikation.

Es sind Dinge, die ihr eigentlich wisst und die auch nicht schwer einzuhalten sind, die euch einen starken, gesunden Körper bescheren. Dazu zählen beispielsweise eine bewusste abwechslungsreiche Ernährung, ausreichend Bewegung, die richtige Menge an Schlaf und als Wichtigstes ein ruhiger, klarer Geist, ein ausgeglichenes Gemüt und das Bewusstsein, dass alle Kraft und Möglichkeiten zur Regeneration und Heilung im Körper vorhanden sind und jederzeit genutzt werden können.

Wichtig ist, die Körperzellen von alten „Verunreinigungen" zu säubern, d. h. dass Konflikte und Probleme von früher, die nicht erlöst wurden, jetzt den Körper schwächen und Blockierungen im Lebensfluss verursachen können. Es ist nötig, diese alten, dunklen Energien umzuwandeln in Licht, dies kann nur geschehen durch Bewusstseinsarbeit, d. h. dadurch, dass sie offen angeschaut und so mit dem Licht des Bewusstseins transformiert werden.

Frage: *Kannst du ihm einen Weg zeigen, der ihn zu einer erfüllten Partnerschaft führt? Soll er die Engel um Führung bitten? Gibt es Widerstände aus der Vergangenheit, z. B. aus der Kindheit, die aufzulösen sind?*

Hilarion

Mein liebstes Kind des Lichtes. Ja, es bestehen Widerstände in Form von alten Ängsten, die in deinem Gefühlskörper noch vorhanden sind. Wie zuvor gesagt, gibt es auch hier lediglich einen Weg, diese alten Energien zu transformieren, nämlich durch das Licht des Bewusstseins.

So nimm dir eine Zeit der Stille dafür und öffne dich ganz deiner inneren Führung. Bitte sie, dir zu zeigen bzw. dich dahin zu führen, wo diese alten Ängste liegen, sodann lasse sie einfach aufsteigen, schau sie dir an und lasse sie in Liebe gehen. Vertraue dich hierbei vollkommen deiner inneren Weisheit an, diese wird dich sicher führen und die richtigen Schritte zeigen.

Erst wenn diese alten Energien in Licht transformiert wurden, bist du frei und bereit für eine tiefe, erfüllende Partnerschaft. Lasse dich auch ganz von deiner inneren Weisheit führen, um mit der Frau zusammenzukommen, die auf dich wartet. Wenn du einen bestimmten Impuls spürst, dies oder das zu tun, so tue es unverzüglich.

Versprich dir einfach, dieser inneren Führung absolut zu vertrauen und zu folgen, und dies wird so sein, selbst wenn du sie nicht „hören" oder deutlich wahrnehmen kannst. Zweifle nicht daran, dass es geschieht.

***Frage:** Er hat die Neigung, sich zu sorgen, und zur Nachdenklichkeit. Dies macht ihn schwer und unbeweglich. Wie kommt er zu mehr Leichtigkeit und Freude?*

Hilarion

Je stärker deine Verbindung zu deinem höchsten inneren Wesen wird, desto größer wird dein Vertrauen werden und um so weniger Sorgen wirst du dir machen. Das Vertrauen und die Liebe zu dir selbst sind die Grundsteine, auf denen Freude, Leichtigkeit und Lebenslust aufgebaut sind.

Je mehr du die Wirklichkeit erkennst und wer oder was du in Wahrheit bist, um so leichter bleibst du im Fluss des göttlichen Lebensstroms und um so heller und freudvoller wird dir das Leben erscheinen.

Außerdem kannst du selbst die Entscheidung treffen, dich weniger zu sorgen, denn du selbst bist der Herr deiner Gedanken- und Gefühlswelt! Erinnere dich an deinen göttlichen Ursprung und daran, welche Schöpferkraft in dir wohnt und welche Macht du dadurch hast! Auch dies ist ein Bewusstseinsprozess, es zu erkennen und in die Tat umzusetzen. Doch dieser Prozess wird dir Freude, Harmonie und Leichtigkeit bescheren. Wenn du nicht alleine gehen willst, so kannst du auch einen einfühlsamen Menschen, der diesen Weg bereits gegangen ist, an die Seite nehmen, um dir dabei ein wenig Hilfestellung zu geben.

Ich umhülle dich jetzt mit meinen leuchtenden Strahlen, lasse dich davon ganz durchdringen und öffne dein Herz weit. Die Liebe verbindet uns zutiefst. Gottes Segen ist mit dir und Seine Kraft liegt in dir. Segen, Segen, Segen.

* * *

Frage: *A. G. hat immer wieder Wasser in den Knien, so dass sie stark anschwellen und ihn beim Laufen behindern. Die Ärzte wissen nicht, woher es kommt. Im Augenblick ist das linke Knie stark betroffen. Er möchte wissen, wo die Quelle ist und was er tun kann bzw. weglassen soll. Ist es vielleicht etwas Altes, Karmisches?*

Hilarion

Ich grüße dich, mein geliebter Bruder des Lichtes, voller Freude und Liebe.

Vor allem möchte ich dir eines sagen: *Mache dir keine Sorgen deshalb!* Es sind Prozesse, die ablaufen und die ein Ende haben werden. Man kann nicht sagen, dass es etwas Karmisches sei, und dennoch ist es insofern etwas Altes, als es Stauungen sind, die noch zur alten Person gehören. Diese Stauungen müssen aufgelöst werden, damit der neue Mensch sich vollkommen zeigen kann. Es ist nichts Dramatisches, es bedeutet einfach, dass du noch nicht ganz im göttlichen Fluss bist, sondern immer wieder in die niedrigere „alte" Schwingung rutschst, aus der ihr euch jetzt gänzlich erheben wollt.

Du bist einer der Lichtarbeiter, die bereits in einer höheren Schwingung schwingen, aber eben nicht ständig, sondern nur dann, wenn dein Geist sich mit Höherem beschäftigt. Hört er damit auf, sinkt die Schwingungsfrequenz wieder und es entsteht dadurch eine Disharmonie in den verschiedenen Körpern. Das kann sich dann z. B. in einem „Problem" mit den Knien zeigen, aber auch in einem „Problem" mit einem Mitmenschen, mit dem Magen, dem Kopf, den Finanzen oder wie auch immer.

Du kannst die hohe Schwingung deines spirituellen Bewusstseins noch nicht dauernd halten und in den physischen Körper integrieren, deshalb hast du dort ab und zu Schwierigkeiten. Es heißt also, auch die niederen Körper in der Schwingung anzuheben. Der Mentalkörper ist häufig auch bereits auf einer höheren Ebene, der Emotionalkörper ebenso, der physische Körper „hinkt" ein bisschen hinterher, was jedoch verständlich ist, da er ja die dichteste Schwingung hat.

Seine Schwingungserhöhung kannst du unterstützen durch alles, was deinem Körper gut tut, dadurch dass du ihn sehr achtsam und liebevoll behandelst, vor allem dass du über deinen Gefühlskörper auf ihn einwirkst.

So achte auf deine Gefühle und wähle diejenigen mit einer hohen Schwingung und spüre sie im Körper. Nach wie vor solltest du für regelmäßige innere und äußere Reinigung des Körpers sorgen, zum einen mit viel reinem Wasser, zum anderen z. B. mit inneren Bildern, die mit Gefühl aufgeladen sind.

Es ist jetzt eine Phase der Neuausrichtung des ganzen Planeten, deshalb zeigen sich bei euch solche „Schwachstellen" im Augenblick sehr deutlich. Nimm dies dankbar zur Kenntnis und nutze es als Möglichkeit, dich auf allen Ebenen auszubalancieren.

Rufe mich, und ich werde bereit stehen, um dir hilfreich die Hand zu geben.

Meine Liebe und mein Segen sind mit dir. Gehe mit Gott und trage Frieden in deinem Herzen.

***Frage** (ein halbes Jahr später): Er hat ein stark geschwollenes Knie, das ihm Beschwerden macht und seine Aufmerksamkeit fesselt. Wo kann er ansetzen, um es zu heilen? Ist es ein Ungleichgewicht, ist etwas im Energetischen und am Arbeitsplatz im Gange? Woher kommt es?*

Hilarion

Sei mir gegrüßt, mein Lichtbruder. Ja, ich sehe, dass du Probleme hast, und will dir gerne antworten, damit du Klarheit bekommst.

Natürlich hat eine jegliche körperliche Störung etwas mit dem Energiefluss zu tun. Dieser ist gehemmt oder blockiert, und das macht sich sodann in einer körperlichen Störung bemerkbar, doch erst dann, wenn die kleinen Zeichen der Seele zuvor nicht wahrgenommen wurden. Du bemühst dich sehr, mein geliebter Bruder im Licht, doch ist auch immer wieder dein Verstand sehr stark, und du nimmst die ganz zarten Zeichen deiner Seele nicht bewusst auf. Oder du verdrängst sie, weil du gerne hättest, dass alles gut ist, so wie es ist. Deine Seele fordert dich auf, einen Schritt zu tun, doch du zögerst. Du spürst selbst, dass dich die Arbeit, obwohl du sie gerne tust, nicht bis ins Innerste erfüllt, es bleibt sozusagen eine „kleine Leere“, die erfüllt werden möchte. Und deine Seele hat bereits gesprochen, wie sie erfüllt werden kann.

Doch zurück zu deinem Knie“problem“, das dich ja einschränkt und dir „Kopfzerbrechen“ bereitet. Wie gesagt, liegt eine energetische Blockade vor, da du nicht voll im Fluss mit dem göttlichen Lebensstrom bist. Es steht etwas Neues an, ein Schritt, mit dem du Altes loslassen und Vertrautes hinter dir lassen sollst. So kann es dir helfen, zu sagen: Ich lasse alles Alte in Liebe und Dankbarkeit los und ***ich bin bereit*** für das Neue, das sich jetzt zeigen möge.

Wichtig wäre auch, deine Gefühle nicht zu blockieren, sondern sie offen zu zeigen und dazu zu stehen. Nimm dich selbst vollkommen in Liebe an, dann kann sich eine jegliche Blockierung im göttlichen Strom des Lebens auflösen. Wisse, dass alles vollkommen in Ordnung ist, so wie es ist. Hadere nicht, gib dich dem Leben hin und bleibe in der Schwingung der Freude und Liebe.

Äußerlich kannst du den Heilungsprozess des physischen Körpers unterstützen, indem du kühle Umschläge mit geheiligtem Wasser machst, und du kannst auch selbst deine Hände darauf legen und die göttliche Heilkraft in das Knie einfließen lassen.

Ein weiterer wichtiger Punkt wäre, auf deine Ernährung zu achten und gewisse Dinge vorübergehend wegzulassen, dies kannst du austesten lassen.

ICH BIN bei dir und ich begleite dich auf deinem Weg ins Licht. Verliere niemals dein höchstes Ziel aus den Augen und gehe mutig und voller Vertrauen voran. Es ist jetzt eine umwälzende Zeit, und noch vorhandene „Schlacken“ steigen nach oben. So können sie mittels des Lichtes des Bewusstseins angeschaut und aufgelöst werden.

Meine geliebter Lichtbruder, ich segne dich jetzt und lasse meine Strahlen zu dir fließen. Wir sind in Liebe verbunden, wisse das und erinnere dich immer wieder daran.

* * *

Frage: *E. F. möchte wissen, ob ihr Mann vom Alkohol loskommt, und wie sie ihm helfen kann.*

Hilarion

Mein geliebtes Kind des Lichtes, sei gegrüßt.

Ich sehe, welch „schweren" Weg du gewählt hast, und ich sehe auch, dass du dadurch die Tür zu deinem inneren Weg gefunden hast.

Dein Mann kann von der Abhängigkeit vom Alkohol nur dann loskommen, wenn er in sich selbst einen Halt findet und einen tieferen Sinn seines Lebens. Dieser Sinn ist für ihn nicht offenbar, dafür müsste er in der Stille in sich hineinhorchen, aber gerade diese Stille und das mit sich selbst Alleine-sein macht ihm Angst. Sein niederes Selbst hat ohnmächtige Angst davor, sich aufzulösen, deshalb hält es sich am Alkohol fest, es braucht diesen zum Überleben. Ohne den Alkohol müsste sich dein Mann mit sich selbst beschäftigen und sich selbst in die Augen schauen, um sich zu fragen: Was ist der Sinn meines Lebens, warum bin ich wirklich hier?

Und es mag sehr „hart" für dich sein, wenn ich dir sage, dass du ihm nicht wirklich helfen kannst. *Er* muss ja die Entscheidung treffen, mit oder ohne Alkohol zu leben, das ist seine Wahl.

Wichtig und hilfreich auch für dich wäre, dass du *für dich* schaust, was *für dich* gut ist, womit du dich wohlfühlst, was *du* willst und was nicht. Und danach solltest du leben. Wenn *du* nicht mit dem Alkohol leben willst und kannst, dann musst *du* in deinem Leben etwas verändern. Schau, alles hat einen Bezug zu dir. Du hast auch bereits bemerkt, dass du in dieser Hinsicht bei deinem Mann nichts beeinflussen kannst. Du kannst ihn nicht ändern, das muss dir klar sein! Was du verändern kannst, ist deine innere Haltung, deine Einstellung, *dein* Leben.

Mein geliebtes Kind des Lichtes, so viele Engel sind bei dir, so viel Licht ist in deinem Herzen, lasse es einfach ausstrahlen und nutze es, um deine Welt, die *in dir* entsteht, heller werden zu lassen. Solange du Widerstände hast und haderst, machst du dir selbst das Leben schwer. Manchmal ist der größte Liebesdienst, sich von etwas zu trennen und einen neuen Weg einzuschlagen.

Du bist wichtig, *du* bist jetzt hier, also geht es um *dich*!

Lasse mich dir sagen, dass alles letztendlich einen positiven Sinn hat, der euch allerdings oftmals verborgen bleibt, weil ihr nur das Offenbare seht und nicht hinter die Dinge schaut.

Bleibe mit deiner inneren Führung verbunden und in dir zentriert. Hier liegt alle Weisheit, alle Kraft, auch Klarheit und höchste Liebe. Du willst leben, du willst frei sein, du willst in der Schwingung der Freude sein, danach sehnt sich dein Herz, und dies kann nur so sein, wenn du wählst, dich auf diese Ebene zu erheben. Der Alkohol zieht euch auf niedere, dunkle Ebenen hinunter, und nur durch das Licht der Erkenntnis und ein Öffnen des Bewusstseins könnt ihr euch von diesen dunklen Ebenen in lichtere Schwingungen begeben. Ganz gleich, ob dies durch Meditation geschieht, über heilige Worte, Gebete, Farben, Klänge, die Natur – alles sind wunderbare Wege, dies zu erreichen.

Nur dein Mann muss es *wollen.* Es kann nicht gegen seinen Willen und ohne sein Einverständnis geschehen, das muss dir klar sein. Du kannst ihn fragen, was er will, und ihm klarmachen, dass er die Wahl hat. Du kannst ihm auch klarmachen, dass du nicht gewillt bist, das Leben so weiterzuführen wie bisher, falls das so ist, aber dann musst du auch konsequent sein und danach handeln.

Ich sage dir nochmals – es geht jetzt um *dich*, und *du* wählst jetzt, wie dein Leben weiter verlaufen soll.

Ich segne dich jetzt und umhülle dich mit einem Mantel meiner nie endenden Liebe. Gehe in Frieden und sorge dich nicht! Segen sei mit dir!

Frage: G. D. hatte mit ihrem Pony einen Unfall und möchte wissen, ob ihr so etwas noch einmal passiert. Seitdem hat sie Angst vorm Reiten. Soll sie aufgeben?

Hilarion

Mein geliebtes Kind des Lichtes, sei gegrüßt. Ich bin Hilarion, ein Meister der Wahrheit und der immerwährenden Liebe.

Ja, du kannst deine Angst überwinden. Der einzige Weg dahin ist der, dass du dich deiner Angst stellst. Sobald du versuchst, ihr zu entfliehen oder sie zu verdrängen, gibst du ihr neue Kraft und sie hat dich im Griff. Du musst genau das tun, wovor du dich fürchtest, nur so kannst du ihrer Herr werden. Wenn du das tust, schaffst du es. Gut wäre, wenn dich jemand dabei unterstützt, damit du dich nicht drückst. Das solltest du auf keinen Fall tun und dem Menschen, der dir hilft, wer immer das ist, das auch sagen, dass er nicht zulassen darf, dass du kneifst.

Nur wenn du der Angst direkt ins Auge blickst, wirst du sie überwinden. Du wirst dann erleben, wie sie sich buchstäblich in Nichts auflöst. Nur wenn du sie anschaust, kann sie verschwinden. Wenn du versuchst, ihr zu entfliehen, wird sie dich immer wieder einholen.

So rate ich dir, dich der Angst zu stellen. Wenn du alleine nicht den Mut hast, dies zu tun, so wäre es dienlich, dir jemanden zu Hilfe zu nehmen, der dich kompetent darin unterstützen kann. So wirst du ganz sicher Erfolg haben.

Frage (2 Monate später): Sie fragt nochmals, was sie noch wegen ihrer Angst vor ihrem Pferd tun kann. Es war jetzt in einem anderen Stall untergebracht, da war es besser, aber wenn es wieder in den alten Stall zurückkommt, wird es wieder schlimmer.

Hilarion

Sei gegrüßt, meine liebste Schwester des Lichtes.

Was könnte ich dir noch sagen, was du noch nicht weißt? Alles Wichtige habe ich dir bereits mitgeteilt, nun ist es an dir, all das, was du als richtig erkannt hast und annehmen kannst, auch in die Tat umzusetzen.

Gib der Angst nicht solch eine Macht! Gib ihr nicht solch ein Gewicht! Du bist diejenige, die ihre Macht abgibt und der Angst dadurch die Möglichkeit gibt, dich zu beherrschen. Es sollte jedoch so sein, dass nicht die Angst dich beherrscht, sondern dass *du* Herr deiner Gefühle bist! So ist es von Gott geplant und gewollt und jetzt in dieser Zeit auch möglich.

Die Erde ist bereits in einer viel höheren Schwingung, und dadurch habt ihr die Möglichkeit, eure ganze Macht und Verantwortung wieder an euch zu nehmen und eure gottgegebene Schöpferkraft so einzusetzen, wie ihr es wollt!

Du bist kein Opfer irgendwelcher Umstände, auch nicht ein Opfer deiner Gefühle. Du hast so gewählt und tust es immer wieder. Darum bitte ich dich, steige aus der alten Angst-Energie aus und wähle eine höhere, lichtere Schwingung, die Schwingung, die jetzt im neuen Zeitalter da ist und die Freude, Gesundheit, Reichtum und Fülle für all diejenigen bringt, die sich ihr öffnen und diese bewusste Wahl treffen, mit dem Licht zu sein und nicht mit der Angst.

Mehr kann ich dir für heute nicht sagen. Lasse meine Worte in deinem Verstand und in deinem Herzen wirken und tue dann das, was dein Herz dir rät. Öffne dich und wähle die Liebe und Freude, dann wird sich dein ganzes Leben erhellen.

Gehe mit dem Segen Gottes und fürchte dich nicht!

❊ ❊ ❊

Frage: *G. Z. fragt, welche Bedeutung ihre beiden Knie-Geschichten haben? Was soll sie daraus lernen bzw. was soll sie ändern? Was kann sie selber tun, auch zur Heilung der Borreliose?*

Hilarion
Ja, gerne will ich helfen. Doch zunächst schließe ich euch in meine Arme und lasse meine Liebe in eure Herzen strömen. Nehmt sie auf und lasst euch davon stärken und ermutigen, den Weg ins Licht tapfer und unerschrocken weiterzugehen!

Meine geliebte Lichtschwester, ich freue mich, dass du bereit bist, bereit, einen weiteren Schritt zu tun auf dem Weg zur Befreiung, die du erreichen wirst. Dazu ist jedoch notwendig, die Identifikation mit dem Körper, mit den Gedanken und Gefühlen, mit dem Ego, aufzugeben und wirklich und wahrhaftig zu erkennen, ***wer du bist!*** Ohne diese Erkenntnis ist kein Heilsein auf allen Ebenen möglich.

So zeigen auch deine Knieprobleme im Grunde an, dass die tiefste Bereitschaft, dich wirklich in die Hände Gottes fallenzulassen, noch nicht da ist, weiterhin, dass, wie gesagt, die Identifikation mit dem Körper noch sehr stark ist, und es ist ein Zeichen, dass auch der Körper großen Transformationsprozessen ausgesetzt ist, die sich auf vielerlei Art und Weise zeigen oder gespürt werden.

Du möchtest wissen, was die tiefere Bedeutung davon ist und was du lernen kannst. Nun, meine innigst geliebte Schwester des immerwährenden Lichtes, lerne Folgendes, oder ich möchte lieber sagen: Mache dir Folgendes bewusst:

Du bist gesund!
Du bist nicht der Körper!
Heilung geschieht von innen!

Nun magst du dich fragen, warum gerade die Knie? Warum diese Krankheit? Du kannst einfach schauen, woran du durch diese Krankheit gehindert wirst und was du nun nicht mehr tun kannst, was zuvor möglich war. Bist du in der Fortbewegung eingeschränkt, kannst – oder willst – du dich im Augenblick also nicht fortbewegen. Dahinter stecken stets Ängste, meistens sind diese aber nicht im Bewusstsein. Deshalb ist es unbedingt notwendig, dass du dich selbst erforschst und dir deine Gedanken und Gefühle genau anschaust, d. h. dass du sie einfach beobachtest, *ohne* dich damit zu identifizieren!

Erforsche dich selbst, das ist das Motto. Und, was das Wichtigste ist, ***liebe dich selbst!*** Nur wenn du dich selbst achtest, wertschätzt und gut und achtsam mit dir umgehst, bist du bereit, genau dies auch anderen Menschen zukommen zu lassen. Doch an ersten Stelle kommst erst einmal *du selbst*!

Diese Krankheit wird von Erregern verursacht, die ja von außen eindringen und eigentlich nicht in deinen Körper gehören. So schau, was du von außen hereinlässt, was nicht zu dir gehört! Seien es Meinungen, Erwartungen, Gedanken, Glaubenssätze, was immer. Diese sollten aufgelöst und durch deine eigenen lichtvollen Energien ersetzt werden. Das geht nicht „hoppla-hopp" und von heute auf morgen. So bitte ich dich, geliebte ..., sei geduldig mit dir selbst und gehe ruhig eins nach dem anderen an. Und wenn dir etwas zuviel wird, so bitte um Hilfe.

Es ist niemandem dienlich, wenn du über deine Kräfte lebst und dich verausgabst, wenn du unzufrieden und kraftlos bist. Nur wenn es dir selbst gut geht, wenn du dich unterstützt und stark im Inneren fühlst, kannst du für andere auch eine Hilfe sein.

Sprich mit uns, wir sind jederzeit „auf Empfang" und helfen gerne, wann immer wir darum gebeten werden.

Frage: *Sie ist innerlich sehr unruhig, was kann sie dagegen tun?*

Hilarion

Meine Liebe, ja, dein Herz hat einiges zu verarbeiten, das wirkt sich auch auf die Nerven und das ganze „System" aus. Hier kann dir Musik helfen, um dich zu zentrieren und wieder in die Mitte zu bringen. Das können z. B. Mantras, gregorianische Gesänge oder klassische Musik sein, was immer dir zusagt.

Außerdem wäre sinnvoll, dass du dir *täglich* eine bestimmte Zeit *für dich* nimmst, die allein dir und deinem Wohlbefinden dient. Und was sehr hilfreich wäre: ***Freude, Freude, Freude.*** So erinnere dich an die Dinge, bei denen du Freude empfindest, und versuche, so oft wie möglich hiervon etwas in deinen Alltag zu integrieren.

Lange Meditationszeiten halte ich im Augenblick nicht für günstig, immer wieder kurze Momente des Innehaltens dagegen wären dienlich.

Ich segne dich jetzt mit all meiner Liebe und hülle dich ein in ein strahlendes Gewand, das dich stärken und schützen möge, so dass du deinen Weg in Freude weitergehen kannst. Du bist niemals allein!

❊ ❊ ❊

Frage: *Welche Möglichkeiten hat H. B., um die Bulimie loszuwerden? Ist sie auf dem richtigen Weg?*

Hilarion

Ich grüße dich, geliebtes Kind des einen, immerwährenden Lichtes! Möge Ruhe in deine Seele einziehen und unendlicher Friede dein Herz erfüllen!

Mehrere Aspekte führen zu deinem Leiden, der Hauptpunkt ist jedoch der, dass du an dir selbst leidest. Dies kann nur geschehen, wenn du dich selbst nicht wertschätzt, liebst und achtest. Und dies wiederum kann nur geschehen dadurch, dass du nicht erkennst, wer du bist. Wenn du wüßtest, wer du wirklich bist, würdest du dich nicht in dieser Art und Weise verhalten, denn auch das Gewand sollte ebenso geachtet und geliebt werden wie der, der es bewohnt.

Auch heißt es, dass du dir Dinge einverleibst, die du nicht wirklich einverleiben willst, und du kannst manches in deinem Leben nicht verdauen, was verdaut werden sollte. All das geschieht aus einem Gefühl der Angst heraus, oft aus der Angst, diesem Leben nicht gerecht zu werden oder ihm nicht standzuhalten. Auch lässt du dich vielleicht zu sehr von der Meinung anderer Menschen beeinflussen und stehst nicht wirklich zu *dir selbst*.

Mache dir klar: *Du bist es wert, geliebt zu werden!* Du bist stark, du bist gesund, du kannst wählen, wohin dich dein Weg führen soll. Du hast die Wahl!

Jeder Weg, der dich näher zu dir selbst bringt, ist der richtige Weg. Jeder Weg, auf dem du dich selbst besser kennen- und vor allem *lieben und wertschätzen* lernst, ist der richtige Weg. So kann ich dir nur zuraten, ein Retreat zu machen, wenn du es zur inneren Einkehr nutzt und dir Zeit nimmst, dich wirklich mit *dir selbst* zu befassen und dich besser kennenzulernen. Ja, die Berge sind dafür ein wunderbarer Ort, an dem du Ruhe finden und dich erforschen kannst.

Ein wichtiger Aspekt wäre der, dass du dir einmal dein Leben anschaust und genau überlegst, was für dich stimmig ist und was nicht. Prüfe, ob du das machst, was dir entspricht, was Freude macht, wobei du dich wohlfühlst. Ob du mit den Menschen zusammen bist, die „dir liegen", ob du einfach mit allem im Fluss bist und ein gutes Leben hast. Denn das sollst du haben!

Wenn du merkst, dass in irgendeinem Bereich etwas nicht stimmt, dann schau hin, ob du etwas ändern kannst. Damit ist auch gleich deine zweite Frage beantwortet. Schau in dein Herz und prüfe dich, ob es mit der Arbeitsstelle „stimmt". Das kannst du sehr wohl fühlen. Wenn es sich in deinem Inneren gut anfühlt, stimmt es, wenn du jedoch in deinem Inneren einen Widerstand wahrnimmst, dann prüfe, woher dieser Widerstand kommt, und löse ihn auf. Ich sehe, dass es *im Moment* der richtige Platz ist, das kann jedoch morgen schon anders sein. So bleibe stets offen und bereit für etwas Neues.

***Frage** (5 Monate später): Sie hat seit Monaten plagendes Kopfweh und auch immer noch ihre Bulimie sowie schlechte Träume. Was ist das, und was kann sie machen? Mit ihrer Heilpraktikerin kommt sie nicht weiter.*

Hilarion

Meine liebste Schwester des Lichtes, selbstverständlich hat jegliche körperliche Disharmonie damit zu tun, dass du nicht im harmonischen Fluss bist und nicht vollkommen in der höheren Schwingung weilst. Doch haben deine Kopfschmerzen auch etwas mit deinen Eßgewohnheiten zu tun. Lasse mehr Licht in deine Nahrung fließen und nimm sie in Liebe zu dir! Auch wäre dienlich, auf manche Dinge zu verzichten, dies kannst du austesten lassen, wenn du deinem eigenen Gespür für das, was dein Körper braucht, nicht vertraust.

Ich freue mich, dass du dich für eine Zeit der inneren Einkehr entschlossen hast, dies wird dich weiterbringen auf dem Weg zu dir selbst und dir neue Kraft geben. So nutze diese Zeit der intensiven Selbsterforschung und nutze sie als eine Zeit der Freude und der Stille.

Gehe *ohne Ansprüche und Erwartungen* in die Berge, sondern freue dich einfach auf eine erholsame Zeit mit dir selbst! Lasse jegliche Anspannung los und bürde dir nicht selbst ein bestimmtes „Programm" auf, das durchzuhalten ist! Lasse lieber los und sei einfach ganz offen. Lasse das Leben fließen und dich mittragen. Der Aufenthalt soll für dich ohne irgendein „Muss" oder „Sollte" verbracht werden, dort kannst du üben, wieder auf deine innere Stimme zu lauschen. Und ich versichere dir, du wirst sie vernehmen! Wenn du möchtest, kannst du Schreibgerät mitnehmen und deine Einsichten und Eingebungen schriftlich festhalten. Es können wichtige Hinweise für dich dabei sein, die sonst leicht wieder in Vergessenheit geraten.

Je mehr du machst, um dich zu „verbessern", desto mehr sagst du dir selbst, dass du nicht in Ordnung bist, so wie du bist. Deshalb bitte ich dich: Wichtiger als alles Tun wäre, dich einfach ***selbst zu lieben*** und so anzunehmen, wie du bist! Daraus würde sich alles Gute ergeben und du könntest in Harmonie kommen und voller Freude leben. So lass mich dir noch einen letzten Rat für deine Auszeit geben: Egal, was du dort tust, egal, was du spürst oder erfährst, ***liebe dich dafür!*** Wenn du Freude empfindest, so liebe dich dafür! Wenn du Ärger oder Angst empfindest, so liebe dich dafür! Wenn du glücklich bist, liebe dich dafür, und wenn du unglücklich bist, so liebe dich auch dafür! Denn du bist du, das alleine ist alle Liebe wert!

Frage (*nochmals 3 Monate später*): *Zunächst dankt sie dir sehr für das Retreat in den Bergen, es hat ihr sehr gut getan! Sie leidet aber immer noch unter der Bulimie und erbittet deinen guten Rat.*

Hilarion

ICH BIN da, lasst uns beginnen.

Ich freue mich sehr, dass du den Aufenthalt genossen hast, und gratuliere dir zu deinem Mut, dich zu überwinden. Selbstüberwindung ist sehr wichtig auf eurem Weg. Was deine Frage betrifft, so habe ich dir ja bereits mehrfach guten Rat erteilt, auf das Umsetzen kommt es an. Doch eines kann ich dir noch raten, nämlich dass du dich mit dem Thema der Beziehung zu deinen Eltern und speziell deiner Mutter auseinandersetzt. Allerdings nicht oberflächlich, sondern wirklich wahrhaftig, mutig und in die Tiefe gehend.

Wie ich dir schon einmal sagte, steckt hinter allen körperlichen oder seelischen Problemen letztendlich Angst. Diese Angst kann nur dann aufgelöst werden, wenn sie ins Bewusstsein steigen darf und angeschaut wird. Und nach wie vor geht es darum, dass du dich selbst *liebst, achtest und annimmst.*

Wir lieben dich über alle Maßen, und wir werden dich auch in die Berge begleiten. So wisse, auch dort bist du nicht allein! Mein Segen ist mit dir, und ein Mantel der Liebe umhüllt dich. Frieden möge in dein Herz einziehen und auf ewig dort verweilen.

* * *

Frage: *H. C. fragt, was der Auslöser für ihr Herzproblem ist? Welche Aussicht hat sie, es mit alternativen Heilmethoden zu beheben?*

Hilarion

Mein liebstes Kind des ewigen, strahlenden Lichtes, ich begrüße dich hier und jetzt zu dieser Stunde, in der du bereit bist, dich zu öffnen und dir selbst etwas näherzukommen. Sei unbesorgt, dass dir etwas „Schlimmes“ geschehen könnte, denn du hast *immer* Gottes Schutz und Führung. Doch ist es für dich auch wichtig, offen und ehrlich mit dir selbst zu sein und dich zutiefst anzuschauen, um das ins Bewusstsein treten zu lassen, was erlöst werden muss.

Heilung geschieht, wenn innerlich ein vollständiges Verzeihen stattfindet, dir selbst und den Menschen gegenüber, die dich, auch unbewusst, verletzt haben oder mit denen du Probleme hast oder hattest. So wäre dienlich, denn schau, meine geliebte ..., es handelt sich um dein *Herz*, dass du allen alten Groll darin erlöst. Nur ein weiches, offenes Herz ist ein gesundes Herz.

Alte Wunden wollen geheilt werden und negative Emotionen, die darin eingeschlossen sind, ein für allemal aufgelöst werden. Aufgelöst werden können sie nur durch Licht, denn negative Emotionen sind dunkle Energie, und die Dunkelheit kann nur durch das Licht aufgelöst werden.

Licht bedeutet Erkenntnis, Bewusstsein. Also richte deinen Strahl des Bewusstseins nach innen auf die unerlösten Emotionen, Verletzungen und Blockaden in dir, die das *Herz*, also deinen Gefühlsbereich, betreffen, und löse sie so auf. Dies kann sehr schnell geschehen, wenn du dich wirklich öffnest und sagst: Ich bin bereit! Dies ist wichtig, denn deine innere Bereitschaft, dich diesen alten Energien zu stellen, ist notwendig. Wenn du diesen Entschluss fasst und an die „Arbeit“ gehst, so kann dein Herz offen, weit und weich werden, und es kann seine Arbeit in vollkommener Weise erledigen, ohne Hindernisse und ohne Einschränkung.

Frage: *Gibt es wichtige Dinge, die für die nächsten ein, zwei Monate anstehen?*

Hilarion

Löse dich von deinem Alltag, ziehe dich zurück, nimm dir genug Zeit für dich und, wenn du möchtest, tue das, wodurch dein Herz geheilt werden kann. Dies könnte schwierig sein, wenn du, wie gewohnt, deinem „normalen“ Alltag nachgingest.

Am besten wäre eine „Auszeit", in der du an einem Platz sein könntest, wo du in die Stille gehen kannst und eventuell auch Begleitung bei deinem Erlösungsprozess haben könntest. Lasse dich nicht von scheinbaren widrigen äußeren Umständen davon abhalten. Wenn du von Herzen sagst: „Ja, ich will frei sein!", dann werden die äußeren Umstände sich so regeln, dass es möglich sein wird.

Doch ich sage dir nochmals, du musst bereit sein für eine grundlegende Veränderung! Bist du das? Willst du frei sein? Sage ja, und das Beste wartet auf dich.

Wisse, wir sind da, du hast unsere Hilfe, wenn du darum bittest. Wir gehen mit dir auf deinem Weg in die Freiheit. Und die Freiheit liegt *in dir!* Entdecke sie!

Ich sage dir, du bist vollkommen, und alle Weisheit ist *in dir*. Nutze sie, lasse dich tief in dein Inneres hinabsinken und nimm Kontakt auf zu deinem innersten wahren Wesen. Dort „findest" du Liebe, Klarheit, Weisheit und Wahrheit. Und diese bringen Heilung.

Zögere nicht, sondern nutze jetzt diese Chance, frei zu sein. Dein *Herz* zeigt dir den Weg. Es ist nicht umsonst „krank", wie sonst hättest du den Anstoß bekommen, jetzt zutiefst in deinem Inneren nach der Freiheit zu suchen? Nimm es als Geschenk und Gnade, die du dir selbst machst. Sei voller Hoffnung und Zuversicht und wisse: Alles ist gut!

Frage: Der Mann von S. L. leidet unter Depressionen. Wie kann sie ihn unterstützen, wie muss sie sich ihm gegenüber verhalten?

Hilarion

Ich sende dir innige Grüße und Strahlen voller Licht und Liebe. Nimm sie auf, um dich davon berühren und stärken zu lassen. Du bist ein Kind Gottes und meine geliebte Schwester des Lichtes.

Du fragst, wie du dich verhalten, was du tun sollst. Ich sage dir, verhalte dich so „normal" wie möglich, d. h. behandle deinen Mann nicht wie einen Kranken, sondern so, wie du ihn behandeln würdest, wenn er gesund wäre. Wichtig ist, einfach da zu sein und ihm das Gefühl zu geben, dass er nicht alleine ist.

Ganz wichtig ist auch, dass du *nach dir selbst* schaust und dich gut versorgst. Es ist niemandem damit geholfen, wenn du dich aus falsch verstandenem Mitleid „aufopferst" und über deine Kräfte gehst. So bist du für dich wichtiger und stehst für dich an erster Stelle. Nur wenn es dir selbst gut geht und du in dir stark bist, kannst du auch eine Hilfe und Stütze für jemand anderen sein. Du kannst natürlich großes Mitgefühl haben, Mitleid jedoch ist nicht hilfreich. Mitgefühl zu haben, heißt, Verständnis für seine Lage zu haben, sie auch zu akzeptieren und zu wissen, dass alles einen höheren Sinn hat.

***Frage:** Sie fühlen sich nach dem Aufwachen so schwach und oft bedrückt. Ihr Mann hat auch oft Schweißausbrüche und große Angst. Ist der Schlafplatz gestört?*

Hilarion

Die Unpässlichkeiten deines Mannes hängen mit seiner depressiven Phase zusammen. Allerdings ist es in der Tat so, dass euer Schlafplatz nicht günstig ist. Ein anderer Raum zum Schlafen könnte Erleichterung bringen. Im Zusammenhang mit dem zuvor Gesagten wäre natürlich der beste „Schutz" ein ständiges Weilen im höchsten Bewusstsein, dann könnte nichts und niemand dir Kraft nehmen oder dir ungute Gefühle machen. So bitte ich dich nochmals, bleibe zentriert und erinnere dich immer wieder an das, was du in Wirklichkeit bist!

***Frage:** Ist es vor Gottes Augen dem Menschen erlaubt, sich z. B. durch Verzicht auf Nahrung und Wasser von seinem physischen Körper zu trennen?*

Hilarion

Meine liebste Lichtschwester, wisse, dass Gott weder urteilt noch bewertet, noch bestraft. So bist du frei zu tun, was du willst. Darum hast du ja die göttliche Macht des freien Willens erhalten, um dich in Freiheit zu entscheiden. Gott wird nicht eingreifen und auch nicht sagen, das ist gut oder das ist schlecht. Du kannst frei wählen. Allerdings möchte ich sagen, dass dieser physische Leib ein sehr kostbares und seltenes Geschenk ist, welches ihr oft nicht genügend würdigt. Nur im Körper könnt ihr in die Freiheit erwachen, legt ihr ihn „vorzeitig" ab, so müsst ihr auf ein erneutes Erdenleben warten. Es ist ein Unterschied, aus dem Leben zu gehen, weil man „es satt hat" oder weil man als Erwachter frei wählen kann, diesen Körper bewusst abzulegen, um auf der anderen Seite eine andere Aufgabe zu erfüllen.

Meine liebste ..., ich hülle dich jetzt ein in einen Mantel aus reinem Licht. Trinke es, erfülle dich ganz und gar damit. Bleibe dir selbst treu und achte und liebe dich so, wie wir es tun. Mein Segen und meine Hilfe sind bei dir.

* * *

Frage: *I. N. ist seit drei Wochen wegen Schmerzen im Fuß krankgeschrieben. Liegt sie mit ihrer Vermutung richtig, dass es sich um eine Infektion handelt? Was kann sie äußerlich und innerlich noch tun, den inneren Konflikt, der dahintersteckt, hat sie gelöst.*

Hilarion

ICH BIN da, sei innig gegrüßt.

Ja, deine innere Weisheit hat dich zur richtigen Antwort geführt, vertraue darauf. Und vertraue auch auf die göttliche Kraft in dir, die vollkommene Heilung bringen kann. Nur in dir geschieht Heilung, so ist wichtig, in dir die Kraft wirksam werden zu lassen. Es wäre auch hilfreich, deine Gefühlswelt genau anzuschauen und *alle*

Gefühle in ihrer ganzen Intensität ins Bewusstsein treten und zuzulassen. Oftmals steckt hinter einem offenbaren Konflikt noch etwas Verborgenes, Tieferes, das es aufzudecken gilt, um wirklich ganz frei zu werden. Erlaube dem, einfach ans Licht zu kommen, dann kann es sich auflösen und du kannst vollkommene Heilung auf allen Ebenen erfahren.

Natürlich ist wichtig, auch den Körper zu unterstützen, eine tiefgehende Reinigung ist nötig. Sehr wirksam hierbei ist neben stofflichen Mitteln der Atem und reines Wasser.

Unterstützen kannst du den Prozess noch durch innere Bilder, und wenn du möchtest, durch das Malen von Bildern, hierdurch kann manches klarer werden und ins Bewusstsein treten.

Ich umhülle dich jetzt mit meiner Liebe und lasse meinen Heilstrahl in dich einfließen. Wisse, du bist nicht allein. Gottes Segen ist allezeit mit dir.

***Frage** (4 Wochen später): Sie leidet immer noch unter Schmerzen im Fuß und ist jetzt bereits die 7. Woche krankgeschrieben. Die Ärzte haben nichts gefunden.*

Es tut keinen Ruck, sie möchte noch tiefer schauen, was kann sie tun?

Hilarion

Ich grüße dich, mein Sternenkind.

Es gab eine Infektion, dies hattest du ja richtig erspürt, dein Körper ist mit dieser Infektion zurechtgekommen. Was jetzt noch Schwierigkeiten bereitet, ist nicht mehr die Infektion selbst, sondern sind im Grunde „alte“, gespeicherte Informationen in den Zellen, die „gelöscht“ werden sollen.

Es handelt sich dabei um ein sehr altes Muster, welches mit tiefer Angst zu tun hat und das erlöst werden will. Wenn du selbst nicht so tief gehen und schauen kannst, auch mit Hilfe von aufsteigenden Bildern, so wäre dienlich, dir dafür eine liebevolle Begleitung zu suchen, die in dieser „Arbeit“ Erfahrung hat, tiefsitzende Blockierungen aufzulösen. Wie ich bereits sagte, ist das Malen von Bildern hilfreich, hier kannst du auch bereits über die Farben zu Erkenntnissen kommen.

Aber das Wichtigste ist, die hinter allem stehende Angst ins Bewusstsein aufsteigen zu lassen und anzuschauen, d. h. sich ihr zu stellen, um sie dann mit dem Licht der Erkenntnis aufzulösen. Es nützt dir wenig, wenn ich dir sage, dass es im Grunde die Angst vor deiner eigenen Größe und dem Schritt in die Freiheit ist, denn du selbst musst sie anschauen, spüren und erlösen. Das kann niemand sonst für dich tun. Aber ICH BIN bei dir, und wir unterstützen dich mit all unserer Liebe und unserem Licht.

Falls du die Möglichkeit hättest, eine mehrtägige innere Einkehr zu halten, so würden wir uns darüber sehr freuen, denn dies würde einen Fortschritt bringen. Wenn nicht, so gehe täglich in die Stille und spüre dich selbst. Sei einfach ganz still und lasse geschehen. Lasse los und gib dich dem Fluss des Lebens hin.

Ich segne dich jetzt und sende meine Strahlen in dein Herz. Wir sind wahrlich zutiefst verbunden!

Beruf, Aufgaben

Vergiss nie: Immer bist du selbst der Mittelpunkt! Jetzt bewegst du dich auf dem Kreis der Arbeit, vielleicht bist du auf der Suche nach einer neuen Arbeit oder gerade dabei, dein Tagewerk zu vollenden. Du kannst deine Arbeit nur dann gut vollbringen, wenn du sie mit voller Konzentration und mit Freude ausführst.

Doch erinnere dich, dass du selbst der Mittelpunkt bist! Erinnere dich an das ICH BIN, das alles durchstrahlt.

So wichtig eine Arbeit auch sein mag, wenn sie nicht von der Liebe der Quelle genährt wird, wird sie keinen Segen bringen.

Ihr sucht nach einer Lebensaufgabe und der „richtigen" Arbeit. Nun sage ich euch, dass es keine „richtige" oder „falsche" Arbeit gibt. Wenn es deine Bestimmung ist, Schuhe zu putzen, wirst du das voller Hingabe tun können und ebenso glücklich sein wie ein anderer als Chef einer großen Firma, als Schauspieler oder Computerspezialist, der seiner Bestimmung folgt. Nicht die Art der Arbeit macht dich glücklich oder unglücklich, sondern du selbst durch deine Liebe und Begeisterung oder dein Werten und Urteilen.

Deine „Aufgabe" auf der Erde ist es, deinem Herzen zu folgen und die Liebe in der Welt zu vermehren. Deine „Aufgabe" ist es, dich ganz auf die Quelle zu konzentrieren und dir des ICH BIN voll bewusst zu werden. Das ist die „Arbeit", die getan werden muss, um wirklich frei zu werden.

Halte jetzt einen Augenblick inne, sei ganz still und konzentriere dich auf das ICH BIN...

Sage:
ICH BIN frei.

Ich erfülle mein Bestimmung.
Ich lasse jetzt Liebe in meine Arbeit fließen.
ICH BIN.

⁂

Frage: *Warum ist M. I. so unschlüssig? Ist die Musik ihre Lebensaufgabe, oder soll sie eine andere Ausbildung oder Lehre anfangen?*

Hilarion

Ich umarme dich, mein geliebtes Kind des Lichtes, und grüße dich in Liebe und Freude.

Auch du, wie so viele andere, befindest dich in einem Klärungs- und Reinigungsprozess, und es wird dir besser gehen, wenn dieser abgeschlossen sein wird. Zu diesem Prozess gehört, dass *du selbst* deinen Weg findest. Wir sagen dir nicht, tue dies oder das, denn das gehört ja gerade zu eurem Weg auf der irdischen Ebene, dass ihr lernt, die Stimme des Herzens zu hören und danach zu handeln. Deshalb ist eure Sicht auf die Zukunft hinter einem Schleier verborgen, weil ihr selbst Schritt für Schritt tun und euren Weg finden müsst. Ich kann dir jedoch soviel sagen, dass du nur das tun solltest, was dir im Innersten Freude bereitet und du mit Begeisterung tun kannst und was deinen Körper nicht überfordert. Auf jeden Fall kannst du immer tun, was *du willst!*

Eure höchste Aufgabe ist die, zur Wahrheit zu erwachen und Gott zu offenbaren. Dies kann durch eine jegliche Tätigkeit geschehen, denn das innere Sein ist dabei das, was zählt, nicht das Tun. Jede Arbeit könnt ihr zu einem Dienst an Gott und den Menschen machen, selbst die, die ihr mit eurem Verstand als „niedere" Arbeit einordnet.

Du fragst, was die Musik in deinem Leben bedeutet. Ich antworte: Sie bedeutet genau das, was du ihr an Bedeutung gibst!

Wisse, dass nichts und niemand von sich aus eine Bedeutung hat, sondern ihr gebt den Dingen, Situationen, Menschen und allem eine Bedeutung, und erst dann werden sie für euch wichtig oder auch unbedeutend. Es ist eure Bewertung und euer Beurteilen, euer Anhaften an der Welt, das die Bedeutung verleiht.

Frage: *Warum musste sie so schwer krank sein und warum hat sie seit einem Jahr mehr körperliche Belastungen?*

Hilarion

Wie ich dir bereits sagte, befindest auch du dich mitten in der Transformation und in einem Klärungsprozess. All dies sind im Grunde keine „Übel", sondern Hilfen, die du dir selbst gibst, um mehr Erkenntnis über dich selbst zu erlangen. Wenn Schmerzen da sind, so frage dich, was sie dir sagen wollen. Lerne, die feine innere Stimme zu hören und auch die Botschaft deines Körpers wahrzunehmen. Sei offen, dich führen zu lassen, und habe den Mut, dich deiner inneren Weisheit anzuvertrauen.

Durch deine „schwere Krankheit" bist du ein großes Stück weitergekommen, denn hierdurch wurde viel alter Ballast abgeworfen, Karma aufgelöst, so dass jetzt nur noch ein geringer Rest vorhanden ist, der noch aufzulösen ist. Durch solche schwierigen Prozesse wird die Seele geläutert, und alle Körper werden dadurch gereinigt und können sich auf eine höhere Ebene schwingen.

Wichtig für dich ist, sehr bewusst, sehr liebevoll und sehr achtsam mit dir und deinem Körper umzugehen und *alles zu lieben*, was ist.

Versuche, im Jetzt zu bleiben und nicht so sehr daran zu denken, was morgen, in einem Monat oder einem Jahr sein wird. Nur *jetzt* lebst du! Nur *jetzt* bist du! Nur *jetzt* geschieht Leben! So horche in dich hinein, spüre dich und tue, was du *jetzt* gerade tun willst, alles Weitere wird sich wunderbar daraus ergeben, in vollkommener göttlicher Harmonie.

Frage: *Woher kommt ihre Traurigkeit, warum fehlt es ihr an Lebenswillen?*

Hilarion
Wisse, dass ein jedes „negative" Gefühl daher rührt, dass sich deine Seele als getrennt von der Quelle empfindet und nach ihrer Urheimat zurücksehnt. Und auf dem Weg dahin zurück, ist es oftmals nötig, durch solche dunklen Phasen zu gehen, in denen sich die negativen alten Muster zeigen, um aufgelöst zu werden. Gerade vor einem „Höhenflug", vor dem Erreichen des Zieles, steht oftmals die dunkelste Phase eures Lebens, in der die letzten niedrigeren Schwingungen aufgelöst werden und in der ihr oftmals auch eine Prüfung zu bestehen habt, die euch genau zeigt, wo ihr steht und wo es noch etwas gibt, an dem ihr arbeiten könnt.

So bitte ich dich, meine geliebte Lichtschwester, gräme dich nicht wegen deines So-Seins, sondern nimm dich liebevoll an, so wie du bist! Sage auch zu deiner Traurigkeit „ja" und zu dem, was du fehlenden Lebenswillen nennst. Wenn kein Lebenswille da wäre, wärest du bereits zu uns in die geistige Welt gekommen, doch deine Seele will noch bleiben, denn nur auf der Erde kann sie sich auf die höchste Ebene hinaufschwingen und erkennen, wer du wirklich bist.

Es wäre gut, dich besser zu erden, oft in die Natur zu gehen und dich sehr bewusst und den Bedürfnissen deines Körpers entsprechend zu ernähren. Viel Transformation läuft über deinen Körper, deshalb ist sehr wichtig, dass du liebevoll und sehr achtsam mit ihm umgehst. Du brauchst viel Licht und Sonne, um dich auf eine lichtere Schwingung zu erhöhen, doch erzwinge nichts und akzeptiere auch, wenn du das Bedürfnis hast, dich zurückzuziehen.

Wir sind immer bei dir. Vertraue auf die Macht der göttlichen Weisheit in deinem Herzen und gib dich ihr hin. Ich segne dich jetzt und lasse meine Kraft und Freude zu dir strömen.

⁂ ⁂ ⁂

Frage: M. T. möchte ihr großes Haus loslassen, aber es finden sich keine Käufer. Was kann sie tun? Warum entstehen in ihr keine Bilder, was sie danach angehen könnte? Wo bleiben ihre Impulse? Was macht sie nicht gut genug?

Hilarion

Meine wunderbare Schwester des Lichtes, sei innigst gegrüßt. Ich habe deine Fragen wohl gehört und möchte dir Folgendes dazu mitteilen:

Wegen des Hauses bitte ich dich, einfach noch ein wenig Geduld zu haben. Der Zeitpunkt muss stimmen, dass Haus, Käufer und du zusammenfinden. Es ist gut zu verstehen, dass du ungeduldig wirst, du möchtest etwas Neues beginnen und fühlst dich sozusagen von deinem Haus festgehalten an dem Platz, den du hinter dir lassen möchtest. Ich würde dich bitten, in deinem Haus ein kleines Ritual zu machen, indem du jeden einzelnen Raum ganz bewusst betrittst, ihn über dein Gefühl wahrnimmst und dann laut äußerst, dass du dankbar bist, dass du ihn nutzen durftest, dass es jetzt aber an der Zeit ist, ihn loszulassen und neuen wunderbaren Menschen zu überlassen. Segne den Raum und gib ihn innerlich frei. Du wirst spüren, dass dies eine Veränderung in der Schwingung des Hauses und in dir bewirken wird. Sodann bedanke dich bei diesem Platz, auf dem das Haus steht, dass er für dich zur Verfügung stand, und segne auch ihn in Liebe und Dankbarkeit und lasse auch ihn wissen, dass es nun für dich an der Zeit ist, ihn loszulassen und etwas Neues anzufangen. Vertraue darauf, dass sich die richtigen Käufer finden werden und alles reibungslos abgewickelt werden kann. Bekräftige diese positiven Gedanken immer wieder und achte darauf, nicht in Resignation oder Zweifel zu verfallen. Oftmals „klappt“ etwas nicht, weil sozusagen ein bestimmter Akt des Bewusstseins fehlt, deshalb bitte ich dich, diesen bewussten Akt zu vollziehen. Sprich dabei laut und bestimmt und doch voller Liebe und Dankbarkeit.

Dies ist der erste Schritt.

Wenn hier Klarheit herrscht und du deine Energie wieder frei hast für neue Dinge, dann werden auch die nötigen Impulse, Inspirationen und Bilder kommen, was du dann tun willst. Bitte sorge dich darum nicht. Vertraue! Vertrauen ist so wichtig! Vertraue deiner inneren Führung, sie wird dir zeigen, wo's langgeht.

Du fragst, was du nicht gut genug machst, und ich sage dir: ***Höre auf, mit dir ins Gericht zu gehen!*** Liebe dich! Respektiere dich! Achte all deine Gefühle und Gedanken! Wende dich unentwegt dem Licht zu!

Frage: *Was ist mit der Mithilfe am Aufstieg der Erde? Unterstützt sie diese Aufgabe auch ohne sichtbares Tun? Ist sie nicht gefestigt genug, um Menschen zu begleiten? Hat sie eine andere Aufgabe?*

Hilarion

Wichtig ist nicht das Tun, sondern das Sein! Immer wenn du mit deinem inneren wahren Wesen, mit deinem göttlichen Kern, dem immerwährenden Licht, verbunden bist, hilfst auch du der ganzen Erde, so wie jeder andere Mensch dies tut, der mit der Liebe und der Wahrheit verbunden ist. Wenn du liebend bist, wenn du wahrhaftig bist, wenn du gütig bist, dann wirkst du mit an der Schwingungserhöhung.

Ja, du hast dir vorgenommen, mitzuhelfen, jedoch vielleicht auf eine andere Art und Weise, als du im Moment denkst. Du kannst Menschen wunderbar dadurch helfen, dass sie sehen, wie du *bist*, nicht dadurch, was du tust! Das heißt, dass du vielen Menschen ein wunderbares Vorbild sein kannst, einfach indem du dein Leben so lebst, bewusst im Geiste, wie du es lebst. Das heißt nicht, dass du nicht auch die Menschen begleiten und ihnen helfen sollst, wenn du das möchtest. Ich sage nur, dass das, was den anderen hilft, nicht dein Tun ist, sondern dein göttliches Sein.

Verstehst du das, meine liebste Lichtschwester?

Wann immer du willst, stehe ich zur Verfügung. Rufe mich, ich werde antworten!

Frage: *Sie hat zur Zeit Schmerzen im unteren Rückenbereich, gehört das zu einer Umstellung des Körpers, oder soll es ihr etwas anderes sagen?*

Hilarion

Es ist beides. Zum einen will es dir sagen, sei demütig, zum anderen geht der Körper gerade durch einen Prozess, bei dem alte „Gifte" „entsorgt" werden, und das verursacht Schmerzen. Denn auch der Körper möchte so manches nicht einfach loslassen, doch jetzt ist die Zeit dafür. Höre auf dein Inneres, befolge seinen Rat. Ruhe, wenn dir nach Ruhe ist, gehe in die Natur, wenn du das Bedürfnis dazu hast. Ziehe dich zurück, wenn du alleine sein möchtest, gehe unter die Menschen, wenn du Geselligkeit brauchst. Tue das, wobei du dich gut fühlst und was für dich stimmig ist. Ohne große Überlegungen, ohne Wenn und Aber und ohne schlechtes Gewissen.

Mein Segen ruht auf dir, geliebtes Kind des Lichtes. Ich begleite dich und helfe dir, wann immer du willst. Du bist in Gottes Liebe geborgen, wisse das und danke dafür!

* * *

Frage: *Ein Firmeninhaber fragt, wie es mit seinem Betrieb weitergeht. Worauf soll er sich konzentrieren?*

Hilarion

Ich begrüße dich, und ich möchte dir sagen, dass ich mich sehr darüber freue, dass du den Weg hierher gefunden hast. Es bedeutet, dass eine Herzensöffnung stattgefunden hat und du bereit bist, mehr Licht aufzunehmen, und es bedeutet auch, dass du bereit bist, dich der höheren Führung anzuvertrauen.

Vieles lastet auf deiner Seele, und du trägst eine große Verantwortung. Dies war deine Wahl für dieses Leben und das willst du auch weiterhin.

Mein liebster Sohn des Lichtes, du hast deinen Betrieb aufgebaut, du trägst Verantwortung für viele Menschen und du hast deine ganze Energie und Zeit da hinein investiert. Es war für dich für viele Jahre das Wichtigste in deinem Leben. Doch jetzt sage ich dir, dass es nicht wirklich das Wichtigste ist. Du denkst, es hängt alles davon ab, und ich sage dir, dass alles eine Sache der Energie ist, ob sie fließt oder nicht. Auch Geld und alle Materie sind Formen von Energie, und je nachdem, wie frei *in dir* die Energie fließen kann, so zeigt es sich auch in der äußeren Welt. Wenn du mehr in Kontakt zu deiner Innenwelt kommst, auch zu deinen feinstofflichen Körpern, kann der Strom um so freier fließen. Dies zeigt sich nach außen in harmonischen Abläufen und im Gelingen deiner Vorhaben. Je stärker du mit deiner geistigen Quelle verbunden bist, desto leichter und müheloser kann alles geregelt werden.

Das Äußere, auch die Arbeitswelt, ist nichts von dir Getrenntes, nein, es spiegelt dich wieder und zeigt dir genau, wie es in dir aussieht. So bitte ich dich, dich mehr nach innen zu wenden und dich der Selbsterforschung zu widmen. Lasse eine noch größere Herzensöffnung zu, dann kann der göttliche Lichtstrom ungehindert fließen, und dies bewirkt dann auch in deiner äußeren Welt eine Durchlichtung.

Ich sage nicht, was du tun oder lassen sollst, denn wir greifen nicht in euren freien Willen ein. Ich sagte dir soeben, dass alles gelingen kann, wenn du dich mit deiner innersten Quelle verbindest und wenn du in Liebe und Vertrauen handelst. Auch die Motivation ist wichtig. Handle stets zum Wohle aller, dann wird es gelingen.

Ich möchte dir noch sagen, dass es für dich dienlich wäre, neue Prioritäten zu setzen. Du bist in Beruf und Familie sehr eingespannt, die Zeit, die dir außerhalb dieser Pflichten bleibt, solltest du deinem geistigen Weg widmen, wann immer du kannst und mit all deiner Kraft. Dies wird positive Veränderungen in allen Bereichen bewirken.

***Frage:** Kannst du etwas über seine leitenden Mitarbeiter sagen?*

Hilarion

Sie alle sind bemüht, gute Arbeit zu leisten, wobei die Motivation unterschiedlich ist, mal ist sie mehr im Ego begründet, mal mehr in der Gewissenhaftigkeit, im Ehrgeiz oder im Druck, Geld verdienen zu müssen.

Keiner möchte dir bewusst schaden, doch gibt es gewisse Gefühle von dunklerer Schwingung wie Neid und Rechthaberei. Wenn du jedoch in dir zentriert bleibst und dich bewusst immer wieder auf die Ebene der Freude, des Vertrauens und der Liebe begibst, können dir diese dunkleren Energien nichts anhaben. Hier kannst du sehr viel üben, zum einen gelassen zu bleiben und dich nicht auf diese Ebene herunterziehen zu lassen, zum anderen nichts und niemanden zu verurteilen, sondern lediglich zu beobachten und zu sehen, was ist, um dann aus deiner gottgegebenen Schöpferkraft heraus zu wählen, was du willst und was dir dienlich ist

Alle Männer sind fähig und bestrebt, ihr Bestes zu geben, so wie sie es verstehen und können. Wichtig für ein harmonisches Zusammenarbeiten ist deine Einstellung, nämlich dass du nicht, erlaube mir, dass ich es überspitzt formuliere, das Beste aus ihnen herausholen willst, sondern dass du ihnen einen Arbeitsplatz zur Verfügung stellen willst, an dem sie sich wohlfühlen, der ihnen Freude bereitet und an dem sie ihre Fähigkeiten bestmöglich entfalten können. Wenn all dies dein Bestreben ist, wird auch ihr Bestreben nur das Beste für dich sein.

***Frage:** Wie geht es mit ihm weiter? Was ist z. B. mit seiner Gesundheit? Soll er sich neu orientieren?*

Hilarion

Ja, eine Neuorientierung wäre dienlich, wie ich zuvor sagte. Das Wichtigste – es muss nicht das Zeitintensivste sein – wäre jetzt, dich auf dich selbst zu besinnen und dich selbst wirklich kennenzulernen.

Wer bist du? Weißt du das? Erforsche das bis in tiefste Tiefen. Wenn du darauf die eine Antwort gefunden hast, werden wir uns im

Licht vereinen. Auch deine Seele möchte frei sein, so gib ihr die Gelegenheit, sich zu befreien, indem du den inneren Weg konsequent gehst. Wir helfen und unterstützen dich. Unsere Liebe ist immer da!

Frage: *Wie kann man seine Tochter von der Essstörung befreien? Wie geht es mit ihr weiter? Wie kann er ihr helfen?*

Hilarion

Verstehe, dass ich dir nicht sagen kann, so oder so wird es weitergehen, denn ihr alle habt einen freien Willen und stets die Wahl, euch zu entscheiden. Was ich dir jedoch sagen kann, ist dies, dass ihr eure Töchter als Menschen so achten und lieben sollt, wie sie sind. Nur wenn Vertrauen und Liebe da sind, könnt ihr in Harmonie zusammenleben. Es sind viele alte Verletzungen vorhanden, die nur durch Liebe geheilt werden können. Ihr könnt eure Töchter nicht vor der Welt bewahren, nein, ihr müsst sie in die Welt entlassen und sie ihre eigenen Erfahrungen machen lassen. Dies ist für Eltern oftmals schwierig, denn ihr möchtet natürlich Schmerzen und Leid von ihnen abhalten. Doch sie haben diesen Weg gewählt, den sie gehen, so bitte ich euch, sie in Liebe loszulassen und Vertrauen in sie zu setzen. Dann können sie den von ihnen gewählten Weg gehen und es wird alles gut werden.

Deine Tochter ist ein wahrlich himmlisches Wesen, und sie hat Probleme mit dieser irdischen Welt. Sie „braucht" sozusagen ihr Essproblem, um sich in der Welt zu halten. Sie muss dahin kommen, sich in der Welt zu verankern und nicht abzuheben. Ihre Seele wünscht sich nichts sehnlicher als ein Leben im Licht, doch sie ist noch nicht so weit, ganz ins Licht zu gehen.

(Was können sie tun?)

So schwer es für euch auch sein mag, bitte lasst sie gehen, lasst sie das tun, was sie will. Engt sie nicht ein und macht ihr keine Vorschriften. Sie hat ein sehr tiefes Verlangen, frei zu sein, sobald sie Fesseln oder Forderungen spürt, rebelliert sie, z. B. auch mit ihrem Körper. So ist das Einzige, was ihr für sie tun könnt: sie bedingungslos zu lieben und sie loszulassen! Je mehr ihr sie drängt, z. B. eine Therapie oder sonst etwas zu machen, um so mehr gebt ihr ihr das Gefühl, dass sie nicht in Ordnung sei und sich verändern müsse. Doch ich sage dir, mein geliebter Lichtbruder, sie ist ein strahlendes Wesen, voller Weisheit und Licht! Macht euch um sie keine Sorgen! Liebt sie einfach, das ist die größte Hilfe für sie.

***Frage:** Was ist mit der anderen Tochter, wie geht es mit ihr weiter? Sie kann sich nicht recht zwischen zwei Berufen entscheiden. Wie kann er helfen?*

Hilarion

Was glaubst du, was dir selbst in dieser Situation am besten helfen würde? Was würdest du dir wünschen? Wäre es nicht wunderbar, tiefes Vertrauen entgegengebracht zu bekommen und zu wissen, egal, was ich tue, meine Eltern stehen zu mir und heißen das gut, wofür ich mich entscheide, egal, was es ist?

Wenn sie sich nicht entscheiden kann, so gesteht ihr auch das zu. Der richtige Zeitpunkt ist wichtig, und wenn keine Entscheidung getroffen werden kann, ist nicht der richtige Zeitpunkt, um diese zu fällen. Unterstützt sie darin, das zu tun, was ihr Freude bereitet. Das, was sie tun wird, soll mit Begeisterung und aus ganzem Herzen getan werden. So gebt ihr die Zeit, dies zu finden. Ich wiederhole mich: Setzt tiefes Vertrauen in sie, dass sie ihren Weg gehen wird, und so wird es sein.

Geliebter Lichtbruder, lasse dich leiten von deinem inneren Stern, der in deinem Herzen leuchtet. Ihm kannst du voll und ganz vertrauen, er wird dich stets weise führen. Auch wir sind bei dir und geben dir Hilfe und Unterstützung, wenn du uns darum bittest. Gehe in Frieden und mit Gottes Segen! Alles ist gut!

❊ ❊ ❊

Frage: T. K. hat das Gefühl, bei der Praxisgründung unterstützt worden zu sein, warum läuft jetzt nichts?

Hilarion

Mein Kind des Lichtes, lass dich in Liebe begrüßen. Wir sind voller Freude darüber, dass du auf diesem Wege mit uns Kontakt aufnimmst!

Zu deiner Frage möchte ich dir sagen, dass du es nicht als schlecht beurteilen darfst, wenn die Praxis seither noch nicht lief, denn es waren oder sind einfach in dir noch Disharmonien, die den freien Fluss der Energie behindern, und dies zeigt sich natürlich in deinen äußeren Umständen.

Zunächst muss *in dir* „reiner Tisch gemacht" werden, dann kann der Energiefluss strömen, und es werden Menschen angezogen, die zu dir kommen möchten.

Je heller in dir das Licht leuchtet und je klarer du bist, um so eher werden Menschen bei dir Hilfe suchen. Doch wie willst du wirklich zu 100% für andere da sein, wenn dein eigenes Leben nicht geordnet ist, d. h. wenn die göttliche Ordnung nicht manifestiert wird? „Reinen Tisch machen" bedeutet vor allem auch, Klarheit in deine Beziehung zu bringen, weiterhin bedeutet es, bewusst aus dem Mangeldenken auszusteigen und *den Weg des Herzens* zu gehen.

Deinem inneren Licht zu folgen, das ist das Wichtigste, ganz gleich was dann folgt. Und ich versichere dir, *wenn* du deinem Herzen folgst, wird nur Gutes daraus entstehen. Auch die jetzige Praxisleere ist insofern gut für dich, als du diese Zeit für dich brauchst, um eben mit dir selbst ins Reine zu kommen.

Sei dankbar für diese Zeit und nutze sie für *dich selbst* und für deinen Reifungsprozess.

Ich möchte dich hiermit trösten und dich bestärken weiterzumachen, du bist auf dem richtigen Weg, meine geliebte Lichtschwester. Doch bevor die Menschen zu dir kommen, sollst du selbst in Harmonie sein, in dir fest zentriert sein und Freude und Liebe ausstrahlen. Du bist auf dem Weg dahin, habe noch ein wenig Geduld und bewerte den jetzigen Zustand nicht oberflächlich mit deinem weltlichen Verstand.

Frage: *Was ist mit ihrer Ehe? Ist es eine Krise, die sie meistern können und sollen, oder ist es besser, sich zu trennen?*

Hilarion

Was ist besser, was ist schlechter? Das ist die Fragestellung der alten Energie, doch jetzt in dieser neuen Zeit hast du die Möglichkeit, einfach zu schauen, ob dir etwas dienlich ist oder nicht, und dann hast du die Möglichkeit, für dich zu wählen, was du willst. Eben nicht aus dem Urteilen heraus von „das ist schlecht für mich“, sondern aus dem Bewusstsein heraus, dass du Schöpfer deines Lebens bist und dir dein Leben so kreieren kannst, wie es für dich dienlich ist. Verstehst du, dass dies zwei sehr unterschiedliche Haltungen sind? Nimm die Schöpfermacht wieder an dich und damit die volle Verantwortung für dein Leben!

Du weißt, dass alles ein Spiegel für dich ist und dir nichts geschieht, wozu du nicht in Resonanz bist. Das bedeutet, dass du alles, was sich ereignet, dazu nutzen kannst, mehr über dich selbst zu erfahren und daraus zu lernen und somit Altes loszulassen.

Außerdem ist es eine Möglichkeit, dich im Nicht-Urteilen zu üben und einfach zu sehen, was ist, und dann, wie ich soeben sagte, bewusst zu wählen, ob du das so möchtest oder nicht und deine Schöpferkraft entsprechend einzusetzen.

Wenn wir sagen, was du tun „sollst“, dann immer nur insofern, als wir sagen, du sollst deinem Herzen folgen! So bitte ich dich nochmals: *Folge deinem Herzen!* Es ist gleich, welches Thema ansteht, es ist immer dienlich, auf dein Inneres zu vertrauen und dich nicht von den vielen Überlegungen des Verstandes verrückt machen zu lassen.

Hilfreich wäre für dich, wenn du für eine gewisse Zeit tatsächlich eine Auszeit nehmen könntest, d. h. ganz für dich sein, auch ohne Kinder. Wenn du in dieser Zeit keine Überlegungen anstellen würdest, was mit der Praxis wird, was mit deiner Ehe wird, was mit den Finanzen wird, nein, sondern einfach dich selbst spüren und genießen könntest und einmal alle sorgenvollen und grüblerischen Gedanken und negativen Gefühle ablegen könntest. Dann käme der Fluss wieder ins Fließen und mehr Klarheit könnte in dir entstehen.

Nur *in dir selbst* kannst du Sicherheit finden! Niemals kann dir etwas Äußeres Sicherheit geben, auch kein anderer Mensch, keine Arbeit, nichts und niemand kann das! Nur *in dir* liegt Sicherheit. Alles andere ist nur eine Scheinsicherheit, die auf trügerischem Boden begründet ist und ganz schnell zusammenbrechen kann, wie du ja selbst erfahren hast. So suche Sicherheit in dir selbst! Stärke dein Inneres und verankere dich in der Liebe, die in deinem Herzen wohnt. Diese Liebe ist immer da, und sie ist nicht an irgendetwas gebunden! Sie soll frei fließen, so wie die Sonnenstrahlen auf alles treffen, ob ihr es als „gut" oder „schlecht" beurteilt.

Es ist wichtig, den Blick nach oben zu erheben und nicht auf das Dunkle am Boden zu richten. Dieses Gute, Helle ist immer da, doch ihr seht es oft nicht, weil ihr so sehr mit euren irdischen „Problemen" beschäftigt seid. So nutze die Zeit, deinen Blick wieder daraufhin auszurichten. Schau nach oben, nach vorn, und ich sage dir: ***Alles wird gut!***

Wenn du es einfach fließen lässt, kann sich alles wunderbar und in vollkommener Weise manifestieren, so bitte ich dich, gib dich dem Fluss des Lebens hin und vertraue dich ihm an! Gott selbst wird dich auf seinen Händen tragen und jede Schwierigkeit meistern.

Meine geliebte ..., erhebe dich aus allen negativen Gedanken und Gefühlen und lasse dein wahres Sein leuchten, das ist Liebe, Freude und Schönheit! Dies alles trägst du in dir, so lasse es zum Vorschein kommen und offenbare deine Göttlichkeit. Dies hast du dir für dieses Leben vorgenommen und das wirst du auch tun.

Du bist niemals allein, denn wir sind immer bei dir! Sprich mit uns und bitte uns um Hilfe, wenn du möchtest. Auch in dunklen Phasen sind wir bei dir und halten deine Hand, deshalb bitte ich dich, sorge dich nicht, ***alles wird gut!***

Ich umhülle dich jetzt mit einem Mantel der Kraft und Liebe, lasse sie durch all deine Körper strömen und deine Seele stärken. Friede sei mit dir und Gottes Segen allezeit!

***Frage:** U. Z. hat seit Monaten fast keine Patienten mehr, deshalb Geldsorgen; kommt finanziell nicht auf die Beine. Soll er die Praxis in ... behalten oder eventuell nach ...? Soll er die abgebrochene Osteopathieausbildung wieder aufnehmen?*

Hilarion

Seid mir gegrüßt. ICH BIN da und sende meinen Segen. Unsere Freude ist groß über eure Bereitschaft, mit uns zu kommunizieren, und gerne stehen wir für euch zur Verfügung. So stellt eure Fragen, wir werden antworten, um Klarheit und Licht ins Dunkel zu bringen.

Ja, es stagniert, das spürst du sehr schmerzhaft, und dies bedeutet natürlich, dass *in dir der Energiefluss blockiert ist.* Und den Fluss der Energie blockiert vor allem die Schwingung der Angst. Die Angst ist viel langsamer schwingend als die Freude und Liebe, so bremst sie deine Schwingung und zieht dich auf eine niedrigere Energiestufe hinunter. Alle negativen Gefühle sind von dunklerer Energie und in der Schwingungsfrequenz langsamer als die positiven, lichten Gefühle. Deshalb ist auch das Lachen so heilsam und tut so gut, weil die Schwingung der Freude viel feiner und höher ist als die des Kummers oder Ärgers.

Aber bitte, mein geliebter Sternenbruder, nun falle nicht gleich wieder ins Urteilen und sage, also ich bin schuld an der Misere. Nein, du trägst keine „Schuld“, es ist ein notwendiger Prozess, durch den du gehst. Wenn du selbst wieder in Fluss kommst, dann wird sich das auch in deinen äußeren Umständen spiegeln.

Nun fragst du dich, wie du wieder in Fluss kommen kannst, und ich sage dir, dass es dafür natürlich vielerlei Möglichkeiten gibt. Für dich ist es wichtig, dass du wieder in Verbindung zu deinem inneren Kern kommst, dass du dir die Zeit nimmst, in die Natur zu gehen, möglichst ans Wasser, dort kannst du am besten wieder in Fluss kommen.

Es wäre auch dienlich, wenn du tatsächlich deine Praxisräume in ... aufgeben würdest und dich mehr auf dem Land an einem See niederlassen würdest. Da du ja daran schon gedacht hast, siehst du, dass dein innerer Führer sehr wohl genau weiß, was für dich das Beste ist.

Alleine dieser Ortswechsel würde eine große Veränderung bringen und dir sehr gut tun. Suche jedoch den neuen Platz nicht nach Verstandesgründen aus, sondern lasse dich hier von deiner Intuition leiten. So viele wunderbare Gewässer sind in deiner Umgebung, setze dich still an diesen oder jenen See und prüfe dich, wie du dich dabei fühlst. Du wirst spüren, wo du dich am wohlsten und lebendigsten fühlst und wo es einfach „stimmt".

Genau dasselbe gilt für deine Arbeit. Auch hier rate ich dir, nichts zu tun, nur weil dein Verstand sagt, „du musst doch..." oder „du solltest ..." Lasse dich auch hier stets von deiner leisen inneren Stimme leiten, von Gott, der in dir wohnt und der immer weiß, wohin dein Weg dich führt und was für dich gut ist. So wird deine innere Stimme wahrscheinlich sagen, mache keine weitere Ausbildung, nur dein Verstand sagt, tue etwas, damit du Geld verdienst. Doch ich sage dir: Tue das, was du mit Freude und Begeisterung tun kannst, das ist deine Aufgabe. Die Freude bei dem, was du gerne tust, strahlt aus und wirkt wie ein Magnet für andere Menschen. Wenn du das tust, wobei du dich wohlfühlst und große Freude hast, dann bist du in einer hohen, lichten Schwingung und dies zieht Dinge, Umstände und Menschen an, die Resonanz dazu haben. Wenn du also Freude in dir hast und Begeisterung bei dem, was du tust, kann es nicht ausbleiben, dass auch die Fülle zu dir herangezogen wird.

Deshalb bitte ich dich, dein Herz zu prüfen, was es wirklich möchte. Gelernt hast du genug, die Zeiten der Ausbildung sind vorbei, jetzt ist es an der Zeit, das, was in dir ist, in die Welt zu geben und den Menschen damit zu dienen. Doch was du geben möchtest und auf welche Weise, das kannst nur du selbst in deinem Herzen spüren.

Wenn du dann weißt, *das* ist es, dann treffe den bewussten Entschluss, es auch zu tun. Und sei offen und bereit für Inspirationen und Zeichen, die du vielleicht bekommst. Oder wenn du eine Idee hast, tue sie nicht ab mit einem „Ach, das wird ja eh nichts", sondern gehe in die wunderbare Schwingung des Vertrauens und sage lieber „Ja, o.k. das will ich probieren".

Deine Angst hemmt und lähmt sehr viel von deiner Energie. Also ist es notwendig, aus der Schwingung der Angst herauszugehen. Dies kannst du auch in jedem Augenblick bewusst wählen! Immer wenn du spürst, dass die Angst kommt, *wähle* und entscheide dich für die Schwingung der Liebe, der Freude, des Vertrauens. Das kannst du! Entscheide dich dafür, nicht mehr auf der Ebene der Angst zu verharren, entscheide dich dafür, auf die höhere Ebene der Schönheit, Harmonie und Fülle zu gehen. Tue dies sehr bewusst.

Du *musst* nichts tun außer dem Einen, nämlich dich zu öffnen für deine innere Führung und ihr zu folgen. Du musst dich auch nirgendwo „anbiedern" oder in einen Wettbewerb eintreten, doch du „musst" du selbst sein und deine Fähigkeiten und Talente in die Welt einbringen! In dir ist alles vorhanden, in dir liegt eine Fülle von Möglichkeiten und Fähigkeiten. Alles ist vorhanden, suche dir aus, was du am liebsten willst, wofür du Begeisterung hast, und das tue dann. Alles Weitere wird sich finden, denn dann wird die Energie wieder frei fließen und du bist verbunden mit deinem innersten Kern. Hier wohnen Kreativität und Spiritualität, beide wollen offenbart werden.

Ich schließe dich jetzt in meine Arme und lasse Strahlen der Kraft und Zuversicht zu dir fließen. Fülle dein Herz mit Frieden und Freude und wisse, dass sich alles wunderbar regeln wird. Wir sind bei dir und unterstützen dich auf deinem Weg.

* * *

Frage: *U. N.s Vertrauen und das Vertrauen ihres Sohnes ist erschüttert. Er hat an sich geglaubt und euch vertraut und die Prüfung trotzdem nicht geschafft, obwohl du gesagt hattest, er könne alles schaffen, wenn er vertraut und an sich glaubt.*

Auf was kann man sich noch verlassen? Welchen Wert haben eure Aussagen, wenn es dann doch anders kommt?

Wie ist das Durchfallen durch die Prüfung zu erklären? Er hat alles gewusst und die Prüfer haben sehr lange beraten.

Hilarion

Seid mir gegrüßt, ihr Lieben. Freude ist stets im Überfluss vorhanden, warum trennt ihr euch ab davon?

Ja, geliebte ..., ich sehe, dass du jetzt etwas durcheinander bist, doch glaube mir, trotz allem, was geschieht, ist es wichtig, weiterhin zu vertrauen und ja, gerade dann, wenn Schwierigkeiten da sind, darauf zu vertrauen, dass dies letztendlich zum Besten aller ist. Es zwingt euch, euch noch genauer zu erforschen und noch tiefer in euch hineinzuhorchen. Denn ihr müsst euch sehr genau kennen, erkennen, wahrnehmen, bevor ihr wirklich frei werden könnt.

Es genügt nicht, mit dem Verstand zu „vertrauen", dieses Vertrauen muss aus der Tiefe des Herzens kommen, und der Glaube an sich selbst darf nicht getrübt sein durch Ängste und Zweifel.

Das betrifft natürlich nicht nur deinen Sohn, sondern du bist gleichermaßen betroffen, denn ihr seid eine Familie, und in dieser Familie sind noch festsitzende alte Muster da von Ängsten, von Gefühlen des Scheiterns, von Selbstzweifeln und Schuldgefühlen.

Wir sagen nie als feststehendes Postulat, so und so wird es sein, sondern es muss euch bewusst sein, dass ihr in jedem Augenblick eures Lebens die freie Wahl der Entscheidung habt. So war mit größter Wahrscheinlichkeit möglich, dass dein Sohn die Prüfung bestehen konnte, doch seine Seele hat im letzten Augenblick ein Veto eingelegt, weil sie erkannt hat, dass sie hier doch noch eine wichtige Erfahrung machen will, die für ihren weiteren Weg wichtig ist.

Deshalb hat auch die Beratung so lange gedauert, weil sich *die Seelen* beraten haben, welches der wirklich beste Weg für deinen Sohn sei. Dies war eine schwierige Entscheidung, da die Seelen wussten, welche Erschütterungen ein *scheinbares* Scheitern mit sich bringen würde. Doch dein Sohn hatte das letzte Wort, und er hat entschieden, die „äußere" Prüfung nicht zu bestehen, weil ihm die „innere" Prüfung wichtiger war.

Diese Prüfung auf höherer Ebene betrifft das Vertrauen, aber auch das Durchhaltevermögen, das Bemühung und den Willen. All dies kann hier gestärkt und hilfreich eingesetzt werden. Gott war bei ihm, Er ist bei ihm und wird immer bei ihm sein, wie könnte da etwas

„falsch" laufen?! So ist weiterhin wichtig, zu vertrauen und niemals die Zuversicht zu verlieren. Ihr müsst euch immer wieder klar machen, dass in Gottes Welt in Wahrheit alles vollkommen ist.

Dies möchte ich dir, meine geliebte Schwester des Lichtes, besonders ans Herz legen, dass du deinen Blick immer auf dein höchstes Ziel richten mögest, dass du dich von den alten Schwingungen der Angst, der negativen Gedanken und Gefühle lösen mögest, damit du leichter, lichter und endlich frei wirst.

Schau, auch jetzt, angesichts deiner momentanen Situation, in der du nicht weißt, wie es weitergehen soll, ist das Einzige, was dir wirklich die beste Lösung bringen kann, tiefes Vertrauen in Gottes Führung und Hilfe und Zuversicht, dass es so sein wird, dass die beste Lösung kommt.

Frage: *Manchmal ist es aber so, dass ein Mensch zum Beispiel voller Ängste und Zweifel und ganz unsicher in eine Situation/Prüfung geht und diese besteht, und ein anderer, der voller Sicherheit, Glauben und Vertrauen ist, sie nicht besteht. Wie kommt das?*

Hilarion

Wie ich bereits sagte, es ist immer die Seele, die in diesem Moment entscheidet, natürlich in Übereinstimmung mit allen anderen beteiligten Seelen. Nichts geschieht wie auf einer einsamen Insel für sich alleine. Auch wenn ein Mensch mit Ängsten und Unsicherheit eine Prüfung meistert, geschieht dies in Übereinstimmung und Absprache aller daran Beteiligten, weil zum Beispiel für diesen Menschen ein Scheitern ein zu großer Rückschlag wäre oder es ihm dann nicht mehr möglich wäre, den geplanten Weg fortzusetzen. Oder weil ihm dadurch die Möglichkeit eröffnet wird, anderen Menschen zu helfen.

Bei deinem Sohn sind die Familienbindungen noch sehr stark wirksam, so wäre für ihn dienlich, sich daraus zu befreien. Verstehe mich richtig, meine geliebte Lichtschwester, natürlich dürfen Bindungen bestehen, aber es sollten ausschließlich solche sein, die erheben, stärken und lichtvoll sind. Alle Bindungen, die belasten, einengen, negativ beeinflussen, sollten gelöst werden.

Liebste ..., lasse dich bitte nicht wieder in dunklere Schwingungen hinunterziehen, sondern bleibe im Licht und in der Liebe, egal, was passiert! Ihr alle seid dem Ziel so nah!

Ich schließe dich ein in meine Liebe, meine Kraft und meinen Segen. Möge Frieden in deinem Herzen wohnen – allezeit.

* * *

Frage: *Wo liegen H. N.s Potenziale, Fähigkeiten, Stärken? Was soll er verwirklichen? Was ist sein Weg, und was ist wichtig für ihn auf diesem Weg?*

Hilarion

ICH BIN die Kraft, die in dir ist. Mein geliebter Bruder, du bist wahrlich auf dem Weg ins Licht, das ist gewiss! Du siehst diesen Weg noch nicht klar vor dir, ich sage dir jedoch, dass er im Geiste bereits offen vor dir liegt, doch du musst ihn noch gehen – welch eine Freude! Die Kraft in dir ist sehr stark, die Kraft, in anderen Menschen Veränderung zu bewirken dadurch, dass du so bist, wie du bist!

Du fragst nach deinem Lebensplan, und ich sage dir: Du hast dir vorgenommen, in diesem Leben *frei zu werden!* Damit meine ich, dass du wirkliche Freiheit des Geistes leben willst. Das ist dein Ziel. Dahin führt dein Weg, und diesen Weg wirst du gehen, nein, du gehst ihn bereits.

Um in diese wahre Freiheit zu gelangen, ist wichtig, dass du dich löst von alten Begrenzungen und alten übernommenen Mustern, Glaubenssätzen und Normen. Sie sind dir nicht mehr dienlich und sollten durch eine neue Liebes- und Lichtschwingung ersetzt werden.

Was dir auf deinem Weg hilft, ist die Klarheit deines Verstandes und die Reinheit deiner Herzensschwingung. Wenn du beides gemeinsam als Einheit wirken und dich davon leiten lässt, so wirst du wahrlich vieles verändern und bewegen können.

Viele Menschen brauchen jemanden, an dem sie sich orientieren können, der ihnen wie ein Leuchtturm während eines Sturmes die Richtung zeigt. Dies heißt nicht, dass du ihnen sagen sollst, wohin sie gehen sollen, sondern es heißt, dass sie an dir einen Halt haben, dass sie sich an deiner geistigen Klarheit und an der Herzenswärme orientieren können. Es bedeutet also, dass du ihnen durch dein Sosein und durch deine eigene Kraft und deine innere Sicherheit die größte Unterstützung geben kannst.

Welche Arbeit du dabei tust, ist nicht das Entscheidende. Du wirst an eben der Stelle, wo du bist, auf die beschriebene Art und Weise wirken können.

Zu deiner Arbeit möchte ich dir jedoch sagen, dass es für *dich selbst* darauf ankommt, unabhängig vom Aspekt des Geldverdienens, dass du unbedingt dein Gefühl sprechen lassen solltest. Auch hier ist es für dich zum Besten, wenn du Vernunft und Gefühl gemeinsam befragst. Das bedeutet, nicht eine Arbeit anzunehmen, bei der du kein gutes Gefühl hast. Du musst nicht ein völlig neues Arbeitsfeld suchen, du kannst das, was du gelernt hast, wenn du dich darin zu Hause fühlst, auch weiterhin tun.

Wichtig in der kommenden Zeit wird auf jeden Fall sein, auch in die Arbeit, und gerade dort, die Schwingung der ***Liebe*** hineinzubringen. All eure Systeme stehen vor dem Kollaps, und ihr wisst genau, ***so*** kann es nicht weitergehen. Und du bist einer der wunderbaren Helfer, die sich bereit erklärt haben, an der Umstrukturierung mitzuwirken. Denn wenn etwas zusammenbricht, bedeutet dies gleichzeitig die Geburt von etwas wunderbar Neuem.

Du bist eine „alte Seele“, deshalb trägst du bereits ein tiefes Wissen in dir. Wichtig jetzt ist, dieses tiefe Wissen zu leben, damit viele andere Menschen, die noch nicht in diesem Bewusstsein sind, davon angerührt werden und der Lichtfunken in ihnen wachsen kann.

Bitte verstehe mich richtig, damit ist nicht gemeint, dass du nun Vorträge halten sollst oder dergleichen. Nein, es heißt lediglich, dass du ein ganz „normales“ Leben lebst und das ausstrahlst, was du in dir trägst. Lasse die Klarheit deines Geistes und die Tiefe deiner Herzensschwingung einfach in deine Arbeit und in deinen Alltag einströmen, dann vollbringst du deine „Aufgabe" in bestmöglicher Weise.

Ob du den Ort wechseln wirst, kann ich dir nicht sagen. Du hast den freien Willen zu entscheiden, wo du weiterhin leben willst. In diesen freien Willen greifen wir niemals ein. Ich bitte dich jedoch, einfach offen zu sein und dich hierbei von deinem Herzen leiten zu lassen. Baue keine Widerstände auf, indem du sagst, ich will nur hier oder hier arbeiten. Lass dich vom Lebensstrom an den Ort treiben, der für dich der beste ist. Vertraue auch auf die wunderbare göttliche Führung und wisse, du kannst nicht fehlgehen!

Die ganze Erde macht, in diesem Jahr besonders stark, einen Umwandlungsprozess durch, an dem ihr als Einzelwesen selbstverständlich teilhabt. Jeder Einzelne ist davon betroffen. Diejenigen, die sich entschlossen haben, noch in ihren alten Mustern und Verhaftungen zu bleiben, bekommen vielleicht nicht so viel davon mit wie diejenigen, die gewählt haben, mit in die Erhöhung zu gehen und die Veränderung zuzulassen.

So ist viel „Durcheinander" auf der Erde, viel Dunkles steigt an die Oberfläche, damit es umgewandelt bzw. durch das Licht aufgelöst werden kann. Es werden noch mehr Turbulenzen kommen, und deshalb bitte ich euch eindringlich: bleibt ganz ruhig!

Wisset, dass dies zum Aufstiegsprozess dazugehört. Wisset, dass ihr das alles unbeschadet überstehen werdet, wenn ihr in euch zentriert bleibt und euch immer wieder mit eurer inneren göttlichen Quelle verbindet.

Geht nicht in die allgemeine dunkle Energie, die größtenteils jetzt auf der Erde herrscht, mit hinein, sondern erinnert euch an euer wahres Sein, das Licht und Liebe ist!

Mein innigst geliebter ..., göttlicher Friede wohnt in dir! So lasse diesen Frieden deines Herzens ausstrahlen und ziehe andere Menschen mit hinein in diese wunderbare Schwingung.

Der Weg führt ins Licht! Ihr geht einer wunderbaren Zeit entgegen, in der es keine Kriege, keinen Hass und keine Gewalt mehr geben wird. Es wird die Zeit der Harmonie und Freude sein. Wenn ihr in euren Herzen zentriert bleibt und Gott in euch wirken lasst, könnt ihr jetzt bereits einen Vorgeschmack davon kosten.

So lasse auch du dein Herz strahlen und die Freude in deinem Leben leuchten! Lasse dich nicht durch äußere Umstände, ganz gleich wie sie auch immer aussehen mögen, davon abhalten, dies zu tun.

Freude ist immer möglich, wenn ihr euch dafür entscheidet, sie in eurem Leben wirken zu lassen.

Frage: *Welche geistigen Wesen unterstützen ihn auf dem Weg? Wie kann er den Kontakt verstärken bzw. besser mit euch kommunizieren?*

Hilarion

Mein geliebter Lichtbruder, viele Lichtwesen sind bei euch und geben Hilfe und Inspiration.

Du bist sehr eng verbunden mit Erzengel Gabriel und mit Meister Jesus, aber auch andere Wesen sind bei dir. Wir alle bilden eine Einheit und wirken stets gemeinsam. Jeder ist lediglich ein Aspekt des großen Ganzen, und die Teilung und Unterscheidung in diesen und jenen ist lediglich eine Konstruktion eures irdischen Verstandes, weil es euch so leichter fällt, mit uns zu kommunizieren, wenn ihr einen bestimmten Aspekt ansprechen könnt.

Für dich kann der Kontakt dadurch gefestigt bzw. erleichtert werden, dass du diesen Kontakt möglichst oft draußen in der Natur aufnimmst. Das heißt, die Elemente können dir hierbei eine große Hilfe sein. Sei es, dass du dich ans Wasser setzt, ein kleines Feuer anzündest, dich in einen Steinkreis setzt oder dich auf eine Wiese legst und in den Himmel schaust und dabei bewusst deinen Atem wahrnimmst.

Du brauchst nicht stundenlang im stillen Kämmerlein zu sitzen und zu meditieren, wichtig ist allerdings, dass du dich immer wieder einmal im Laufe des Tages einfach kurz daran erinnerst und einen Moment still bist und dich mit dem Herzen verbindest.

Frage: Wie kann sein Sohn noch besser unterstützt werden, was ist für seine Entwicklung gut, und wie kann er seine Frau in ihrer Entwicklung unterstützen?

Hilarion

Liebe, liebe, liebe! Gehe mit beiden mit Achtung um und bestärke sie in dem, was sie tun wollen und tun. Ermutige sie, zu sich selbst zu stehen, und lebe mit ihnen in der Freude!

Auch wir sind in der Freude und ich strahle diese jetzt aus zu dir. Lasse dich davon anstecken und inspirieren und gehe deinen Weg mit Gottes Segen. Vertraue auf das Beste, und ich sage dir, es wird kommen. Frieden sei mit dir!

* * *

Frage: N. O. möchte wissen, ob er nach seiner Lebensaufgabe fragen darf.

Hilarion

Ich Bin immer da! Sei gegrüßt aus dem Reich des Lichtes und der Liebe. Natürlich darfst du fragen – somit wäre deine Frage eigentlich schon beantwortet, doch du möchtest natürlich wissen, was deine Lebensaufgabe ist, nicht wahr? Und wie so oft, muss ich auch dir sagen, dass ihr nicht nach den „großen" Aufgaben schauen sollt, sondern dass die Aufgabe eines jeden Menschen darin besteht, zur Quelle zurückzukehren bzw. Gottes Licht leuchten zu lassen und Ihn zu offenbaren.

Die *Liebe* zu leben und den Alltag damit zu durchdringen, das ist eure Aufgabe!

Zu ***lieben*** ist die vornehmste von allen.

Wahrlich zu lieben, bedeutet, sich selbst zu lieben, das Leben zu lieben und nach Selbsterkenntnis zu streben. Und wenn du dich selbst erkannt hast, dann wirst du auch alle „anderen" Wesen als dich selbst lieben.

Selbstverständlich ist es erstrebenswert und wunderbar, anderen Menschen auf ihrem Weg zu helfen, sie zu begleiten, ihnen zur Seite zu stehen, und doch – das Wichtigste bist zunächst einmal ***du selbst.*** Denn bevor du nicht weißt, wer oder was du in Wahrheit bist, wie willst du anderen dann wirklich helfen? Ein Blinder kann einem anderen Blinden den Weg nicht weisen.

Verstärke das Strahlen deines Lichtes und vertiefe dein Sein, das hilft allen anderen Wesen auch.

Frage: *Wie kommt er persönlich spirituell und heilend weiter?*

Hilarion

Am besten, indem du vergisst, dass du „irgendwohin" kommen musst, indem du vergisst, dass du ein spirituelles Ziel erreichen willst. Denn das, was du erreichen willst, ***ist*** bereits. So übe dich in Selbsterkenntnis, schaue immer wieder nach innen und lerne dich selbst kennen, das allein ist nötig. Richte dein Bewusstsein auf dein wahres Wesen, auf deine innerste Quelle und löse deine Identifikation mit dem Körper auf. Übe dich darin, einfach nur zu ***sein***, ***jetzt*** in diesem Augenblick! Dieses Sein ist ***alles***!

Beim Heilen lasse das Ego beiseite, wisse, dass Gott in dir heilt, und tue einfach immer das, was nötig ist. Ohne „Starallüren" oder die Vorstellung, eine Tätigkeit sei „spiritueller" als eine andere.

Frage: *Soll er das geplante Buch schreiben? Sollte er die Einrichtung (ich nehme an, in der er arbeitet) erweitern und verlegen? Soll er seine eigene Tätigkeit reduzieren?*

Hilarion

Ahnst du, was ich dir antworten werde? Soll ich dies, soll ich das? Soll ich jenes oder doch etwas anderes? Ich sage nicht, was du tun sollst oder nicht, das ist nicht meine Aufgabe. Du kannst jederzeit tun, was *du willst.* Ich sage, was dienlich ist oder nicht, jedoch liegt es immer an dir, eine Entscheidung zu treffen, auch die Entscheidung zu treffen, einen Rat anzunehmen oder nicht, und das Beste daraus zu machen oder nicht. Es liegt bei dir!

Du scheinst unsicher zu sein, du hast Angst, eine „falsche“ Entscheidung zu treffen. So möchte ich dich bestärken, auf dein Gefühl zu hören, das dir immer den rechten Weg zeigt.

Warum nicht das Buch schreiben, wenn du es doch möchtest? Tue einfach das, was *du willst*. Wenn du ein Buch schreiben willst, dann schreibe es. Wenn du weniger arbeiten willst, dann tue das. Wenn du einen Ortswechsel willst, dann ziehe um, gleich ob es dich privat oder deinen Beruf betrifft. Du bist stark, du beherbergst Gott in dir. Du weißt, was du tun „sollst“! Vertraue auf deine innere Stimme, sie berät dich weise.

Ich möchte dir dazu sagen, dass es wichtig ist, gut für dich selbst zu sorgen, dich nicht zu verausgaben, genügend „Freiraum“ für dich zu haben, damit du dich immer wieder zurückziehen kannst, um deiner Selbsterforschung nachgehen zu können. Du tust gut daran, deine Zeit sinnvoll einzuteilen und es dir selbst wirklich gut gehen zu lassen.

Wie ich bereits sagte – wenn du dich selbst erkannt hast, dann kannst du anderen Wesen am besten helfen. So wäre es tatsächlich dienlich, dir mehr Zeit für dich zu nehmen und dich selbst wichtig zu nehmen.

Frage: *Was kannst du ihm raten bezüglich seiner Beziehungen/seiner Frau?*

Hilarion

Beziehungen beruhen auf Gegenseitigkeit. So ist für eine harmonische Beziehung wichtig, dass beide geben und empfangen. Basis einer jeden Beziehung sollten sein: Achtung, Akzeptanz und Wohlwollen, Geduld und Fairneß.

Ich habe ausdrücklich nicht „Liebe“ gesagt, denn ihr versteht unter Liebe in Bezug auf eine Beziehung oft nicht das, was wahre Liebe tatsächlich ist.

Deine „Aufgabe“ ist ja, Liebe zu sein, und wenn du das bist, dann liebst du alle Wesen uneingeschränkt, denn dann erkennst du, dass du nicht getrennt von ihnen bist, sondern dass ihr alle ein und dasselbe seid. So rate ich dir auch hier, schaue nach innen, erforsche dich selbst, liebe dich selbst, das wird sich dann positiv auf alle deine Beziehungen auswirken. Und erinnere dich, dass das, was du im Außen siehst und erfährst, stets ein Abbild dessen ist, was du in dir trägst!

Nimm es als weitere Möglichkeit der Selbsterforschung und versuche nicht, andere Menschen verbessern zu wollen. Wenn du dich selbst achtest und mit dir liebevoll und achtsam umgehst, wird du genau das im Außen erfahren.

Das, was du in die Welt gibst, kehrt zu dir zurück.

Mein geliebter Lichtbruder, lasse dich umhüllen von den Strahlen meiner Liebe und Kraft. Lass sie die Freude in dir erwecken und dich durch deinen Alltag tragen. Ich segne dich mit dem göttlichen Licht und versichere dir: Du bist niemals allein!

❊ ❊ ❊

Frage: *Beruflich möchte D. N. wissen, ob es noch sinnvoll ist, mit der Kinesiologie etwas zu machen, oder soll sie das beenden? Ist die Homöopathie wirklich „ihre Sache“? Es ist noch teilweise sehr schwer. Wird es irgendwann leichter?*

Hilarion

Geliebte ..., mein Kind des Lichtes, ich freue mich, dass du dich bei uns meldest.

Im Grunde deines Herzens weißt du bereits alle Antworten, und auch das weißt du! Aber wir verstehen es gut, wenn ihr bestärkt und bestätigt werden möchtet, denn oftmals herrscht Unsicherheit, weil euer Verstand etwas anderes sagt als euer Herz. Dein Herz weiß genau, wohin der Weg führt und welche Stationen die richtigen sind.

Meine Liebe, ich möchte dich mit aller Eindringlichkeit bestärken und dazu ermutigen, dieser inneren Stimme, das heißt, deinem innersten Gefühl zu vertrauen und dich danach zu richten, was es dir rät.

Wenn du das Gefühl hast, etwas, z. B. die Kinesiologie, stimme nicht für dich, dann ist das so! Dann stimmt es tatsächlich nicht für dich. Jeder Mensch hat zu der einen oder anderen Sache einen besonders guten Zugang, bei dir ist es der zur Homöopathie und zu den Träumen. Mit Hilfe dieser Werkzeuge kannst du ins Herz der Menschen schauen und sie auf ihrem Weg begleiten.

Du bist eine große Seele und hast wunderbare Fähigkeiten. Setze sie ein zum Wohle aller Menschen, die den Weg zu dir finden.

Mein Segen ist mit dir.

* * *

Frage: *C. T. möchte Folgendes wissen: Was, welches ist meine Arbeit, mein Beruf und hier in Deutschland oder im Ausland? Was ist meine Berufung, Aufgabe in diesem Leben? Man sagte mir, ich habe meine Aufgabe in diesem Leben noch nicht erfüllt.*

Hilarion

Meine liebste Schwester des Lichtes, so höre, was ich dir zu sagen habe, auch wenn es wahrscheinlich nicht dem entspricht, was du dir erhoffst.

Wisse, dass wir nicht sagen, was ihr tun oder lassen sollt, denn genau dies gehört ja zu eurem Lebensplan, dass ihr selbst herausfindet, wohin euer Weg führt. Auch schenkt ihr dem oftmals eine zu große Bedeutung, welche Art von Arbeit ihr verrichtet, denn ihr beurteilt manch eine Arbeit als „leicht“ oder „schwer“, als „niedrig“ oder „spirituell“ und so weiter.

Doch ich sage dir, dass es im Grunde nicht so sehr darauf ankommt, *was* du tust, sondern in welchem Bewusstsein du es tust. So kannst du in der Tat alles tun, was *du willst.* Die ganze Welt steht dir zur Verfügung! Wichtig ist, deine inneren Ohren zu schulen und oft nach innen zu lauschen, indem du einfach ganz still bist. So „trainierst“ du den Kontakt zu deinem innersten Wesen und wirst von dort wunderbare Führung erhalten.

Achte darauf, dass dir die Arbeit, die du verrichtest, Freude macht, dass du mit Begeisterung dabei bist, und tue nichts, was dir innerlich „gegen den Strich geht“. Auch wenn es eine schwierige Arbeit ist, muss es für dich innerlich stimmen, und genau das ist eine eurer „Aufgaben“: zu lernen, auf diese innere Stimmigkeit zu achten und zu erspüren, was im jeweiligen Augenblick das Richtige ist.

Natürlich kannst du ins Ausland gehen, wir sagen auch hier nicht, tue dies oder das. Allerdings ist es so, dass du nur dann gehen solltest, wenn du innerlich frei von anhaftenden alten Bindungen bist. Werfe zunächst allen alten Ballast ab, dann kannst du unbeschwert hingehen, wo immer du willst.

Mein geliebtes Kind des Lichtes, deine Aufgabe, so wie die aller Menschen, ist es, die ***Liebe*** fest im Herzen zu verankern, auszustrahlen und deine Göttlichkeit zu offenbaren. Euer Leben sollte zu einem Ausdruck des höchsten Seins werden, auf welchem Weg auch immer ihr dahin gelangt.

Frei zu sein und dein wahres Wesen zu erkennen, das ist deine Aufgabe, und so stimmt es, dass du diese noch nicht erfüllt hast. Doch ist jetzt eine wunderbare Zeit, in der machtvolle Strahlen zur Erde fließen, die es euch um ein Vielfaches leichter machen, alle alten Muster und dunklen Schwingungen abzuwerfen und in Freiheit zu erwachen.

Richte deine Aufmerksamkeit immer und immer wieder auf dein höchstes Ziel, gehe oftmals in die Stille und frage dich nach deinem wahren Sein. So wirst du deine Aufgabe wahrlich erfüllen.

Wir sind immer bei dir, und wir begleiten dich bergauf und bergab. Gib dich vertrauensvoll dem Fluss des Lebens hin und lasse deine Begrenzungen los. Das Leben ist einfach, rein und absolut göttlich. Tauche ganz darin ein und erfülle dich mit ***Liebe***.

ICH BIN immer bei dir, in tiefer Liebe sind wir verbunden.

Frage: *Es sollte etwas Neues auf F. D. zukommen. Ist der neue Job gemeint? Ist es nicht vielmehr das Feng Shui? Wann kommt der Durchbruch?*

Hilarion

ICH BIN Hilarion, und ICH BIN einer eurer vielen Lichtbrüder. Wir gehen gemeinsam, meine liebste ..., und wisse, der Weg führt ins Licht und in die Glückseligkeit! Verliere das niemals aus den Augen.

Du fragst nach deinem „Job". Selbst wenn es nur eine vorübergehende Angelegenheit ist, solltest du es nicht nur als „Job" ansehen, denn genau diese Arbeit ist jetzt deine Aufgabe. Erledige sie bestmöglich und ernsthaft und gib all deine Fähigkeiten hinein. Es ist einfach das, was jetzt gerade für dich zu tun ist.

Es wird nicht von Dauer sein. Es ist sozusagen dein Sprungbrett für eine neue Arbeit. Doch bleibe unbedingt im Hier und Jetzt und denke nicht während der Arbeit an eine imaginäre Zukunft. Die Arbeit mit voller Konzentration und mit Liebe und Achtsamkeit zu erledigen ist das eine, sich mit Hilfe innerer Bilder und Worte eine neue Zukunft zu gestalten ist das andere. Hierfür solltest du dir auch Zeit nehmen, aber nicht während deiner Arbeit die Gedanken planlos umherschweifen lassen.

Setze stets all deine Kraft für die Arbeit ein, die du jetzt gerade tust, egal was es ist. Tue sie bewusst und lasse die Liebe dabei fließen. So kannst du auch hier in dieser Arbeit viel Licht ausstrahlen und Gutes damit bewirken.

Frage: *Was könntest du zu ihrem Rest-Lebensweg bzw. ihrer Aufgabe sagen?*

Hilarion

Meine geliebte Lichtschwester, du bist es, die sich ihren Weg erschafft, das weißt du. Du wählst in jedem Moment neu, in welche Richtung es gehen soll. So gibt es viele mögliche Wege, die du gehen kannst, es liegt immer bei dir, welchen du wählst. Das kann auch ich nicht vorhersagen, denn du setzt deinen freien Willen ein, den wir euch auch niemals nehmen.

Wenn du jetzt wählen würdest, dich aus der Angstschwingung heraus zu begeben und aus der neuen höheren Schwingung heraus zu handeln, so könntest du auch jetzt sofort dem Ruf deines Herzens folgen. Ich kann dir nicht sagen, wann du diese Wahl treffen wirst, wann du bereit sein wirst, in eine höhere Schwingung zu gehen und mit der neuen Energie zu arbeiten.

Da jedoch auch die Schwingung der Erde in diesem Jahr die Möglichkeit hat, mit der Hilfe der vielen Lichtarbeiter, die sie in Liebe unterstützen, ihre Schwingungsfrequenz stark zu erhöhen, so wirst auch du sozusagen automatisch mit angehoben werden, auch wenn du immer noch in der Angstschwingung bleiben möchtest, die dir ja so vertraut ist. Nutze diese ereignisreiche Zeit und übe dich im Vertrauen und in der Hingabe.

Höre auf, dich zu beklagen und anderen Menschen oder äußeren Umständen die Schuld für deine Lage zu geben. Wenn dir etwas nicht gefällt, wenn du anders leben willst, dann ändere etwas! Oder nimm es wirklich von Herzen in Liebe an. Gib deine Widerstände auf!

Nun lasse dich von mir in die Arme nehmen und meine Liebe in dein Herz fließen. Nimm sie tief auf und verströme sie an alle Wesen, denen du begegnest. Nur wenn du aus der Angst heraus und in die Freude gehst, wird sich dein Traum verwirklichen können.

* * *

Frage: *L. J. möchte wissen, wie es beruflich weitergeht. Wäre es besser zu wechseln oder soll sie bei der jetzigen Firma bleiben?*

Hilarion

Ich wünsche euch stets soviel Sonne im Herzen, wie heute vom Himmel scheint. Seid mir aufs Innigste gegrüßt aus dem Reich des Lichtes.

Mein geliebtes Sternenkind, lasse dir Folgendes sagen. Es ist so wichtig in dieser Zeit, dass ihr unbedingt auf euer Innerstes vertraut und eurem Herzen folgt, wenn es zu euch spricht. Da viele von euch Lichtarbeitern in dieser Zeit große Schwierigkeiten mit Beruf, Finanzen, Existenzsicherung haben, ist es wichtig, euch aus der Angst zu lösen und auf die Ebene des Vertrauens und der Liebe zu gehen. Außerdem ist es wichtig, alte Glaubenssätze und Denkmuster, die mit Mangel, Sorgen und Zweifeln zu tun haben, endgültig loszulassen.

Jetzt ist die neue Zeit! Jetzt seid ihr bereits in der neuen Energie! Doch ihr könnt diese nur nutzen, wenn ihr euch selbst darin verankert und mit der höheren Frequenz mitschwingt.

Meine liebste ..., lasse dich nicht mehr hineinziehen in die dunkleren Schwingungen von Angst, Zweifel und Misstrauen, sondern bemühe dich jeden Tag, in die Energie der Freude und Kraft zu kommen.

Mache dir bewusst, dass du immer so wählen kannst, wie du willst. Nimm die Schöpfermacht wieder an dich und erschaffe dir dein Leben, wie du es willst, im Einklang mit der Liebe und dem Höchsten.

Ich möchte dich in Bezug auf deine Arbeit bitten, nichts zu tun, was dir „gegen den Strich geht". Du sollst bei der Arbeit Freude und Begeisterung empfinden, du sollst sie gerne tun und nicht nur deshalb, weil du sagst, „ich muss doch Geld verdienen". Erhebe dein Bewusstsein und wisse, dass Geld Energie ist, die dir zeigt, ob in dir die Energie fließt oder nicht. Wenn du dich auf höhere Schwingungen einstellst, kann auch der Geldfluss leicht vonstatten gehen, und du brauchst nichts zu tun, weil du es „musst, um Geld zu verdienen". Du sollst deine Arbeit tun, weil du sie tun willst. So überlege, was du am liebsten tun würdest, was dir am meisten Freude bereiten würde, wo du alle deine Fähigkeiten und Talente offenbaren könntest. Das solltest du dann tun.

Die Zeit des Mangels ist vorbei, jetzt ist die Zeit der göttlichen Fülle!

Frage: *Was möchtest du ihr sonst noch sagen?*

Hilarion
Meine liebste ..., ich möchte dich trösten und dir Mut geben, indem ich dir sage, dass die Zeit der Verletzungen vorbei ist und du viel alten Ballast bereits ablegen konntest und bald die letzten Reste auch noch hinter dir lassen kannst. Wir sehen das Licht in deinem Herzen, öffne dich der Liebe und Freude, damit es heller strahlen und deinen Weg ebnen kann. Viele Leben hast du bereits durchschritten, hast vieles durchlitten und erfahren, jetzt ist die Zeit der Ernte. Jetzt in dieser neuen Energie darfst du die Früchte einholen, für die du die Samen gesät hast.

Wichtig ist, offen zu sein und bereit, die neue Energie aufzunehmen. Verankere dich fest darin und strahle dein Licht aus. Gehe aus der Welt der Dualität heraus in die neue Schwingung deines Schöpfertums und der göttlichen Kraft!

Alle Macht ist in dir!

Ich lege jetzt einen Mantel der Liebe und Kraft um dich. Wir sind eine Einheit, wisse das. Ich bin immer bei dir, und Gottes Segen ist mit dir. Du bist niemals allein!

* * *

Frage: *L. H. fragt nach ihrer Aufgabe. Sie hat überhaupt keine Ahnung, was sie machen soll. Sie ist in einem tiefen Loch, es geht ihr sehr schlecht.*

Hilarion
Seid innig gegrüßt, ihr Lieben! Ich sehe, wie ihr euch Gedanken, Sorgen und Ängste macht, ich sage euch jedoch, das ist nicht nötig! Gottes Plan erfüllt sich in jedem Moment, alles wirkt wunderbar zusammen, nur ihr selbst seid es, die sich manchmal vom göttlichen Strom abtrennen. Dadurch, dass ihr nicht im *Jetzt* lebt, sondern euch Gedanken, oft Sorgen, um die Zukunft macht.

Meine geliebte ..., du fragst dich, was du tun sollst, und ich antworte dir, zunächst übe dich darin, dich selbst zu lieben und so anzunehmen, wie du bist. Gehe voller Achtsamkeit und Nachsicht, voller Güte und Hingabe mit dir selbst um, sei gnädig mit dir selbst und achte deine Gefühle.

Euer aller Aufgabe ist, Gottes Herrlichkeit auf Erden zu manifestieren und sein Licht auszustrahlen. Verstehe, dass es nicht unbedingt darauf ankommt, ***was*** du tust, sondern aus welchem Motiv heraus du es tust und in welcher Geisteshaltung. Du kannst jegliche Arbeit, jegliches Tun mit Liebe und Hingabe vollbringen, das ist wahrer Gottesdienst. Und du kannst vermeintlich hochspirituelle Dinge tun, die dir nichts nutzen, wenn die innere Einstellung und das Motiv nicht stimmen. So frage dich, was dir wirklich Spaß machen würde, was du voller Freude tun könntest, nur so kann wieder Licht in deinen Alltag einfließen. Nur Freude und Liebe erhellen dein Leben so, dass es wieder zum strahlenden Zeichen deiner göttlichen Herkunft wird.

Wenn du einfach das tust, was du von Herzen gerne tust, dann wird deine „Aufgabe" dich ganz von selbst finden, du musst sie nicht suchen! Und manchmal kann die Aufgabe auch einfach darin bestehen, nichts „Besonderes" zu tun, sondern einfach ein ganz „normales" Leben zu leben.

So vergiss jetzt einmal deine Suche nach deiner Aufgabe und bleibe einfach im *Jetzt*. Tue immer gerade das, was eben gerade zu tun ist, alles Weitere wird sich finden. Sage: Ich bin bereit, das anzunehmen, was mir zugedacht ist, ich bin bereit, mich dem Licht zu öffnen. Denn jetzt ist die Zeit, dass das Licht sehr stark, sehr konzentriert auf die Erde kommt, und nur wer sich dafür öffnet, wer bereit ist, sich dem hinzugeben, wird es für sich aufnehmen und nutzen können.

Nimm den Druck, den du dir selbst machst, von deinen Schultern und deinem Herzen – du musst im Augenblick keine „große Aufgabe" finden oder vollbringen. Die Aufgabe heißt, *jetzt zu leben.*

Und liebste ..., du bist nicht allein. Vielen Menschen geht es ebenso wie dir. Sie fragen sich, was soll ich tun? Was ist meine Aufgabe? Und sie vergessen darüber, den *Jetzt-Moment* bewusst wahrzunehmen und zu *lieben*! Gib dem Verstand eine Pause und stärke dein Herz an schönen Dingen und erfülle es mit Licht.

Ich lasse jetzt meinen heilenden Strahl zu dir fließen und deinen Körper ganz damit durchdringen. Tauche darin ein und fühle meine Liebe und Kraft. Sei gesegnet!

***Frage** (10 Monate später): Der Freund ihrer Tochter wird demnächst arbeitslos. Ihm wurde gesagt, er habe heilende Hände. Soll er in dieser Richtung etwas machen? Kann sie ihm irgendwie helfen?*

Hilarion
Sei gegrüßt, mein Kind des Lichtes. Ich freue mich sehr über jeden Kontakt mit dir! Wir sind in Liebe zutiefst verbunden, und ICH BIN immer bei dir.

Warum sorgst du dich um ihn? Wenn er heilen möchte, so kann er dies tun, wenn er etwas anderes tun möchte, kann er das auch, wenn er nichts tun will, so kann er auch das. Er hat stets die Wahl, zu tun, was er will. Wenn er dich nach deiner Meinung fragt, so kannst du ihm natürlich einen Rat geben, ansonsten ist es nicht deine Angelegenheit. Auch reicht es nicht, wenn ihm jemand etwas sagt, wenn er nicht selbst den inneren Drang verspürt, dies zu tun. Und um ein reiner, kraftvoller Heilkanal zu sein, ist eine ständige Läuterung aller Körper notwendig.

Meine liebste Schwester des Geistes, schaue gut nach dir selbst und sorge dafür, dass es dir gut geht und du in der hohen Schwingung der Liebe und des Lichtes verweilst. Vertraue darauf, dass du, deine Tochter und auch ihr Freund wunderbar geführt werdet, und so wird es sein. Gib dich dem Leben hin und fließe mit seinem Strom, das ist, was du tun kannst.

Meine Liebe begleitet dich auf all deinen Wegen, denn ICH BIN immer bei dir und in dir. Segen, Segen, Segen allezeit!

Frage: *D. N. ist sich seiner Fähigkeiten und Talente nicht bewusst. Es mangelt an Selbstvertrauen. Er sehnt sich nach einer Tätigkeit, die seiner Berufung entspricht und die er mit Begeisterung ausführen kann. Was muss er tun? Ihm wurde gesagt, er solle sich noch mehr seinem inneren Kanal öffnen, über die Brücke gehen. Was ist das, wie soll er das tun?*

Hilarion

Hebe deine Begrenzungen auf! Stell dir vor, dass du das tun würdest, was einfach nur Freude macht, ganz gleich, ob du damit für andere da wärest und ob du damit Geld verdienen würdest. Lasse auch hier einmal alle bestimmten Erwartungen oder Vorstellungen los und lasse deiner Phantasie freien Lauf! Lass auch die ausgefallensten und verrücktesten Ideen zu und enge dich nicht selbst ein! Was ich dir sagen möchte, ist dies: Für dich wäre dienlich, deine Kreativität nicht zu vernachlässigen, und auch deine Sensibilität ist etwas Wunderbares, was du stets einsetzen kannst.

(Was ist mit der Brücke?) Dies bedeutet, wirklich die bewusste Entscheidung zu treffen, dich ganz und gar dem geistigen Weg zu verschreiben und Gott an die erste Stelle zu setzen. Es bedeutet, dein ganzes Denken, Fühlen und Handeln danach auszurichten und alles darauf zu fokussieren. Es ist die Brücke ins Licht, doch du musst dafür bereit sein und auch hinübergehen wollen.

Bist du bereit? Dann tue deinen bewussten Entschluss kund. Sage: *Ja, ich will!* und so gehst du hinüber.

Frage: *Er möchte den Weg in eine heilerische Tätigkeit gehen. Gibt es noch Hemmschwellen, um in diese Kraft zu kommen?*

Hilarion

Geliebter Bruder des Lichtes, höre auf, dich selbst einzuschränken und dich zu begrenzen. Richte deinen Blick auf das, was alles möglich ist, nicht auf das, was dich scheinbar einengt oder einer freien Entfaltung im Wege steht. Du selbst, deine innere Haltung, dein nicht völlig Geöffnetsein sind die Hindernisse, die einer vollkommenen

Öffnung, einer unbegrenzten Entfaltung im Wege stehen und die du als Hindernisse wahrnimmst.

Wisse, die Welt entsteht in dir! Auch alle Möglichkeiten, alle Macht und alle Kraft liegt allein in dir! Nutze diese und setze sie so ein, dass du dadurch das Licht in der Welt verstärkst. Eine heilerische Tätigkeit ist dafür ebenso geeignet wie jede andere Tätigkeit auch, wenn sie in einem hohen Bewusstsein und aus der Liebe heraus vollbracht wird.

Bevor du anderen wirklich so helfen kannst, dass in ihnen tiefe Heilung geschieht, musst du selbst mit dir im Reinen sein. In dir muss Harmonie herrschen, du musst in der Liebe fest verankert sein, und du musst Gelassenheit und Ruhe ausstrahlen ebenso wie eine innere Sicherheit, die aus einem starken Selbstbewusstsein resultiert.

Das, was heilend für andere Wesen wirkt, ist nicht das, was du tust, sondern ist einzig und allein dein ***Sein!*** Je höher die Schwingung deines Bewusstseins, desto stärker die Wirkung auf dein Umfeld. Deshalb werden die Menschen von den erleuchteten Meistern, die in der höchsten Schwingung verweilen, angezogen wie die Motten vom Licht. Es ist genau dasselbe. Das Licht wirkt wie ein Magnet auf diejenigen, die es selbst noch nicht voll entfaltet haben.

So verstärke dein Licht und dann lasse es leuchten zum Wohle aller! Die Kraft ist da, und wenn das Vertrauen in dein göttliches Wesen stark ist und du dich diesem innersten Leitstern anvertraust, dann kannst du wahrlich Wunder wirken.

Frage: *Wie kann er dahin kommen, in seiner Tätigkeit mehr zu spüren? Wie das sehen, was blockiert?*

Hilarion

Schau, meine liebster Lichtbruder, wie du immer wieder dein Augenmerk auf das richtest, was dich hemmt, was dich vermeintlich blockiert, was dir im Wege steht. Warum willst du sehen, was dich blockiert? Genau diese Gedanken sind die Blockierungen! Liebe, vertraue und lasse die Energie fließen, dann lösen sich alle Blockaden auf, denn dann kann der göttliche Lichtstrom ungehindert ein- und ausfließen. Warum das Augenmerk auf das „Zuwenig" legen, warum nicht dahin schauen, wo das Gute ist?

Je feiner du das wahrnimmst, was du spürst, und das tust du, desto häufiger wird dir bewusst werden, dass du etwas spürst. Mache dir keine Sorgen, dass deine inneren und äußeren Wahrnehmungsorgane nicht fähig genug wären, du hast eine hohe Sensibilität. Übe einfach spielerisch und setze dich nicht selbst unter Druck. Gehe liebevoll und gütig mit dir selbst um!

Du bist ein solch wundervoller Lichtträger, wir achten und ehren dich, so tue du das ebenso!

* * *

***Frage:** Warum hat H. K. nie gefühlt, was ihre Lebensaufgabe ist, und warum tut sie sich damit bis heute schwer?*

Hilarion

Seid mir willkommen.

Ich habe dich in meinen Arm genommen, und du sollst wissen, dass ich dich niemals loslassen werde. Du kannst mich jederzeit rufen, ICH BIN da!

Auf deine Frage antworte ich: weil bis heute anderes „dran" war. All deine bisherigen Erlebnisse waren wichtige Erfahrungen, die für dein spirituelles Wachstum notwendig waren und deine geistige Erkenntnis erweitert haben. Es ging auch darum, mit vielen Menschen Karma aufzulösen und dein Bewusstsein zu öffnen.

Für deine Aufgabe, die noch auf dich wartet, musst du in deinem wahren Wesen verankert sein und die Illusion der Welt durchschauen, wie auch die Fassaden der Menschen. Du hast bereits bemerkt, dass die Menschen nicht das sind, was die Sinne nach außen wahrnehmen. Aber hüte dich davor, nun zu sagen, sie seien in Wahrheit

„böse" oder „schlecht". Denn auch das sind sie nicht, auch das gehört noch zum Spiel auf dieser Erde, der Welt der Täuschung.

In Wahrheit bist du, seid ihr alle göttliche Wesen, die ein Menschenkleid tragen, und ihr alle werdet eure Göttlichkeit erkennen!

(Was ist mit der Lebensaufgabe?)

Sei du selbst, was immer du tust, mit wem du auch zusammen bist!

Deine Aufgabe wird sich ganz klar zeigen, sobald du dafür bereit bist. Bis dahin gib dein Bestes und tue das, was gerade zu tun ist, in dem Bemühen, zu dienen und etwas Gutes auszustrahlen.

***Frage:** Es sind Karawanen von Menschen durch ihr Leben gezogen, bei denen sich zum Teil Abgründe aufgetan haben. Hört das jetzt auf, oder geht das ewig so weiter?*

Hilarion

Meine Liebe, nur das Sein ist ewig, alles andere ist vergänglich. Es war, wie ich eben sagte, wichtig für dich, zu sehen, dass nichts wirklich so ist, wie es erscheint. Wenn du diese Lehre verinnerlichst, brauchst du solcherlei Erfahrungen nicht mehr. Es liegt also an dir, ob nochmals eine „Karawane" dein Leben durchziehen soll oder nicht.

***Frage:** Ihr Lieblingskollege, mit dem sie 16 Jahre zusammen gearbeitet hat, ist vor einem dreiviertel Jahr gestorben. Wie geht es ihm?*

Antwort

(Der Kollege meldet sich selber) ..., meine Liebe, es geht mir gut!

Ich genieße und erfreue mich an den himmlischen Sphären, ich lerne und bin voller Freude und Liebe. Ich sehe deine Entwicklung und nehme Anteil.

Meine Familie hat keinen Grund zur Trauer, denn mir geht es so gut! Ich schaue „herab" und sehe jetzt mein Leben so klar und weiß, was für euch wichtig ist und was nicht.

Ich habe mich sehr schnell entschlossen zu gehen, denn ich kann hier weitergehen und wachsen und lernen. Dies wäre mir so auf der Erde nicht mehr möglich gewesen.

Ich wünsche, dass es euch allen gut gehen möge, und ich bin auch ab und zu bei meiner Familie, um sie zu unterstützen. Doch weiß ich auch, dass ich demnächst weitergehen werde und dann ein Kontakt schwierig sein wird.

Ich drücke jetzt deine Hand und wünsche dir, dass du stets stark sein mögest und auf Gott vertraust!

***Frage:** Woher kommen die Verspannungen im Nacken-Schulterbereich? Welche Therapie kann helfen?*

Hilarion

Anspannungen bedeuten, dass etwas verkrampft, verhärtet ist, d. h. es ist ein Hindernis im Energiefluss da, das zu beseitigen ist. Bitte sage auch hier nicht, das sei „schlecht", sondern nimm es als Zeichen deines Körpers, der dir sagt: Hier ist etwas, was aufzulösen ist. Wenn die Blockade gelöst ist, wird auch der ganze Körper wieder lockerer sein, und den freien Energiefluss wirst du auch als Gelöstheit des Körpers spüren können.

(*Welche Therapie kann helfen?*)

Löse dein angespanntes Denken! Der Geist ist nicht offen und frei, das löst die Blockade aus, dadurch spannt sich der Körper an. Der Stau liegt darin, dass die Verbindung zwischen „oben" und „unten" nicht offen und frei ist. Du bekommst des öfteren Signale deiner Seele, auch Impulse von uns, doch kann dein ständig tätiger Geist sie manchmal nicht wahrnehmen bzw. handelst du nicht danach.

So übe dich darin, sehr aufmerksam zu sein, achtsam auf Zeichen zu schauen und Hinweise der geistigen Welt wahrzunehmen. Achtsamkeit ist wichtig! Doch arbeite mehr mit deinem Herzen als mit dem Verstand. Gehe den Weg des Herzens! Das ist die Anforderung dieser Zeit!

Es wird immer wichtiger werden, auf die Stimme des Herzens zu hören, nur so kannst du wirklich frei werden. Lass alle Begrenzungen und einengenden Gedanken los! *Du bist in Wahrheit frei!* Offenbare die Größe und Göttlichkeit deines wahren Seins! So kann auch frei fließende Fülle strömen, und zwar in allen Bereichen.

***Frage:** Was ist mit ihrem schwachen Nervensystem, woher kommt es, wie kann sie es stärken?*

Hilarion

Auch das ist nicht „schlecht", aus höchster Sicht ist auch dies gut und dir dienlich. Du hast es zwar mitgebracht, was jedoch nicht heißt, dass dies bis ans Ende dieses Erdenlebens so bleiben muss. Hier kann eine spezielle Ernährung hilfreich sein, wichtig wären bestimmte Eiweißstoffe, die deine Nerven stärken können. Was dir jedoch am meisten helfen würde, wäre der Schritt ins absolute *Vertrauen!* Auch hier zeigt sich, dass die Verbindung von „oben" und „unten" nicht ganz offen und frei ist. Auch da ist eine Energieblockade, die zu lösen wäre. (*Wie?!*) Nur die Erkenntnis dessen, was du bist, kann wahre Heilung bringen. Denn wahre Heilung bedeutet eine Heilung von der Illusion, in der du lebst, von dir als Person und von der Welt. Eine Heilung von der Welt der Erscheinungen bringt eine Geburt ins wahre Sein, und das bringt Erlösung von allem Leid, von jeglichem Mangel und von allem Übel.

***Frage:** Ist die Selbständigkeit der richtige Weg?*

Hilarion

Ich sagte schon: Steige aus dem alten Fahrwasser von „richtig" und „falsch" aus! Doch dies kann ich dir sagen, dass es in Zukunft immer wichtiger sein wird, in Gemeinsamkeit zu wirken, unabhängig zu sein, flexibel zu sein und sich nicht auf eine Sache zu fixieren. So solltest du auch einfach ganz offen bleiben und dich nicht so festlegen. Mache dir klar, dass Gottes Fülle überall ist und durch deinen offenen Geist fließen kann. Schränke dich nicht ein, sondern lasse zu, dass neue Möglichkeiten auf dich zukommen können.

Frage: *Ihre Tochter hat eine sehr gute Freundin. Die beiden sind seit 7 Jahren ganz eng befreundet und kleben fast aneinander. Was verbindet sie?*

Hilarion

Sie waren einst eineiige Zwillinge und wurden früh getrennt. So haben sie sich versprochen, sich wiederzutreffen und ein längeres Stück ihres Weges gemeinsam zu gehen. Sie wollten eigentlich nochmals als Zwillinge auf die Welt kommen, aber das war nicht möglich. Sie waren damals übrigens ein gemischtes Pärchen, d. h. Junge und Mädchen.

ICH BIN Hilarion, ich sende dir Licht und Liebe, damit dein Herz davon erfüllt wird und du zum Wohle der Menschen wirken kannst. Meine große Seele, du bist schon so weit! Lass dich nicht von den Menschen verunsichern oder herabziehen. Du bist weise, und du bist stark!

Ich segne dich jetzt.

* * *

Frage: *F. F. hat mit viel Inspiration ein Kinderbuch geschrieben, beim Versuch, es zu veröffentlichen, aber nur Schwierigkeiten gehabt und viel Geld investiert. Jetzt ist der zweite Teil quasi fertig, und sie weiß nicht, was sie damit machen soll. Ist das Schreiben ihr Seelenweg? Was soll sie tun? Sie ist in einem großen Zwiespalt.*

Hilarion

Seid gegrüßt, meine geliebten Sternengeschwister. Ich freue mich, euch behilflich sein zu können.

Was dich beschäftigt, meine liebe ..., ist ein „kopfiges" Problem. Schau, wie viel Energie du da hineinsteckst, wenn du soviel überlegst, was du wie und wann tun oder lassen sollst. Und das bringt dir nur „trouble", wie du leider schmerzlich erfahren musstest. Lass innerlich los, geliebtes Kind des Lichtes, und vertraue der wunderbaren Führung deines inneren Meisters.

So bitte ich dich, im Augenblick nichts zu tun, um einen Verlag zu finden, solange du sozusagen innerlich „vorbelastet" bist und nicht locker an die Sache herangehen kannst. Doch höre nicht auf zu schreiben! Ja, wir geben dir auch weiterhin Inspiration, und du sollst schreiben. Doch lasse dich auch bei der späteren Suche nach einem Verlag von deiner Inspiration leiten und nicht so sehr von deinem Kopf. Bitte darum, den „richtigen" Verlag zu finden, und das wird geschehen. Auch der Zeitpunkt muss stimmen, damit die feinstofflichen Fäden ein Netz ohne Knoten und Webfehler bilden können.

Wir wünschen, dass du schreibst, aber es soll nicht deine einzige Beschäftigung sein und nichts, auf dem du deine finanzielle Sicherheit aufbaust. Es soll dir Spaß machen und viel Freude bereiten. So schau genau hin, wenn Schwierigkeiten oder Hindernisse auftauchen, und prüfe dich, ob du sehr genau auf dein Herz gehört hast oder ob du „mit dem Kopf durch die Wand" wolltest. Es hat keine Eile, lass dir Zeit! Wenn der richtige Zeitpunkt da ist und du gut nach innen lauschst und deinen Eingebungen folgst, so wird sich alles in rechter Weise fügen und wunderbar gelingen, dessen sei versichert.

So lege deine Zweifel ab und vertraue! Bitte um Hilfe und Führung, sie wird dir stets zuteil werden.

Ich segne dich mit meinen Strahlen der Liebe und lasse meine Kraft dich durchströmen. Möge Frieden in deinem Herzen wohnen!

Frage: *B. T. würde sich lieber ihren Aufstiegsprozessen widmen als zur sinnlosen täglichen Arbeit zu gehen. Wie soll sie sich verhalten, um trotzdem noch eine zufriedenstellende Arbeit zu leisten?*

Hilarion

Sei gegrüßt aus dem Reich des Lichtes! Wie schön, dass du mit uns kommunizieren willst, wir freuen uns über jeden Kontakt, den ihr zu uns aufnehmt.

Wenn du deine Arbeit als sinnlos ansiehst, dann frage ich dich, warum tust du sie dann?! Du solltest nichts Sinnloses tun!

Vielleicht ist es jedoch so, dass du lediglich den Sinn nicht erkennen kannst, der ja allem innewohnt. So sage ich nicht, höre auf zu arbeiten und widme dich deinem Aufstieg, sondern ich sage, verrichte deine Arbeit bestmöglich und vor allen Dingen ***in Liebe!***

Du kannst nur aufsteigen, wenn du aus deinem Herzen Liebe fließen lässt, und zwar auf alles und jeden, nicht nur auf ausgesuchte Dinge, die du gerade in „gut" einordnest und die du magst. Nein, es geht darum, ganz in der Liebesschwingung zu bleiben, auch oder gerade wenn die äußeren Umstände schwierig erscheinen oder es Probleme gibt. Solange du deine Arbeit ablehnst und glaubst, es wäre „besser", an deinem Aufstieg zu arbeiten – wie immer du dir das vorstellst – wirst du genau das verhindern, nämlich in die hohe Schwingung der selbstlosen Liebe zu kommen bzw. darin zu bleiben.

So bitte ich dich: *Nimm das an, was ist!* Dies beinhaltet die äußeren Gegebenheiten wie auch Menschen in deinem Umfeld und natürlich *dich selbst.* Ein liebendes Herz ist offen und weit, es ist voller Güte und Nachsicht, es wertet und beurteilt nicht und verurteilt schon gar nicht. Du spürst Unzufriedenheit und Unausgeglichenheit, so bitte ich dich, liebe dich mit all diesen Gefühlen und Gedanken! Liebe dich ohne Einschränkung und mache dir jeden Tag aufs Neue immer wieder bewusst, dass du ein göttliches Geschöpf mit wunderbaren Fähigkeiten bist. Doch diese Fähigkeiten können sich nur dann voll entfalten, wenn du in der wahren Liebe weilst und dich fest in der Liebesschwingung verankerst.

So strahle bewusst immer wieder Liebe aus, gerade an deinem Arbeitsplatz, denn dort wird das ganz besonders benötigt. Du willst eine Lichtarbeiterin sein, dann lasse dein Licht leuchten dort, wo du bist! Tue dort deine Arbeit und erfülle deine Pflicht! Und, ich wiederhole mich, bleibe dabei in der ***Liebe und Freude!*** Wenn du dich für unvollkommen hältst, wenn du unzufrieden bist, wenn du glaubst, anderen ginge es besser als dir, wie willst du in dieser Geisteshaltung aufsteigen?! Erkenne die göttliche Vollkommenheit in allen Dingen und umarme das, was gerade ist. So schwingst du dich hinauf in höchste Höhen, und der Aufstieg geschieht dann einfach von selbst.

Frage: *Wie kann sie sich ihren Gesprächspartnern gegenüber optimal ausdrücken?*

Hilarion

Indem Klarheit in deinem Geiste ist! Du musst wissen, was du sagen willst, du musst das lieben, was du sagen willst, und du musst dabei du selbst sein. Das ist alles. Sprich nicht nur aus dem Verstand, sondern sprich auch mit dem Herzen. Die Menschen werden in dieser Zeit des Umbruchs immer empfänglicher für die Sprache des Herzens, und du kannst dich gut darin üben und sehen, wie das auf deine Gesprächspartner wirkt. Vertraue dir selbst und tue nichts, von dem dein Herz sagt, lasse es.

Frage: *Was wird sich in diesem Jahr beruflich bei ihr ändern und wie soll sie sich verhalten?*

Hilarion

Meine geliebte Lichtschwester, du weißt, dass sich in jedem einzelnen Augenblick die ganze Welt verändert und mit ihr alles, was darauf kreucht und fleucht. Also auch du! So musst auch du jeden Tag viele, viele Male Entscheidungen treffen, und je nachdem, wie diese aussehen, wird dein weiterer Weg verlaufen. Es sind stets Entscheidungen darüber, ob du in den alten Energien der Angst, des Mangels, der Krankheit, des Ärgers, der Unzufriedenheit usw. bleibst oder ob du dich für die Energien der neuen Zeit entscheidest, die da sind ***Liebe, Freude und Fülle.***

Du bist immer diejenige, die die Wahl hat. Du hast auch die Wahl, Veränderungen willkommen zu heißen oder mit Widerstand zu reagieren. Ich sage dir jedoch, wenn du alles, was auf dich zukommt, ***in völliger Liebe und Freude*** umarmst und annimmst, so wird nur noch das zu dir kommen, was für dich das Beste ist und dir zum größten Wohle gereicht. Je mehr Widerstände du aufbaust, um so schwieriger können die Menschen oder Umstände für dich werden.

So schau einfach, was passiert, und wähle für dich das, was sich gut anfühlt, denn da sagt dein Herz, das ist für dich stimmig, diesen Weg sollst du gehen. Höre also auf die Weisheit deines Herzens und habe Vertrauen, dass es dich stets voller Weisheit führt.

Frage: Was ist ihr Seelenauftrag?

Hilarion

Ich habe es bereits mehrfach erwähnt und sage es hier noch einmal ganz ausdrücklich: Dein Auftrag besteht darin, in die höchste Liebesschwingung zu gehen und diese Liebe fest zu verankern, so dass du mithilfst, dass auch andere Seelen sich emporschwingen können und die ganze Erde sich in dieser neuen Energie verankern kann.

Die neue Energie ist die Energie ***der Liebe und Freude***, mache dir das immer wieder bewusst. Gehe immer wieder bewusst in diese Schwingung, bis es dir möglich sein wird, nicht mehr herauszufallen, ganz gleich, was in der äußeren Welt passiert.

Ich segne dich jetzt und hülle dich ein in einen Mantel der Liebe und Kraft. Gehe voller Vertrauen und Zuversicht weiter und wisse, dass stets wunderbare unsichtbare Wesen an deiner Seite sind, um dir zu helfen und dich zu unterstützen. Nimm ihre Hilfe in Anspruch, wenn du möchtest, und vertraue stets auf Gott in dir!

✻ ✻ ✻

Frage: *Sie hat die HP-Prüfung nicht bestanden. Ist es ratsam, die Prüfung zu wiederholen? Benötigt sie diesen Schein für ihre Berufung? Werden überhaupt noch in Zukunft, auch über das Jahr 2012 hinaus, solche Schriftstücke benötigt?*

Hilarion

Meine Liebe umhüllt dich, sei gegrüßt!

Ja, ich sage dir, dass es dienlich für dich wäre, die Prüfung zu wiederholen und den „Schein" zu machen. Dabei spielt keinerlei Rolle, ob er vor oder nach 2012 noch benötigt wird oder ob du ihn „brauchst", weil ihn jemand von dir sehen möchte, sondern weil es für *dich* wichtig ist, die angefangene Aufgabe zu beenden. Jetzt ist jetzt, was irgendwann einmal sein wird, wird sich dann zeigen. So gehe vom Jetzt aus und verliere dich nicht in hypothetischen Mutmaßungen über eine imaginäre Zukunft.

Viele von euch geraten in Gefahr, alles schleifen zu lassen, weil sie sagen, 2012 wird eh alles anders sein. Das ist nicht die richtige Einstellung. Ihr lebt nur *jetzt!* Und davon müsst ihr ausgehen. Wisst ihr denn, was im Jahr 2012 sein wird? Nein, das könnt ihr nicht wissen, also könnt ihr euch auch nicht darauf einstellen und so lange vorausplanen.

Wegen äußerer Umstände „brauchst" du diesen Schein nicht, doch für dein Gefühl, eine solide Basis zu haben, wäre es dienlich. Außerdem bliebe in dir sonst ein leiser Nachgeschmack von „ich habe das nicht geschafft", und du würdest dich besser fühlen, wenn du es „geschafft" hättest.

Doch Eines lass mich dir sagen, um deiner nächsten Frage vorzugreifen. Lerne nicht ununterbrochen, sondern richte dich nach deinem inneren Gefühl, mache Pausen und habe Mut, manches auch einfach nicht zu lernen. Du kannst nicht allen Stoff in dich hineinpauken. Suche dir die Gebiete heraus, die dir zusagen, und lerne hier so und in Maßen, dass es dir noch gut geht dabei. Wichtig ist, dass du tief *vertraust* und im Innersten die Gewissheit spürst, dass *du es schaffen wirst!* Und wenn es so sein soll, werden die Prüfer wohlgesonnen sein, und du wirst die Themen bekommen, auf die du antworten kannst. Und du wirst Hilfe von uns erhalten, wenn du darum bittest, wir stehen selbstverständlich bereit.

Tue das, was du für nötig und richtig erachtest, und lasse dich auf keinen Fall verrückt machen von anderen Prüflingen, wenn du hörst, was sie alles lernen und pauken und büffeln. Das Wichtigste ist, dass du die Prüfung wirklich machen *willst*, dass du auch bereit bist, etwas dafür zu tun, dass du aber dir selbst versprichst, auf deinen inneren Führer zu lauschen, und dass du *vertraust!*

So kann sich alles zum Besten fügen.

Ich sende jetzt meine Strahlen der Zuversicht und Kraft zu dir. Nimm sie auf und trage sie in deinem Herzen. Mein Segen begleitet dich allezeit!

Spiritualität

Meine geliebten göttlichen Menschenkinder, „Spirit" ist Geist, doch nicht der menschliche Geist, sondern hiermit ist gemeint der Eine große Geist, der in allem präsent ist, was existiert. Somit könnt ihr erkennen, dass es nichts gibt, das keinen „Spirit" in sich tragen würde. So gibt es in Wahrheit auch nichts, das nicht „spirituell" wäre. Euer menschlicher Geist trennt in „spirituell" und „nicht spirituell", er erbaut diese Mauer, die euch abschneidet vom Einssein, vom vollkommenen göttlichen Sein.

So kann es für euch nicht darum gehen, spirituell zu sein oder nicht – ihr alle seid es ja in jedem Augenblick – oder spirituelle Handlungen zu vollziehen, um ein spirituelles Ziel zu erreichen – ihr seid ja bereits dort –, es geht allein darum, mehr und mehr Liebe auszustrahlen und euch selbst zu erkennen. Dann werdet ihr wach sein und vollkommen frei.

„Spirituell" zu sein, bedeutet, die Begrenzungen der Persönlichkeit niederzureißen und das höchste Bewusstsein zu verwirklichen. Darum seid still, ruht in eurem Herzen und wisset: ***ICH BIN***.

* * *

Frage: *T. S. hat einen Urlaub in den Bergen geplant, sich jetzt aber die Hand verletzt. Was hat das zu bedeuten?*

Hilarion
Meine innigst geliebte Schwester des Lichtes, mein Kind der Freude, es ist schön, dass du auf diesem Wege Kontakt zu mir aufnimmst, und ich bin gerne bereit, deine Fragen zu beantworten.

Sieh die Dinge, die passiert sind, nicht als Zeichen, dass du nicht dorthin fahren sollst. Aber sieh sie als Zeichen dafür, dass etwas in dir Angst vor der Konfrontation mit dir selbst hat. Im Grunde ist es die tiefe Angst vor der eigenen göttlichen Größe und Macht, die in vielen von euch noch sehr stark ist. Es ist die letzte große Angst, die zu überwinden ist, die Angst vor der eigenen Wirklichkeit.

So sei bereit, dir selbst ins Angesicht zu blicken und dich deiner eigenen Wahrheit zu stellen, egal an welchem Ort im Außen, denn diese Konfrontation findet im Inneren statt.

Du kannst also diese Reise machen, doch sage ich dir, dass du sie nur dann antreten solltest, wenn du, trotz der zuvor angesprochenen Angst, ein gutes Gefühl hast, d. h. wenn deine innere Stimme sagt, ja, es ist o.k. Wenn Zweifel oder andere Ängste da sind, dann prüfe dich gut, ob du reisen willst. Du bist bereit, einen großen Schritt zu tun, doch ein Teil von dir hat davor Angst und möchte dich davon abhalten. Vielleicht spürst du den inneren Zwiespalt, und es zeigt sich auch in einer Unentschlossenheit oder Unklarheit. So wäre hilfreich für dich, bewusst zu sagen: *Ich bin bereit, mich aus dem Alten zu lösen und in die neue Energie zu gehen.*

Auch ein Mantra könnte sehr hilfreich für dich sein, um Klarheit in dir zu schaffen, und damit du wieder „weißt, wo's langgeht".

Sobald du wieder in dir ruhst und Zugang zu deiner Quelle hast, sobald du deine Absicht kundgetan hast, dich zu öffnen und die neue Energie fließen zu lassen, werden sich die äußeren Umstände klären und für dich zum Besten regeln.

Falls du dann in die Berge fahren möchtest, bitte ich dich, achtsam und sehr bewusst zu fahren, denn deine Hand sagt dir, achte auf dich selbst und tue nichts Überflüssiges.

Meine liebe ..., ich hülle dich jetzt ein in einen Mantel der Liebe und Freude. Lass dich davon durchströmen und sei ganz ruhig. Frieden wohnt in dir! Gottes Segen ist mit dir! Sorge dich nicht!

* * *

Frage: *T. Z. möchte wissen, wieviel Prozent seines Karmas noch nicht beglichen sind. Wie lange hat er dafür noch Zeit und was muss er tun, um es am schnellsten zu begleichen?*

Hilarion

Sei mit dem Licht gegrüßt, mein geliebter Herzensbruder.

Ihr verschwendet zuviel Energie damit, Karma auflösen zu wollen, statt dass ihr einfach eure ganze Energie dem Höchsten schenkt, d. h. eure ganze Aufmerksamkeit auf das Höchste richtet, euch beständig mit dem wahren Sein verbindet und dies im Geiste haltet. Dadurch wird alles Karma aufgelöst, denn dadurch verwandeln sich alle dunklen Schatten in strahlendes göttliches Licht.

Es ist nicht mehr viel Karma vorhanden, ja, bei vielen Menschen ist es bereits vollständig „erledigt", und der kleine Rest, der bei dir noch vorhanden ist, wird sich von selbst auflösen, wenn du meinen Rat befolgst und dich lediglich von ganzem Herzen darum bemühst, dein wahres Wesen zu offenbaren und deine Göttlichkeit zu manifestieren. Es sind dafür keine stundenlangen Meditationen nötig, sondern lediglich die konsequente Ausrichtung auf deinen göttlichen Kern.

Bitte halte dich nicht mit solcherlei Gedanken auf, „schnell" ans Ziel zu kommen, dein Karma „schnellstmöglich" zu begleichen, all das trennt dich von deinem wahren Wesen und zeigt dir, dass du dich selbst abtrennst von Gott in dir. Du ***bist*** bereits all das, was du sein möchtest! Du *bist* bereits dort, wo du hinkommen möchtest. Erkenne, was du wirklich bist! Steige aus der Schwingung der Unvollkommenheit und des Mangels, der Angst und Sorgen aus und gehe in die neue Energie der Fülle, der Schönheit und ***Liebe***. Lasse dich vom Fluss des Lebensstroms tragen und fließe mit. Schwinge voller ***Freude*** mit dem Leben mit und wähle ein göttliches Leben.

Frage: *Er vermutet, dass andere Wesen für ihn zuständig sind, von denen er aber im Moment glaubt, dass sie seine Fragen nicht greifbar beantworten können. Ist das so?*

Hilarion

Nein, so kann man das nicht formulieren, dass ich nicht „zuständig" wäre bzw. andere Wesen „zuständig" seien. Natürlich sind Menschen mit dem einen oder anderen Meister oder Engel besonders innig verbunden, jedoch sind stets alle „himmlischen" Wesen zuständig, wenn jemand Hilfe benötigt oder Unterstützung braucht. Ihr unterscheidet zwischen „mir" und „dir", zwischen diesem und jenem Meister, zwischen diesem und jenem. Das entspricht eurem irdischen Verstand, er arbeitet mit diesen Kategorien und „Schubladen". Wir sind jedoch alle lediglich verschiedene Facetten oder Aspekte des großen Einen, wir sind in Wahrheit ein Wesen, eine untrennbare Einheit.

Wisse, dass du immer Hilfe von uns bekommst, wenn du ihrer bedarfst, egal ob du glaubst, dass jemand zuständig sei oder nicht. Darum kümmern wir uns nicht. Wir sehen, wessen ihr bedürft, und geben und dienen gerne in Liebe und mit Freude.

Ich segne dich und umhülle dich jetzt mit einem Mantel der Kraft und Zuversicht. Möge dein Herz sich öffnen und erstrahlen im Glanz der göttlichen Liebe. Wisse, mein innig geliebter Bruder des Lichtes, dass alles gut und vollkommen ist. Segen, Segen, Segen!

* * *

Frage *(eine unter mehreren im Anschluss an eine öffentliche Lesung): T. N. ist in ein Mehrfamilienhaus umgezogen. Hat Angst, etwas falsch gemacht zu haben. Sie hat Kontakt zu ihrem Ziel verloren, zur Vision. Es gibt viel Verwirrung. Wie kann sie ihre Lebensvision verwirklichen?*

Hilarion

Ich grüße dich, meine geliebte Schwester des einen Lichtes.

Schau dir deine Visionen an, was siehst du? Was, glaubst du, ist deine Aufgabe in diesem Leben? Was ist das Wichtigste? Worauf solltest du dein Augenmerk richten? Frage dich, was dein wahres Ziel ist!

Äußere Umstände mögen schön und wichtig sein, aber das Allerwichtigste ist dein inneres Ziel. Dem sollte alles andere untergeordnet werden.

Zentriere dich! Und ich sage dir auch dies: Nimm eine Auszeit für dich! Es wäre für dich dienlich, frei von deinen ganz alltäglichen Umständen auf eine Visionssuche zu gehen. Du hast noch nicht deine „richtige" Vision gefunden, das ist der „Knackpunkt". Aber ich sage dir – du wirst sie finden. Ich bin da. Wir helfen. Du wirst sie verwirklichen, glaube fest daran.

Ich versichere dir, dein Vertrauen wird wachsen und das wird dich bestärken, auch dranzubleiben. Und ich sage nochmals: Das Wichtigste ist dein inneres Ziel – dem ordne alles andere unter!

Mein Segen ist mit dir!

***Frage** (eine Woche später bei einem persönlichen Channeling): Sie möchte Hilfe von höherer Instanz, wenn sie in ihren Emotionen steckt, sowie deine Sichtweise von außen zu ihrer Gesamtsituation. Sie glaubt, verstorbene Seelen mit sich zu tragen. Sie möchte Bestätigung, dass ihr Ich tatsächlich ihr Ich ist, sie ist verwirrt. Was sind tatsächlich ihre Wünsche? Wie kommt sie zu ihrer inneren Lösung?*

Hilarion

Zunächst heiße ich dich willkommen, meine geliebte Schwester des Lichtes. Dein Herz ist geöffnet, das ist schön zu sehen. Doch ist auch zu sehen, dass nicht nur dein Herz geöffnet ist, sondern dass du auch viele Schwingungen in dich hineinlässt, auch jetzt noch, die dir nicht dienlich sind.

Ich möchte dir versichern, dass du dir selbst vertrauen darfst – das, was du bist, bist du! Wenn du sagst, „ich bin", ohne dies oder das, so bist du das wirklich! Auch die sogenannten „anderen" Seelen sind deine eigenen Anteile. Es ist jedoch leichter zu sagen, das war eine fremde Seele, die ich ins Licht geschickt habe, gerade wenn sie dunkel erscheint, als zu sagen, das bin ich selbst.

So darfst du dir sicher sein, dass du es bist, die sagt, „ich bin". Es wäre jedoch wichtig, Klarheit in deinen Willenskörper zu bringen. Hier herrscht Chaos, was bewirkt, dass Dinge und Umstände in dein Leben treten, die du vielleicht nicht magst oder die dir nicht als vollkommen erscheinen.

Meine Liebe, dein Kopf arbeitet sehr viel, und du hast dir dadurch auch schon vieles „erarbeitet". Ich sage dir jedoch, dass das Wichtigste ist, nicht Wissen zu bekommen, sondern intensiv und bewusst hier und jetzt einfach zu ***sein***! Dieses Sein zu spüren, ohne Erklärungen und Worte, das wäre heilsam!

Ich wiederhole mich und sage dir, nimm dir eine Auszeit und gehe auf Visionssuche, dabei wird sich dein Ziel offenbaren. Hier bist du mit so vielen alten Mustern verflochten, die dich gefangenhalten. Diese Verstrickungen binden dich, und das ist zum Beispiel auch das, was deinen Körper in Anspannung hält. Wie willst du inneren Frieden finden, wenn du angespannt bist und wenn dein Körper angespannt ist? Auch das Tor zum freien Fluss der sexuellen Kraft ist verschlossen, aus Angst, dass ein Vulkan explodieren könnte! Hier sitzt die Angst vor dem tatsächlichen Erwachen. Im Grunde hast du Angst davor, frei zu sein, denn die Gefangenschaft bist du gewohnt. Das ist das, was du kennst, und das, was dir vertraut ist.

Es geht kein Weg daran vorbei, dich selbst zu erforschen, und es geht nicht ohne das Erforschen dieses „Ich Bin". Denn das ist es ja, was du bist!

So rate ich dir nochmals, suche dir einen stillen Ort und begib dich auf deine innere Suche. Du hast dich bisher selbst immer wieder davon abgelenkt und dich noch nicht wirklich betrachtet. Dein Verstand ist stark, er möchte gefüttert werden mit Informationen, aber ich sage dir, dass dir das nicht wirklich hilft. Finde ein klares Bild von dir in deinem Inneren, dann wird Ruhe im Herzen sein.

Du kannst nur harmonisch und glücklich leben, wenn die vielen „Altlasten“ dich nicht mehr beschweren, und du kannst diese nur loswerden auf dem Weg der Erkenntnis dessen, was *du bist!* Nur über Selbsterkenntnis gelangst du ans Ziel.

Sieh deinen Ängsten ins Gesicht. Du hast sie lange genug verdrängt. Schau sie an, wie du einen Freund anschaust. Sage „Hallo“ und gib ihnen zu verstehen, dass du sie lange genug mit dir herumgetragen hast – wie die „anderen“ Seelen –, und so wie diese so begleite auch deine Ängste ins Licht und lasse sie gehen.

Du hast im Grunde tiefe Angst vor dir selbst, Angst davor, dir selbst in die Augen zu schauen. Doch die Zeit ist jetzt da, es zu tun. Und ich sage dir, fürchte dich nicht! Nur dieser Weg führt ins Licht!

Frage: *Was ist mit dem Thema Sexualität und der Angst vor einer Schwangerschaft?*

Hilarion

Wenn du kein Kind willst, ist das in Ordnung, jedoch sorge dann dafür, dass du deine Sexualität *angstfrei* leben kannst. Du kannst verschiedene Methoden anwenden, wenn du die Pille nicht nehmen willst, doch auch diese wäre in Ordnung, wenn du sie in dem Bewusstsein nimmst, dass sie deinem Körper nicht schadet. Die Angst „schadet“ dem Körper und dir mehr, als es die Pille tun würde.

* * *

Frage: *Was soll das alles, was U. C. im Augenblick so passiert, mit Brand- und Wasserschaden, Geldmangel, gesundheitlichen Problemen usw. Er weiß überhaupt nicht, wie es weitergehen soll.*

Hilarion

Wir sind immer verbunden! Ich grüße dich, mein geliebter Lichtbruder, und hülle dich jetzt ein in den Glanz der immerwährenden Liebe und Freude.

Ja, es sind in der Tat turbulente Zeiten, und auch du musst einiges durchleben, letztendlich jedoch werden dich diese schwierigen Ereignisse genau dorthin führen, wo du am Ende in Harmonie, Freude und Glück leben kannst.

Du weißt nicht, wie es weitergehen soll, doch ich sage dir, es wird weitergehen! Jeden Tag wird sich etwas Neues ereignen, so dass du im Fluss bleibst und nicht untergehst, denn das ist nicht geplant. Im Gegenteil, du willst mitwirken an der Veränderung der Erde, und du tust es bereits mit dem Licht, das du ausstrahlst. So gib die Hoffnung niemals auf, vertraue und wisse, dass alles einen guten Ausgang haben wird!

Auch wenn die Lage noch so misslich erscheint, höre niemals auf, zu hoffen, zu vertrauen und in deinem inneren Licht verankert zu bleiben. Genau dies ist die Prüfung dieser Zeit, dass ihr lernt, nicht immer wieder aus der hohen Schwingung der Liebe und Freude herauszufallen, sondern dass ihr in dieser Liebesschwingung bleibt, egal, was passiert, egal, welchen „schrecklichen" äußeren Umständen ihr ausgesetzt seid, egal, was andere Menschen tun.

Darum versuche, in der Schwingung der Liebe zu bleiben, auch dann, wenn du traurig bist, wenn du dich ärgerst oder wütend bist, lasse trotzdem Liebe fließen und nimm alles einfach an, was ist. Das ist völliges Annehmen, das ist Hingabe. Du weißt, dass es nichts anderes gibt als Vollkommenheit und Liebe. Ich bitte dich eindringlich, lasse den Strom der Liebe aus deinem Herzen fließen, dann wird auch das Leben so fließen, wie es dir zum größten Wohle gereicht.

Es sind Dinge geschehen, bei denen du dir Vorwürfe gemacht hast, aber das ist dir nicht dienlich. Liebe dich selbst! Nimm dich so an, wie du bist, mit all dem, was du denkst, fühlst und tust. Dann kannst du schauen, ob du anders leben willst, und frei wählen, was du nun erschaffen willst. Als erster Schritt jedoch kommt das vollständige Annehmen, d. h. das zu ***lieben***, was ist!

Die Liebe steht an erster Stelle. Sie ist alles, aus ihr besteht alles, sie ist der Urgrund aller Dinge!

Du bist nichts anderes als Liebe. So strahle diese ***Liebe, die du bist***, bewusst aus, dann wird sich alles zum Besten verändern.

Ich umarme dich und lasse jetzt einen Strom der Freude und des Segens zu dir fließen. Gehe deinen Weg mit Hingabe und strahle Liebe und Freude aus auf alles, was dir begegnet. Gott ist immer in dir! Du bist niemals allein!

❊ ❊ ❊

Frage: *F. B. wurde Anfang dieses Jahres gesagt, dass ihr Karma aufgelöst sei, aber noch einige alte Muster vorhanden seien. Sie bat um die Auflösung dieser alten Muster und möchte wissen, ob alles abgearbeitet ist.*

Hilarion

Im Lichte seist du gegrüßt, meine geliebte Lichtschülerin. Ja, die neue Zeit ist bereits und die neue Energie der Liebe, Freude und Fülle ist auch schon auf der Erde. Für viele bedeutet dies in der Tat, dass Karma „erledigt“ ist und dass alte Muster und Begrenzungen entlassen werden konnten bzw. können. Bei den allermeisten Menschen sitzen jedoch einige Glaubenssätze, Überzeugungen und übernommene Denk- und Verhaltensweisen so tief, dass es doch einiger Zeit und mehrmaligen Bemühens bedarf, um diese vollständig in Licht zu transformieren.

Auch bei dir sitzen noch alte Denkmuster und Überzeugungen im Kopf und in den Körperzellen, die auf der alten Energie der Dualität gründen. Hier gibt es noch „krank“ und „gesund“, „arm“ und „reich“, „gut“ und „schlecht“. Das kannst du selber spüren, dass du dich noch im Denken der Dualität bewegst, sonst hättest du auch manche Fragen nicht gestellt, die du meinem Channel aufgeschrieben hast.

So wäre es für dich dienlich, weiterhin auf deine Gedanken, Gefühle und Worte zu achten und ***bewusst jene auszuwählen, die dir dienlich sind!***

Indem du dich darin übst und das immer wieder praktizierst, kommst du genau dadurch in die höhere Schwingung der göttlichen Schöpferkraft, der Liebe und Freude.

Du hast die Macht, stets das zu wählen, was du willst! Du hast die Macht, dein Leben danach zu erschaffen, ebenso wie Gott die Universen erschafft. Dies ist dein gottgegebenes Erbe und Anrecht, das du wieder bewusst an dich nehmen solltest. In der Zeit der Dualität habt ihr dieses Recht und diese Macht abgegeben, doch nun seid ihr aufgerufen, in höchstem Bewusstsein eine neue Realität zu erschaffen, in der die Liebe Grundlage allen Seins ist.

Du wirst alles „abgearbeitet" haben, wenn du dich nicht mehr in negative Schwingungen herunterziehen lässt, wenn du nicht mehr urteilst, wenn du nur aus der Liebe heraus handelst und die Angstschwingung keine Anziehungskraft mehr für dich hat. Verankere dich fest in der Liebe und der Freude, dann lebst du in und mit der neuen Energie. So kannst du auch für andere Lichtsucher eine große Hilfe sein und ihnen zeigen, wohin der Weg führt.

Frage: *Sie weiß, dass sie ihr Einverständnis für die Partnerschaft gegeben hat, aber vor allem die beiden letzten Jahre waren sehr schwer, und sie versucht in dieser Ehe, soviel wie möglich zu ertragen. Verhält sie sich richtig, oder was wäre für sie das Richtige?*

Hilarion

Geliebtes Kind des Lichtes, wisse, dass es nicht darum geht, etwas zu „erleiden", denn dann bist du in der Opferrolle, die dir jedoch nicht mehr angemessen ist. Es ist auch hier deine Wahl, in dieser Partnerschaft zu bleiben oder nicht, und – wenn du bleibst – diese so zu leben, wie es für dich dienlich ist. Liebe sollte die Grundlage bilden und Vertrauen die Basis jeder Partnerschaft sein. Wenn Liebe und Vertrauen fehlen, besteht auch keine Partnerschaft, dann ist es eine wie auch immer geartete Zweckgemeinschaft, in der jeder den anderen benutzt, um für sich selbst etwas zu bekommen. Natürlich kann eine Partnerschaft zeitweise schwierig sein, daran können alle Beteiligten lernen und sich selbst besser kennenlernen, aber auch in schwierigen Zeiten sollten stets Achtung, Respekt und Liebe füreinander da sein. Meine liebste Lichtschwester, du solltest niemals etwas tun, was für dich in deinem Herzen nicht stimmt. Auch schwerste Phasen im Leben können sich stimmig anfühlen, und oft ist es so, dass gerade hier die Seele große Fortschritte machen kann. In der neuen Energie wird dies allerdings dann nicht mehr so sein, denn die schweren Phasen werden aufhören, und ihr sollt nur noch in Liebe, Freude und Fülle leben. Doch bis ihr darin ganz verankert seid, musst du auf deine innere Stimme hören und dich von ihr leiten lassen, egal, was im Außen passiert oder sich zeigt.

Wenn du wählst, mit deinem Mann gemeinsam weiterzugehen, dann tue das mit einem bewussten Akt der Entscheidung und übernimm die volle Verantwortung für alles, was daraus folgt. Nimm es als Übungsfeld, in der Liebesschwingung und in dir zentriert zu bleiben und dich in der neuen Energie zu verankern.

Frage: *Sie litt viele Jahre unter Angst- und Panikanfällen. Hat sie alles abgearbeitet?*

Hilarion

Du bist schon sehr stark, doch rutschst du ab und zu wieder in die alte Energie der Angst zurück, doch nimm auch dies nicht als Anlass, es zu beurteilen als gut oder schlecht, denn sonst gerätst du dadurch auch wieder in die alte Energie der Dualität. Liebe dich so, wie du bist! Mit all deinen Gedanken und Gefühlen und all deinem Tun. Dies widerspricht nicht dem, was ich zuvor gesagt habe. Denn jetzt geht es darum, etwas zu verändern, nicht aus einem Akt des Beurteilens und Verurteilens heraus, sondern aus dem Bewusstsein des Schöpfertums heraus! Du kannst einfach *wählen*, was du haben möchtest, was du dir erschaffen willst und was nicht. Welch ein grandioser Unterschied! So betrachte einfach, was ist, und wähle neu!

Frage: *Sie hat Ohrgeräusche und bittet euch, nicht so durcheinander zu reden. Sie kann nichts verstehen und hört durch die Ohrgeräusche schlecht.*

Hilarion

Mein liebstes Lichtkind, wir reden nicht durcheinander, es sind viele eigene Gedanken, die du wahrnimmst. So übe zu unterscheiden. Wieder sage ich dir: Wähle diejenigen, die von hoher, aufbauender Schwingung und dir dienlich sind. Jedes Ohrgeräusch ist der Hinweis, sich nach innen zu wenden und auf die innere Stimme zu hören. Versuche, mit deinem Bewusstsein vom Kopf und den Ohren weg zum Herzen zu gehen, und lausche dort, was es spricht. Hier können dich auch keine Ohrgeräusche stören, denn mit dem Herzen zu hören, heißt, eben nicht mit den Ohren zu hören. Gut ist, dies immer nur für kurze Momente zu tun und nicht lange Meditationen zu machen. Setze bewusst die Macht deiner Schöpferkraft ein und wähle bewusst ein vollkommenes Gehör und eine vollkommene Funktion aller Körperzellen. Gehe aus der Dualität heraus und in die Schwingung des Lichtes. Lasse es einfließen in jede Zelle deines Körpers und lade ihn mit Göttlichkeit auf.

Vor allem möchte ich dir noch dieses sagen: ***Wache auf!***

Und lasse mich dir versichern, dass wir gemeinsam gehen, dass ich bei dir bin und dich stets unterstütze, wenn du der Hilfe bedarfst. *Du bist niemals allein!* Dies sage ich jetzt ganz speziell zu dir, um dir Mut und Hoffnung zu geben und dein Vertrauen zu stärken. Meine unendliche Liebe ist bei dir und ich bitte dich sehr, dich selbst auch zu lieben und wertzuschätzen, dich zu achten und mit ***Freude*** dein Leben zu leben. Bleibe offen und bereit, dein Licht auszustrahlen und an der Umwandlung der Erde mitzuwirken.

Ich danke dir zutiefst für all dein Bemühen und für das, was du tust. Wisse, dass wir große Achtung vor euch haben und alles tun, um euch zu unterstützen.

Sei umhüllt von meiner immerwährenden Liebe und lasse dich segnen mit dem Lichte Gottes. Noch einmal möchte ich dir zurufen: *Du bist niemals allein!*

❊ ❊ ❊

***Frage:** F. S. wendet sich an Lady Nada oder ein anderes weibliches Wesen, weil sie ziemlich unten ist. Sie grübelt, kann nicht schlafen, weil sie sich Sorgen macht, dass sie vielleicht aus ihrem Haus ausziehen müssen, da das Geschäft ihres Mannes nicht läuft. Sie braucht aber einen Platz für ihr Arbeiten im Haus. Ist ihr positives Denken illusorisch, ist es ein Fehler, an Wunder zu glauben, oder ist das eher ein Kopf-in-den-Sand-Stecken und die Augen vor der Realität verschließen?*

Lady Nada

Ich grüße dich, meine Blume des Herzens, in der die Liebe zu Hause ist. Meine Freude ist groß, dass du mich rufst.

Ja, es ist eine für euch schwierige Zeit, in der ihr mit Problemen konfrontiert werdet, an die ihr früher nicht einmal entfernt gedacht hättet. Doch so vieles hat sich verändert und die Umstrukturierung auch eures Planeten schreitet so rasch voran, dass ihr einfach nicht mehr im alten Geleise weiterfahren könnt. Doch wisse, meine liebste ..., meine geliebte Herzensschwester, dass du den Weg nicht alleine gehst. Viele deiner Erdengeschwister stehen vor den gleichen „Problemen" und so viele Lichtfreunde begleiten dich.

Meine Liebste, ich sehe die Liebe in deinem Herzen, doch ich sehe auch deine Zweifel und negativen Gedanken, die das Licht trüben. So möchte ich dir versichern: Niemals ist es falsch zu hoffen, zu glauben und zu vertrauen. Denn wahrlich, durch euren Glauben und eure Liebe können Wunder geschehen. Es ist allerdings so, dass du nicht alleine auf der Welt bist, sondern dass mit dir ja viele andere Menschen verbunden sind, und ihr alle wirkt nicht einzeln, sondern gemeinsam und zusammen. Das bedeutet, dass du zwar die Macht und die Kraft der göttlichen Schöpferkraft in dir trägst, doch wenn die Menschen, die mit dir gehen, diese für alte angstvolle Kreationen einsetzen, ist es für dich schwieriger, deine Visionen zu manifestieren. Und eines möchte ich dir eindringlich sagen. Das Wichtigste bei allem Erschaffen ist die ***Liebe***. Je mehr Liebe du in dir hast, je liebevoller deine Gedanken und Gefühle sind, um so wirkungsvoller dein Erschaffen. So lasse nicht ab von deinen positiven Gedanken und Bildern, doch lade sie gänzlich auf mit all deiner Freude und Liebe, dann können sie sich manifestieren. Meine liebste Lichtschwester, wisse, es sind immer Wunder möglich. So viele Wunder geschehen jeden Tag, ja, in jeder Stunde und Minute, doch sie kommen euch nur selten zu Ohren, denn die meisten Menschen tragen sie für sich in ihrem Herzen.

Mein liebstes Kind des Lichtes, wisse, dass die Liebe die größte Macht im Universum ist, dass die Liebe die Macht hat, in einem Moment alles zu verwandeln, dass in der Liebe alles möglich ist und dass nur die Liebe ewig währt.

Wenn du etwas erschaffen willst, so ist wichtig, deinen Geist und deine Körper entsprechend zu klären und deine Energie darauf auszurichten, dann alles mit Liebe „aufzuladen" und dann, und dies ist ein unerlässlicher und wichtiger Schritt, *loszulassen!* Das heißt, dass du deinen Wunsch an die höchste Instanz übergibst und weißt, dass, was immer dann auch geschieht, das Beste für dich ist. Es bedeutet soviel wie: Gottes Wille möge geschehen und ich gebe mich dem hin. Das ist Hingabe an das Leben. Lasst das Leben fließen in Freude und Liebe, ihr geliebten Menschenengel! Warum nur sorgt ihr euch soviel, warum nur macht ihr euch immer und immer wieder so viele dunkle Gedanken und Sorgen. Bleibt in der Liebe, sie ist die höchste Kraft. Lebt in der Liebe, sie ebnet euren Weg.

Wenn Gedanken kommen, gleich welcher Art, so liebe dich dafür! Wenn Gefühle kommen, gleich, wie du sie sonst bewertest, jetzt liebe dich dafür! Wenn du etwas tust, egal, wie auch das beurteilt wird, liebe dich dafür! Weißt du, was das heißt? Es heißt, dich ganz und gar in Liebe anzunehmen, so wie du bist. Ich verurteile nichts, denn ich bin immer in der Liebe.

Liebe das Leben und gib all deine Widerstände auf, sie machen das Leben so schwer. Wenn du ***liebst***, ist alles leicht, denn die Liebe erhebt dich auf ihren Schwingen in höhere Ebenen, und dort gibt es keine dunklen Gedanken und Gefühle, dort ist Licht und Freude!

Liebste Herzensschwester, auch wir wollen, dass du weiterhin so wunderbar arbeitest und dein Licht ausstrahlst. So sage, „ich will", und *dann lasse los!* Und wisse, du hast so wunderbare Helfer und Begleiter an deiner Seite, dass das, was kommen wird, für dich „das Richtige" sein wird.

Wenn du beharrlich bleibst und dich immer wieder auf die Ebene der Liebe und Freude erhebst, tust du den größten Dienst, den ein Mensch für die ganze Erde tun kann. Und wenn du das Gefühl hast, keine Liebe und Freude spüren zu können, so liebe dich dafür! Auch so bleibst du in der Liebe. Was immer dir widerfährt, was immer in dir geschieht, ***liebe es einfach!***

Ich lege jetzt einen Liebesmantel um deine Schultern, möge er dich emporheben aus allen dunklen Schwingungen und dein Herz in neuem Glanz erstrahlen lassen. Meine Liebe ist unendlich groß und unendlich weit. Sie schließt alles darin ein. Auch du bist in mir enthalten und ich bin in dir. In der Liebe sind wir eine Einheit und nichts kann uns jemals trennen.

Du bist ein gesegnetes Kind des Lichtes, und ich liebe dich über alle Maßen!

❊ ❊ ❊

Frage: *Warum ist B. D. hier auf dieser Welt? Irgendetwas stimmt nicht. Wo ist der Sinn? Das Schlechte hat in den letzten Jahren überwogen. Sie ist oft ganz traurig, hat Todessehnsucht. Auf allem liegt ein Schleier. Sie ist unglücklich und fühlt sich nicht frei. Sie fühlt sich überfordert, kann das Gute nicht genießen, hat auch eine Essstörung. Sie ist viel allein und fühlt sich, auch in Gesellschaft von anderen, einsam.*

Hilarion

Sei gegrüßt, mein göttliches Kind. Ja, das bist du wahrlich! Dein innerer göttlicher Kern hat dich durch alle deine Leben begleitet und ist auch jetzt in dir, um dich zu führen, zu stärken und dir stets die Richtung zu weisen.

Du bist so traurig, weil du *dich selbst* nicht spürst, d. h. du isst so maßlos, um dich zu spüren, aber dann merkst du, dass auch das nicht funktioniert. Du kannst dich nur selbst spüren, wenn du dein Selbst wahrnimmst – eben dieses göttliche Wesen, das du bist! Dahin führt nur der Weg ins Herz, der innere Weg. Du kannst in der Welt umherreisen, doch auch da merkst du, dass dir das nicht wirklich hilft.

Du siehst nicht den Sinn deines Erdenlebens, doch ich sage dir, dass du so gewählt hast. Du wolltest dieses Leben, auch genau hier, um endlich den einen großen Schritt zu tun und zu *erwachen* zu dem, was du bist! Du bist deinem Ziel sehr nahe!

Mein geliebtes Gotteskind, du bist so weise! Halte durch! Das Ziel ist wahrlich nahe. Glaube, vertraue und lasse dich nicht von den „Spielchen" deines Verstandes in die Irre führen. Dein Ego spürt genau – bald wird es seine Herrschaft aufgeben müssen, so versucht es immer wieder, dich zu beherrschen und auf „Abwege" zu führen. So lausche immer wieder auf deine innere göttliche Stimme und wisse, *das* ist die *Wahrheit.* Nur hier erwartet dich die Freiheit, nach der deine Seele sich sehnt. Wenn es dir schlecht geht, kann dir helfen, ein Mantra zu rezitieren und dich mit viel Wasser innerlich und äußerlich zu reinigen. Dass du dich in der Natur gut erden kannst, weißt du, so tue das, wann immer du die Möglichkeit dazu hast! Meine Liebe begleitet dich auf jedem deiner Spaziergänge!

Kopf hoch, meine liebste Herzensschwester, das Licht, die Freiheit ist greifbar nahe! Wir halten dir die Hand, damit du den Weg vollenden kannst.

Sei gesegnet, Gott liebt dich über alle Maßen, und seine bedingungslose Liebe ist *in dir!* Gehe deinen Weg weiter mit unserer Hilfe und Kraft.

Ich segne dich jetzt mit meinen Strahlen.

❊ ❊ ❊

***Frage:** I. I. hatte lange Kontakt zu einem Medium, dann ging deren Kraft zurück und es gab Differenzen. Sie hat den Kontakt abgebrochen und möchte wissen, ob es richtig war, ihrer inneren Stimme zu folgen und dies zu tun.*

Hilarion

Licht und Segen! Sei gegrüßt, mein Kind des Lichtes. Ich sage dir Folgendes: Ja, es ist immer gut, der inneren Stimme zu folgen, denn nur sie allein trifft die wirklich richtigen Entscheidungen. So vertraue darauf und mache dir nicht hinterher Vorwürfe oder belaste dich mit Zweifeln. Nimm auch den Kontakt nicht wieder auf, es würde dir nicht gut tun. Allerdings möchte ich dich auch bitten, dir klarzumachen, dass auch du mit involviert warst, was bedeutet, dass es eben *dir* so passiert ist, dass *du* diese Erfahrungen gemacht hast, dass es also mit *dir* zu tun hat. Du hattest Resonanz dafür, nur so konnte es geschehen. Doch lasse mich dir auch sagen, dass euer gemeinsames Karma jetzt „erledigt" und deshalb kein Kontakt mehr nötig ist. So lasse die ganze Angelegenheit in Liebe und Dankbarkeit los und löse dich von negativen Gefühlen wie Ärger, Groll, Vorwürfen und dergleichen.

Versuche, immer unabhängiger von Medien zu werden. Sei dein eigenes Medium! Du hast alles in dir! Und du brauchst auch den Kontakt zu uns nicht fürchten, wenn du die Vergangenheit in Liebe und Dankbarkeit verabschiedet und all denen, die dir irgendetwas „angetan" haben, verziehen hast. Wisse, dass dir in Wahrheit nichts geschehen kann, dass es in Wahrheit nichts außerhalb von dir gibt, dass es deine Illusion ist, die dir sagt, irgendetwas oder irgend jemand sei zum Fürchten oder könne dir Schaden zufügen. Solange du *glaubst*, angreifbar oder verletzbar zu sein, solange wird dies so sein, denn du erschaffst dir diese Realität. So wäre dienlich, dich im Vertrauen zu üben und dir immer wieder bewusst zu machen, dass du beschützt bist, ja vielmehr, dass du in Wahrheit überhaupt nicht des Schutzes bedarfst, weil du nicht verletzt werden kannst! Verankere dies zutiefst in deinem Bewusstsein, dann wirst du stark in dir sein, und die alten Ängste können sich auflösen.

Frage: *Was soll sie beruflich machen? Sie ist aus gesundheitlichen Gründen aus dem Schuldienst raus und könnte jetzt stundenweise an der Klinik arbeiten. Ist das richtig oder vielleicht zu stressig? Was soll sie machen, oder vielleicht im Vertrauen abwarten, dass das Richtige auf sie zukommt?*

Hilarion

Meine liebste Lichtschwester, du kannst natürlich stundenweise in der Klinik arbeiten. Was aber wichtig ist, dass du einfach immer genau spürst, ob es dir gut dabei geht, was dein Körper sagt und dass du nicht über deine Kräfte gehst. Wenn du dies berücksichtigst, ist nichts gegen eine Arbeit dort einzuwenden. Dass es eine vorübergehende Phase wäre, spürst du selbst. Doch dass es für dich besser wäre, als zu Hause „Däumchen zu drehen", ist deiner Seele bewusst, deshalb hat sie sich diese Möglichkeit geschaffen. Mache dir jetzt keine Gedanken oder Sorgen, was danach kommen wird. Wenn der richtige Zeitpunkt da ist, wird es sich offenbaren und du wirst wissen, was es ist. Bleibe voller Vertrauen und fülle dein Herz mit Leichtigkeit und Freude!

Frage: *Sie leidet unter Essstörungen, müsste Süßes weglassen, doch dadurch bekommt sie Depressionen. Sie müsste auch eine Entgiftung machen, aber wie, ohne so kompliziert kochen zu müssen?*

Hilarion

Ja, in der Tat ist eine tiefgehende Reinigung auf allen Ebenen sehr wichtig! Nicht nur der physische Körper muss entgiftet werden, sondern auch die anderen Körper müssen von „Altmüll" gereinigt werden. Dies kann nur durch beständige Bewusstseinsarbeit getan werden. Was die körperliche Ebene betrifft, so ist wichtig, ganz viel reines, geheiligtes Wasser zu trinken, wobei du dir zusätzlich vorstellen kannst, wie es jede einzelne Zelle und jedes Organ durchspült und dabei sämtliche Unreinheiten hinweggenommen werden. Du kannst außerdem die Macht des Klanges einsetzen, indem du z. B. ein Mantra rezitierst und auch hier zusätzlich die Kraft deiner Visualisierung nutzt. Die Ursilbe OM wäre dienlich.

Sehr gut wäre eine ayurvedische Entschlackung, die sehr tiefgreifend wirkt. Alles jedoch immer im Zusammenhang mit der Läuterung der Gedanken- und Gefühlswelt.

Alle Süßigkeiten vollkommen wegzulassen, bekommt dir nicht gut, schau hier genau hin, um das richtige Maß zu finden. Erst wenn du die „innere Süße" gefunden hast, ist es dienlich, auf alle „äußere Süße" zu verzichten. Gib deiner Seele „süße Nahrung", dann wirst du immer weniger stoffliche Süßigkeiten benötigen.

***Frage:** Sie möchte sich in einem Jahr von ihrem Mann trennen. Sie hat Geld gespart, wird sie es dann brauchen oder kann sie es anlegen?*

Hilarion

Was ist *jetzt*? Warum bist du mit deinen Gedanken und Überlegungen in der Zukunft? Was möchtest du *jetzt*? Möchtest du *jetzt* mit deinem Mann zusammensein? Möchtest du *jetzt* mit ihm dein Leben teilen? Was in einem Jahr sein wird, kann sehr anders aussehen, als du es dir vorstellst. Plane nicht so viel voraus, sondern mache *jetzt* dein Leben zu einem strahlenden Abbild deiner Göttlichkeit! Nur jetzt in diesem Moment lebst du, mache dir das klar! Sonst wirst du das Gefühl haben, überhaupt nicht richtig gelebt zu haben.

Ich segne dich jetzt mit meinen Strahlen der Liebe und des Lichtes. Sei umhüllt von dem Glanz der Wahrheit und wisse, dass wir dich begleiten. Du bist niemals allein! Immer sind wunderbare Wesen an deiner Seite, so gehe unbeirrt weiter und vertraue dem wunderbaren Fluss des göttlichen Lebensstromes. Kraft und Frieden seien mit dir!

***Frage:** N. H. fragt, wie es seinem vor einigen Jahren verstorbenen Bruder „drüben" geht?*

Hilarion

ICH BIN immer in deinem Herzen! Sei gegrüßt aus den Sphären des Lichtes und der Liebe.

Ja, ihr musstet damals Abschied nehmen, und das ist bei euch auf der Erde stets mit Kummer und Schmerz verbunden. Ihr müsst dabei lernen, loszulassen und einen Weg zu finden, trotzdem in Freude weiterzuleben.

Der „Tod" eines geliebten Menschen bedeutet immer auch eine große Chance für die, die zurückbleiben, durch diesen Schicksalsschlag in ihrer eigenen Entwicklung zu wachsen. Oftmals ist genau dieses Ereignis der entscheidende Punkt, an dem sich ein „Hinterbliebener" nach innen wendet, Gott zuwendet und nach dem Sinn des Lebens, dem Sinn des Daseins fragt. So helfen diejenigen, die hinübergehen, denen, die zurückbleiben, oftmals sehr.

Auch bei euch war das so. Dein Bruder wußte das in seiner Seele schon lange zuvor, dass dieser frühe Abschied euch allen eine große Hilfe sein würde. Außerdem war seine Erdenzeit beendet, denn die Erfahrungen, die er machen wollte, hatte er gemacht. Jetzt kann er in der geistigen Welt weitergehen und auch von hier aus wirken.

Es geht ihm jetzt gut! Er lässt dich und die Familie ganz innig grüßen und sendet euch jetzt seine Liebe und möchte von Herzen Danke! sagen für die Zeit, die ihr gemeinsam auf Erden wart. Er möchte, dass ihr voller Freude seiner gedenkt, er lässt euch sagen, dass das Lachen euch sehr viel helfen kann, in dieser Welt besser „klarzukommen". Er lässt euch weiterhin sagen, dass ihr immer verbunden sein werdet und dass alles so in Ordnung ist, wie es ist! Ihr werdet euch wiedersehen.

Mein geliebter Lichtbruder, nimm meine Strahlen der Kraft und Wahrheit in dich auf und gehe mit Gottes Segen.

* * *

Frage: *C. G. möchte im Einklang von innen und außen, von Himmel und Erde arbeiten, und er macht das neue Geschäft auch aus der Freude heraus. Es ist eine Herausforderung, ein neues Wirkungsfeld, wobei es ihm dabei auch um die Menschen geht. Kannst du etwas dazu sagen?*

Hilarion

Geliebter Lichtbruder, wir sehen dein Bemühen und deine Freude, und wir freuen uns mit dir!

Ja, das ist euer aller innigster Wunsch und euer eigentliches Ziel: *im Einklang zu sein.* Einklang bedeutet, dass die Schwingungen oder Töne der einzelnen Saiten harmonisch zusammenschwingen und eine göttliche Melodie ergeben.

Jeder Mensch hat eine ihm eigene Frequenz, auf der er schwingt, und wenn er in sich selbst ruht und aus seinem innersten Wesen heraus agiert, dann entsteht eine harmonische Schwingung aller Zellen und aller Körper, und diese Schwingung ergibt zusammen mit anderen Menschen, die ebenso mit sich in Harmonie sind, ein wahrhaft göttliches Lied. Hier ist keine Disharmonie, sondern wunderbarer Einklang.

So verankere dich in der Liebe und bleibe in der Freude, dann bist du ein göttlicher Ton im göttlichen Lied, welches in allen Welten und Universen erklingt.

Ich segne dich und deine Familie mit meinem Licht, möge die Gnade Gottes immer mit dir sein! Lasse die Freude niemals verblassen! Segen, Segen, Segen.

* * *

Frage: *Zunächst möchte sich A. D. für die bereits erhaltenen hilfreichen Antworten bedanken! Mit ihrer Unordnung hat sie immer noch ein großes Problem. Kommt ein Teil, das Nicht-wegwerfen-Können, aus einem früheren Leben? Wenn ja, aus welchem Leben, und kann man das durch Kinesiologie auflösen?*

Hilarion

Mein geliebtes Kind des Lichtes, lasse dich in die Arme schließen und in meiner Liebe baden. Voller Freude grüße ich dich aus dem Reich des Lichtes.

Ja, in der Tat hängt diese tiefsitzende Angst mit früheren Leben zusammen, nicht nur mit einem, sondern mit mehreren. Du musstest mehrmals das, was dir am liebsten war, hergeben und hast daraufhin den Schmerz verdrängt und bist damit nicht „klargekommen". Dieses Thema des Loslassens hat sich dann sozusagen verselbständigt, und es fiel dir immer schwerer, dich von etwas zu trennen. Um mit dem Schmerz weiterleben zu können, hat sich diese Angst auf „harmlose" Dinge verschoben, so wie du es jetzt erlebst. Doch dies kann erlöst werden, auch über Kinesiologie, wenn es jemand macht, der Erfahrung hat und mit inneren Bildern arbeiten kann.

Frage: *Kommen auch ihre vielen „ungeweinten Tränen" aus einem früheren Leben? Kann man das ebenfalls kinesiologisch behandeln? Aus welchem Leben kommt es?*

Hilarion

Alles hängt mit allem zusammen. Es betrifft dasselbe Thema, denn dass du dich von dem trennen musstest, was dir am liebsten war, betraf auch Menschen, die du innig geliebt hast. Auch hier hast du dich dem Schmerz nicht bewusst gestellt, sondern hast deine Gefühle unterdrückt. Aber jetzt bist du bereit, das Alte ans Licht steigen zu lassen, um es in Liebe aufzulösen. Dies wäre möglich über Kinesiologie oder über eine Reise mit Hilfe von inneren Bildern, wobei du den Heilungsprozess dann noch durch feinschwingende Mittel unterstützen kannst.

Es wäre sehr hilfreich, unterstützend viel Wasser zu trinken, da du hiermit jedoch Schwierigkeiten hast, möchte ich dich bitten, zu versuchen, wenigstens morgens etwas Ingwerwasser zu trinken, denn Ingwer hat große heilende und reinigende Kraft. Segne das

Wasser, bevor du es trinkst, und versichere deinem Körper, dass es ihm bekommt und segensreich für ihn sein wird.

Frage: Sie möchte etwas hören zum Thema Karma und Kinderkriegen und Karma und Lebensaufgabe.

Hilarion

Karma ist das, was ihr das „Gesetz von Ursache und Wirkung" nennt. Es bedeutet, dass eure Taten, Worte, Gedanken einen Ausgleich finden, entweder noch in diesem oder in einem späteren Leben und es bedeutet, dass ihr mit all dem, was ihr denkt, sagt und tut, Ursachen setzt, die später eine ganz bestimmte Wirkung haben werden.

Das heißt, alles fällt auf euch zurück, jede Handlung vollbringt ihr damit im Grunde an euch selbst. Nun ist es allerdings so, dass ihr in der neuen Energie und dadurch, dass ihr euch sehr bemüht und weiterentwickelt habt, nicht alle Taten in derselben Form erleiden müsst, sondern dass etwas viel „Kleineres" ausreicht, um das Karma aufzuheben. Viele Menschen sind inzwischen ohne Karma, und wenn ihr eine bestimmte Ebene erreicht habt, häuft ihr auch kein neues Karma mehr an. Dies ist, wie gesagt, jetzt schon bei vielen Menschen so.

Die Lebensaufgabe ist keine zwingende Folge von irgendetwas wie dem Karma, sondern ihr erwählt sie euch aus der Erkenntnis heraus, was eure Seele als sinnvoll für ihren Weg ansieht, wo sie glaubt, am meisten lernen zu können und, hier kommt es doch wieder ins Spiel, wie sie am besten Karma auflösen kann.

Da du jetzt keine Kinder hast, weißt du, dass deine Seele dies so gewählt hat, sonst wäre es anders. Wenn du allerdings den Wunsch verspürst, noch ein Kind zu bekommen, dann wäre das möglich, wenn es eben deinem Lebensentwurf entspricht. Wenn es auch jetzt nicht mehr „klappt", dann hast du kein Leben mit Kindern geplant, und der Wunsch hat ebenfalls etwas mit einem früheren Leben zu tun, in dem du das Liebste, dein Kind, ganz früh loslassen musstest.

Hier könnte hilfreich sein, deinem damaligen Kind einen Brief zu schreiben und dabei einfach all deine Gefühle aufsteigen zu lassen und niederzuschreiben. Wenn du dann das Gefühl hast, du möchtest es einladen, dich in diesem Leben nochmals zu besuchen, dann tue es und heiße es willkommen.

Wenn du das Gefühl hast, du kannst jetzt damit abschließen, dann vollende es vielleicht mit einem kleinen Ritual.

Mein Segen ist mit dir und ich begleite dich. Vertraue dem, was in dir ist, und folge der inneren Weisheit. Nimm täglich mehr Licht auf und lasse deine Liebe ausstrahlen. Die Liebe Gottes ist mit dir!

***Frage** (3 Monate später): Zunächst möchte sie dir danken. Die Aussage, dass ihr Mann wieder arbeiten wird, hat sie bis heute über Wasser gehalten. Er hat seit ca. 8 Tagen stechende Schmerzen, wenn er sich hinlegen oder wieder aufstehen will, zum Teil so schlimm, dass er im Sitzen schlafen musste. Was kann er konkret gegen diese schlimmen Schmerzen tun?*

Hilarion

ICH BIN bereit. Ich begrüße euch, meine geliebten Kinder des Lichtes, und segne euch mit den immerwährenden Strahlen der Liebe, Heilung und Wahrheit. Ich freue mich über jedes dankbare Herz und möchte auch dir meinen Dank sagen, liebste ..., denn das, was ihr auf Erden bewältigt und vollbringt, ist aller Achtung und des Dankes wert.

Was nun die Schmerzen deines Mannes betrifft, so wäre dienlich und sinnvoll, wenn er eine energetische Behandlung erhalten und sich gleichzeitig in die Frage vertiefen würde, was ihm dieser Schmerz mitteilen will.

Jeder Schmerz trägt eine Botschaft in sich, und diese zu ergründen, wäre wichtig. Denn selbst wenn Schmerzmittel helfen, die tiefere Ursache aber nicht behoben wurde, kann keine wirkliche Heilung geschehen.

Ihr fragt, was er konkret tun kann, also sage ich, er muss sich hinsetzen, still sein und sich die Frage stellen, welche Botschaft der

Schmerz für ihn hat. Er kann ganz direkt fragen: „Schmerz, was hast du mir zu sagen?“ Um einer Antwort näherzukommen, kann er auch zum Beispiel jemanden aufsuchen, der über den Körper arbeitet und helfen kann, innere „Knoten“ zu lösen und Blockaden zu beheben.

Auch sollte er laut seine Bereitschaft kundtun, der Botschaft, die er aus seinem Inneren bekommt, zu folgen und Altes gehen zu lassen. Er muss bereit sein, wirklich hinzuschauen und alles, was sich ihm zeigt, in Liebe anzunehmen.

Es ist auch eine Aufforderung seiner Seele, nach innen zu gehen und sich selbst zu erforschen. Denn ein jeder Schmerz ist ein Zeichen dafür, dass ihr nicht im göttlichen Fluss seid, sondern in einer niederen Schwingung der alten Energie.

Möge dein Mann sich auch prüfen, welche Gedanken und Gefühle in ihm vorherrschen, und alle Ebenen läutern und sich mit Licht und Freude erfüllen. Nur die innige Zuwendung zum höchsten Sein und letztendlich das Verschmelzen damit bringt wahre Freiheit und Glückseligkeit.

Ich hülle euch jetzt ein in einen Mantel aus Licht, nehmt es auf und erfüllt eine jede Zelle damit. Dein Mann möge es bewusst durch seinen ganzen Körper fließen lassen und gerade die schmerzenden Bereiche damit durchströmen. Was immer geschieht, ICH BIN bei euch! Wo immer ihr seid, ICH BIN da! Segen, Segen, Segen.

* * *

Frage: *E. K. fragt, welche Rolle Haustiere in unserem Leben spielen und was sie tun kann, damit es ihrem Kater bald wieder besser geht. Er wurde übel zugerichtet und musste zweimal ins Krankenhaus, und das gerade als sie geschäftlich verreisen musste.*

Kann es sein, dass auch Tiere eine Rolle spielen, die uns auf unserem Weg des Erwachens weiterhelfen soll? Wenn ja, warum wurde dann ihr

Kater so arg verletzt? Weil sie sonst nicht so aufgewühlt und aufgerüttelt worden wäre?

Hilarion

Ich segne dich, mein Sternenkind. Wie schön, mit dir zu sprechen, auch wenn der Grund für dich ein schmerzhafter ist. Ich sehe, dass du mit deinem geliebten Kater mitleidest und möchte dir Folgendes übermitteln.

Es ist wohl richtig, dass Tiere mit einem „Gruppenbewusstsein" verbunden sind, und doch hat ein jedes Tier auch einen „individuellen" Teil, der nur diesem Tier zu eigen ist. Auch ist möglich, dass ein Teil der Gruppenseele sich mehr als nur einmal inkarniert, um bei dem gleichen Menschen zu sein. Und da es keinen Zufall gibt, ist natürlich auch das nicht zufällig, dass gerade dieser Kater bei dir „gelandet" ist. Deine Seele hat ihn gerufen, und er war und ist tatsächlich willens und bereit, dir bei deinem Weg ins Licht behilflich zu sein. Es ist sogar so, dass Tiere, die eine tiefe Verbindung zur Quelle haben, auch hier gibt es natürlich Abstufungen, Schmerz und Leid auf sich nehmen, um so ihrem Herrchen zu helfen. Sie nehmen eine Bürde auf sich, die ihrem Herrn hilft, den Weg leichter zu gehen. Dies scheint ein Widerspruch, denn durch das Leid deines Katers hast auch du gelitten, und doch ist es so, dass dir dadurch eine wesentlich schwerere Erfahrung „erspart" bleibt, d. h. nicht mehr gemacht werden muss, die du sonst hättest erleiden müssen.

Eure Verbindung ist sehr tief, und dein Kater weiß vieles, was in dir vor sich geht, was du nicht erahnen würdest. Tiere verstehen es, wesentlich tiefer in die Menschen hineinzuschauen als umgekehrt. Ihre Verbindung zur Quelle ist ja nicht getrübt durch einen logischen Verstand, der die klare Sicht auf das Wahre trübt. Hier sind die Tiere den kleinen Kindern sehr ähnlich, von denen ihr auch viel lernen könnt.

So danke ihm zutiefst für seinen Liebesdienst, denn nichts anderes ist es gewesen. Und bitte mache dir keine Schuldgefühle oder Vorwürfe, dass du nicht bei ihm geblieben bist. Dies war nicht möglich, und so ist es in Ordnung. Dass dein Mann das Weitere erledigen musste, war wichtig für ihn.

Du kannst mit ihm auf der Seelenebene sprechen und ihm sagen, dass du ihn innerlich vollkommen freilässt. Das heißt, wenn die Zeit gekommen ist, dass er gehen will, dann wirst du ihn gehen lassen. Sende ihm Strahlen der Liebe und stelle ihn dir in einem leuchtenden Lichtkranz vor. Sieh ihn vollkommen gesund und voller Freude, das ist das Heilsamste, was du für ihn tun kannst. *(Ich habe erfahren, dass er inzwischen wieder ganz gesund ist!)*

So viel Licht ist in dir, lasse es ausströmen und schenke es der Welt.

Ich nehme dich jetzt in meine Arme und hülle dich ein in einen Mantel der göttlichen Liebe. Spüre meine Kraft und meine segnende Hand. Unsere Herzen sind eins in der Liebe, ja, wir sind zutiefst verbunden.

* * *

Frage: *I. F. war zusammen mit ihrem Mann in Thailand in dem Tsunami und beide haben überlebt. Warum? Warum mussten sie das miterleben und warum haben sie beide überlebt, obwohl sie direkt am Strand waren, als die Welle kam? Was hatte das alles für sie zu bedeuten?*

Hilarion

Meine geliebten Licht-Geschwister, seid gegrüßt. Ich bin Hilarion, ein Meister des Lichtes, der Heilung und der Wahrheit. So lass mich zu dir aus der Wahrheit sprechen und dir heilende Worte senden.

Das, was ihr erlebt habt, war aus mehreren Gründen wichtig für euch. Zum einen hat es euch gezeigt, dass es *keinen Tod gibt!* Das, was der Mensch ist, hört nicht auf zu sein, wenn er sein Körperkleid ablegt, sondern er existiert weiter in anderer Form, als du dich jetzt wahrnimmst. Und dieses *Wissen,* das aus der Erfahrung stammt, könnt ihr nun in euer Leben zum Wohle vieler Menschen einfließen lassen. So behaltet diese Erfahrung nicht für euch, sondern teilt sie mit anderen Menschen.

Weiterhin wisst ihr nun, dass sich eure Seelen entschieden haben, beim Aufstieg der Erde dabeizusein, denn ihr habt die Wahl getroffen hierzubleiben. Diese Wahl stand und steht jetzt bei allen Menschen an, sie wird in der Seele getroffen, und die meisten bekommen es nicht so mit wie ihr durch dieses Erlebnis. Auch deshalb sind so viele bei dieser „Katastrophe" gegangen, weil sie sich entschieden und bewusst gewählt haben zu gehen. Für sie war die Zeit der Höhertransformation noch nicht gekommen. Sie wollten beim Aufstieg nicht dabei sein, so sind sie gegangen. Ihr wollt dabei sein, deshalb habt ihr „überlebt".

Und noch ein weiterer Punkt ist wichtig. Dass ihr beide euch aus vielen früheren Existenzen kennt, wisst ihr vielleicht bereits. Somit verbindet euch natürlich auch gemeinsames Karma. Und diese Flut habt ihr gemeinsam ausgewählt, um gemeinsames Karma aufzulösen, so dass ihr nun befreit weitergehen könnt. Das war auch der Grund, weshalb dein Mann nicht weit von dir weggespült wurde, denn so konnte er dich retten und etwas wiedergutmachen, was er dir, um es mit euren Worten zu formulieren, schuldig war.

Weiterhin waren diese Erfahrungen nach der Flut wichtig, damit ihr sehen konntet, dass ihr in der Not Hilfe bekommt, dass ihr wunderbare geistige Helfer habt und euch auch auf eure innere Führung verlassen könnt! Ihr wart ehemals schon einmal in einer ähnlichen Situation, damals habt ihr beide die Hoffnung fahren lassen und seid „gestorben", weil ihr kein Vertrauen hattet. Eure Hoffnungslosigkeit hat euch getötet, diesmal wolltet ihr die gegenteilige Erfahrung machen, und euer Vertrauen hat euch die Hilfen geschenkt, die nötig waren.

Ihr habt „überlebt", doch wisst ihr nun, dass auf der anderen Seite nicht der Tod gewartet hätte, sondern dass das Leben weitergegangen wäre, lediglich in anderer Form. Und so wisst ihr auch, dass all die „Flutopfer" nicht gestorben sind, sondern dass sie auf einer anderen Ebene weiterleben und nach wie vor *sind.*

Meine geliebte Licht-Schwester, lass dich einhüllen in einen Mantel des Lichtes. Mögest du strahlen und dieses Licht an viele, viele Seelen weitergeben, die auch auf dem Weg sind, auf dem Weg in die Freiheit und ins Licht.

❋ ❋ ❋

Frage: *Es herrscht ein bisschen Verwirrung über die Begriffe Seele, Höheres Selbst, innere Stimme, Gott. L. S. möchte wissen: Was ist was?*

Hilarion

Ich begrüße dich, mein geliebter Bruder des Einen strahlenden Lichtes. Der Glanz der Wahrheit möge dich stets umhüllen und dein Leitstern sein. Lass immer die Wahrheit in deinem Herzen leuchten, sie wird dir stets den Weg weisen, der für dich und alle Wesen der richtige ist, derjenige, der dem Wohle aller dient.

Ich sehe ein großes Herz voller Liebe und Wohlwollen, auch eine große Offenheit und viel Bereitschaft, dich auf das einzulassen, was dein Weg mit sich bringt. Doch lasse mich auf deine erste Frage antworten.

Es liegt in der Natur der Sprache, dass dadurch Missverständnisse entstehen und die Wahrheit verhüllt wird. Die Wahrheit kann nicht in Worten ausgedrückt werden, und das, was du bist, ist nichts als *Wahrheit, Licht und Liebe! Das bist du!* Höre auf, dich selbst und andere einteilen zu wollen in dieses und jenes, das bringt nur Verwirrung, sondern sieh das, was du wirklich bist: weder „Seele“ noch „Höheres Selbst“, noch dies oder das, sondern einfach reines Sein oder Ist-Heit.

Ich weiß, was du wissen willst, doch wenn ich dir hier eine Abhandlung gebe, wird dieses „Wissen“ nicht von Nutzen sein. Ich bitte dich aber, tatsächlich der Frage nachzugehen, wer du in Wahrheit bist. Denn wenn ich dir sage, dass du reines Sein bist, so nutzt dir auch dieses Wissen nichts, denn du musst es selbst erfahren und eben *sein*!

Tauche oftmals ein in dieses Sein und erinnere dich daran, was du alles *nicht* bist. Dies wäre für dich ein Weg, den du leicht beschreiten könntest, um Klarheit zu bekommen. Alles, was sich wandelt, was der Veränderung unterworfen ist, das bist du nicht! Denn das wahre Sein ist unwandelbar und ewig.

Frage: *Er wünscht sich eine klare Verbindung zu seinem inneren Kern, zum Herzen. Wenn er das tun möchte, macht er selber zu, es ist ein Nebel da, was ist das? Wie kann er in Kontakt kommen? Gibt es eine Übung für jetzt? Kann der Stein (ein bestimmter Kristall) helfen?*

Hilarion

Das Symbol des Pentagramms kann hilfreich für dich sein, du kannst es malen und dann mit deinen Augen betrachten, um besseren Kontakt zu bekommen, du kannst es dir aber auch mit deinen inneren Augen vorstellen, und zwar so, dass du es in leuchtendem Violett siehst und in der Mitte einen strahlenden Punkt. Von diesem strahlenden Punkt geht ein Lichtstrahl aus, der in dein Herz trifft, das stellt die Verbindung zum innersten Sein dar. Wenn du möchtest, kannst du den Stein des Herzens in die Mitte legen und den Lichtstrahl durch ihn hindurchführen. Nach deiner Meditation kannst du dann diesen Stein z. B. bei dir tragen, um so die Verbindung zu stärken oder aufrechtzuerhalten.

Frage: *Wie ist das mit dem Erschaffen, soll man sich ein genaues Bild machen oder unbegrenzt denken? Wie kann er konkret vorgehen, um zu erschaffen?*

Hilarion

Es ist in der Tat so, dass es dienlich ist, dir genau vorzustellen, was du erschaffen willst, falls du das genau weißt. Zunächst muss ein Bild im Geiste erschaffen und mit Energie und Gefühl aufgeladen werden, dann erst kann es sich in der Materie manifestieren. Doch eines ist wichtig, dass du nicht „mit Gewalt" erschaffen willst, sondern dass du, nachdem du dein geistiges Bild kreiert hast, wirklich ganz loslässt, mit dem Wunsch, es möge sich zum Wohle des Ganzen realisieren. Zunächst bündle deine ganze Kraft und Energie auf einen Punkt, lasse sie nicht hierhin und dorthin zerfließen, doch dann lasse wirklich los! Und sei bereit, es so anzunehmen, wie es sich dann manifestiert!

Sei offen und bereit, so kann alles zu dir kommen, wie es für dich am besten ist.

(Er möchte von seiner Aufgabe leben können und die zwei anstrengenden Jobs lassen.)

Wichtig ist, dass du *bewusst* deine Schöpferkraft wieder an dich nimmst! Mache dir bewusst, *dass* du erschaffst! Mache dir bewusst, dass du allein für dein Leben verantwortlich bist, und mache dir auch bewusst, dass du weder jemand anderem eine Rechenschaft schuldig bist noch dass du „Opfer" irgendwelcher Umstände oder Menschen bist.

Lade bewusst die Schönheit und Fülle der neuen Energie ein, durch dich zu fließen und mit ihr zu schwingen, und gehe bewusst aus der alten Energie der Angst und des Mangels heraus, ja, das ist möglich! Mache dir bewusst, dass du deine Gedanken und Gefühle wählen kannst, so wähle diejenigen, die dir dienlich sind.

Wenn du kein klares inneres Bild von dem hast, was du dir wünschst, so sprich einfach die Worte: Ich erschaffe jetzt meine Welt, wie sie mir zum Besten dient und zum Wohle des Ganzen. Licht und Liebe mögen ihre Träger sein und die Wahrheit sie durchdringen.

***Frage:** Er hat noch eine Frage zum Erschaffen. Er hat das Gefühl, dass er „es" alleine schaffen muss, und es macht sich einerseits ein Überforderungsgefühl breit und andererseits ein hochmütiges Gefühl. Beugt er sich nicht demütig vor dem Leben selbst? Wo hakt es bei ihm? Beten fällt ihm schwer, da sich sein persönliches Gottesbild verflüchtigt hat, außerdem trägt er noch einen alten Groll gegen Gott in sich, der hartnäckig bei ihm bleibt, was er auch dagegen tut.*

Hilarion
Gerne können wir beginnen. So lasse dich in meine Arme schließen, mein geliebtes Lichtkind.

Ihr tut nichts anders als ständig zu erschaffen, nur geschieht dies zumeist nicht bewusst, aber ständig erschafft ihr euch eure Welt. Dies geschieht mittels der unermesslichen Schöpferkraft in euch und dank eures freien Willens.

Doch unterliege nicht dem Irrtum, dass das persönliche Ego diese Macht besäße, die hat es nicht. Es ist die Göttlichkeit in dir, welche diese Kraft, etwas in die Wirklichkeit zu realisieren, besitzt. Wenn du dir das klarmachst, werden die „Überheblichkeitsgefühle" wahrscheinlich vergehen, denn dann weißt du, dass du *ohne Gott* keinerlei Macht oder Kraft besitzt. Wenn es nicht nach Gottes Willen wäre, könntest du nicht einmal den kleinen Finger bewegen.

Mit Gott ist ***alles*** möglich, ohne Ihn nichts. Deshalb ist es so wichtig, dass du dir vergegenwärtigst, dass du göttlich bist und dass du tief in das ICH BIN eintauchst, um diese Schöpferkraft eben bewusst einsetzen zu können. So wird dir damit auch klar werden, dass du nichts alleine schaffen musst, ja, dass du im Gegenteil gar nichts alleine schaffen kannst! Außerdem sind auch wir, deine geistigen Brüder und Schwestern, immer bei euch, um euch zu unterstützen, wenn ihr das wollt.

Dein „alter Groll" gegen Gott hängt mit deinem alten persönlichen Gottesbild zusammen, gegen das er sich richtet. Je klarer du siehst, je mehr dein Bewusstsein sich ausweitet, um so deutlicher wird dir werden, dass Gott das Leben ist, das Sein, die Ist-Heit. Und du hast Recht, dass dieses Sein, wenn du es erfährst, etwas zutiefst „Persönliches" hat. Du würdest es so empfinden, weil du selbst es ja bist, weil es in dir und außerhalb von dir nichts anderes gibt.

Wenn dir das Beten schwerfällt, dann lasse es. Wichtig ist, dass du dein Bewusstsein einfach immer wieder mit „göttlichem Inhalt" füllst, dass du es ausweitest und Gedanken der Liebe, Freude und Wahrheit darin wohnen lässt. Jede Arbeit kann ein Gebet sein, wenn sie voller Liebe und Hingabe verrichtet wird, selbst wenn es eine Arbeit ist, die ihr als „niedrig" bewertet.

Versuche immer wieder, einfach nur das Sein selbst zu spüren, und sei dankbar dafür, dass du *bist*. Das Sein ist ein großes Mysterium, so erforsche dich mit der Frage: Was bin ich? Mache dir klar, was dir dieses Leben ermöglicht, dass du dadurch, dass du jetzt auf dieser Erde lebst, wirklich frei werden kannst! Welch ein göttliches Geschenk!

Wir lieben dich sehr und wir sind im Herzen verbunden. Lass uns gemeinsam weitergehen. Erfülle dein Herz mit Licht und Freude und strahle die Liebe, die darin wohnt, aus auf alle, denen du begegnest. Gottes Segen ist mit dir allezeit.

* * *

Frage: *A. P. möchte den 3. Reikigrad machen, auch um besseren Kontakt zu dir zu bekommen. Wie kann sie wirklichen Kontakt zur geistigen Welt erfahren?*

Hilarion

Meine liebste Lichtschwester, ich grüße dich und lasse meinen Segen auf dir ruhen.

Wenn du das machen möchtest, dann tue es. Allerdings ist es nicht von Bedeutung, ob du den 1., 2., oder soundsovielten Grad hast oder sonst etwas. Was zählt, ist deine Motivation, dein Bewusstsein, deine Einstellung und vor allem ***deine Liebe und deine Hingabe!*** Wenn du einfach tust, was du vom Herzen her tun willst, so ist das in Ordnung. Versuche nicht, die Welt zu verändern oder die Menschen verbessern zu wollen.

Um besseren Kontakt zu mir, zur geistigen Welt zu bekommen, ist nötig, dass du dich immer wieder einfach ganz ruhig und still nach innen wendest, ohne etwas Besonderes zu erwarten oder zu verlangen. Sei einfach ganz still und schaue nach innen. Und wenn du nichts siehst, hörst oder fühlst, so nimm einfach dieses „Nichts" wahr! Wenn du ein bestimmtes Ereignis noch einmal wiederholt haben möchtest, so verhinderst du dadurch neue Erfahrungen. So lass das und sei einfach offen und bereit. Stell dir vor, du seiest eine leere Schale, in die ein goldener Lichtstrom fließt und sie erfüllt.

Und wisse, auch wenn du nichts hörst, siehst oder spürst, Ich Bin trotzdem da. Wenn du eine Frage an uns stellst, so nimm als Antwort den *allerersten Gedanken* wahr, der dir in den Sinn schießt, schreibe vielleicht auf, was du denkst, lass es einfach fließen. Kommunikation geschieht auf vielerlei Art und Weise, und du hast besonders Zugang über die Musik. So nimm sie als Hilfe, um dich im Kontakt mit uns zu üben. Sie hilft dir dabei, in die „richtige" Stimmung zu kommen und dich „einzuklinken".

***Frage:** Handelt sie bezüglich ihrer Mutter richtig oder kann sie sie irgendwie unterstützen?*

Hilarion

Verstehe, dass du deinen Weg gehst und deine Mutter den ihren. Niemand kann das für den anderen tun, jeder muss seinen Weg selbst gehen, den er gewählt hat. Was du tun kannst, ist, liebevolle, aufbauende Gedanken für deine Mutter, auch für deinen Vater!, zu pflegen und sie dadurch zu stärken.

Ihr erntet, was ihr einst gesät habt, und ihr tragt ein Schicksal, das ihr euch erwählt habt, um alte „Schuld" auszugleichen und Karma aufzulösen. Sicherlich ist dir das bewusst, und ich verstehe, dass es nicht leicht fällt, das Leid der Eltern zu sehen und nicht verhindern zu können.

Doch erinnere dich: Dieses Leben ist nur eine Sekunde in der Ewigkeit. Es ist wie ein kurzes Aufblitzen am Himmel, es ist nicht das grenzenlose, zeitlose, formlose Sein, es ist ein Spiel, das ihr spielt! Bleibe in dir selbst zentriert und lass dich nicht in einen Gefühlsstrudel ziehen, das nutzt niemandem. Je stärker du in dir bist, desto hilfreicher ist das für die Menschen, mit denen du verbunden bist.

Schließe deine Eltern in dein Gebet mit ein, jedoch ist wichtig, dass du bekräftigende Worte gebrauchst, die dich und sie an den göttlichen Strom anschließen.

Ich schließe dich jetzt in meine Arme und segne dich. Nimm meine heilende Schwingung ganz tief auf und lass dich davon berühren.

❊ ❊ ❊

Frage: *G. D. hat Angst vor Krankheit und davor, dass ihr etwas passieren könnte. Sie denkt, dass es im Grunde die Angst vor dem Tod ist. Was kann sie tun?*

Hilarion

Mein liebstes Kind des Lichtes, ich nehme dich in meine Arme und möchte dich ganz einhüllen in meine stärkende und schützende Strahlung.

Dass deine Ängste irreal sind, weißt du, dass du sie deshalb auch nicht mit Hilfe deines Verstandes oder über ihn ausräumen kannst, ist sicher auch für dich verständlich. Hier geht es um deine Gefühlswelt und um viele alte Erinnerungen und Schmerzen. Sie sollen und können jetzt losgelassen werden. Allerdings brauchst du dafür jemanden, der dir dabei hilft. Wichtig wäre, diese alten Gefühle und Erlebnisse, die jetzt noch in deinen Körpern gespeichert sind, in Liebe und voller Dankbarkeit zu entlassen und dich für ein „neues“ Leben ohne sie zu entscheiden. Wichtig bei deiner Therapie ist, wie gesagt, unbedingt den Körper mit einzubeziehen und auch Emotional- und Mentalkörper sozusagen umzuprogrammieren. Es muss auf allen Ebenen Erlösung stattfinden, dann wirst du frei und voller Freude weitergehen können.

Meine geliebte ..., verstehe, dass du letztendlich Angst hast, deinen Körper zu verlieren, das heißt, dass er tatsächlich sterben könnte, und ich sage dir, das ist so, weil du in relativ kurzer Abfolge mehrmals deinen Körper abgelegt hast, und das unter traumatischen Umständen, so dass du keine Gelegenheit hattest, dich in Ruhe auf den „Tod“ vorzubereiten. Du wurdest einfach aus dem Leben gerissen, und dieser Schock steckt noch in deinem Körper. Deine Seele weiß, sie hat es ja erlebt, dass es auch ohne den physischen Körper weitergeht, aber deine „niederen“ Körper leben noch mit diesen alten gespeicherten Informationen und Erinnerungen.

So mache dir klar, dass es keine Ängste sind, die mit deinem jetzigen Leben zu tun haben, das heißt, *jetzt* bedroht dich keine Krankheit und nicht der körperliche Tod, sondern es sind gespeicherte Gefühle und Gedanken, die dir jetzt nicht mehr dienlich sind und die du deshalb jetzt auch loslassen kannst.

Dass du der Angst nicht davonlaufen kannst, hast du sicher bereits gemerkt, d. h. du kannst ihr nicht entgehen, indem du dich zum Beispiel in eine Ecke verkriechst und die Augen zumachst. Im Gegenteil, solange du gegen sie angehst, sie bekämpfst, gibst du ihr Macht und sie kann dich beherrschen. Du kannst ihr nur begegnen mit dem Licht des Bewusstseins. Deshalb wäre auch hilfreich, diese alten Erinnerungen ins Bewusstsein zu heben, dann könnten sie sich von selbst auflösen. Du musst keinen Kampf gegen die Angst führen, du kannst sie nur auflösen, und dieses Auflösen kann geschehen, indem du die ursprüngliche Situation, die die Angst ausgelöst hat, ins Bewusstsein lässt. Hierfür kannst du dir die Möglichkeit wählen, die dir am ehesten zusagt und bei der du dich wohlfühlst.

Mein Kind des Lichtes, *fürchte dich nicht, denn ich bin bei dir!* So erinnere dich in Momenten, wo du spürst, dass du in das alte Angstmuster abrutschst, an deinen göttlichen Kern und halte ihn im Bewusstsein.

Danke Gott für seine Hilfe und rufe mich, wenn du das Gefühl hast, Unterstützung zu brauchen. Wir stehen jederzeit bereit und helfen gern.

Ich umhülle dich jetzt mit meinen Strahlen der Liebe und der Heilung, damit du die Kraft haben mögest, dich aus den Fesseln der Vergangenheit zu befreien! Sei gesegnet mit dem Licht Gottes!

Frage *(2 Monate später): Kommen ihre Ängste aus der Kindheit, wenn ja, wann genau war die Ursache?*

Hilarion

Mein geliebtes Kind des Lichtes. Es ist nicht möglich, deine Ängste auf einen Punkt zurückzuführen, denn mehrere Dinge spielen eine Rolle. Man kann nicht sagen, dieses oder jenes Ereignis ist die alleinige Ursache dafür. Deine Kindheit spielt insofern eine Rolle dabei, als du nicht gelernt hast, dir selbst zu vertrauen, du wurdest nicht ermutigt, Dinge selbst zu erledigen und herauszufinden, sondern du bekamst oft entmutigende Worte zu hören, die dein Selbstbewusstsein nicht gestärkt, sondern geschwächt haben. Das können „kleine" Dinge oder auf den ersten Blick völlig unbedeutende Aussagen gewesen sein, in der Summe jedoch haben sie dich im Innersten geschwächt und dir den Glauben an dich selbst genommen.

Eine weitere Ursache liegt viel weiter zurück, nämlich darin, dass du dich, bevor du in dieses Leben tratest, entschieden hast, über diesen Weg zu gehen. Allerdings hast du dich auch entschlossen, in diesem Leben diese Ängste hinter dir zu lassen! Du kannst das Ziel erreichen.

Ein Grund, weshalb deine Ängste noch nicht verschwunden sind, ist der, dass du ihnen nicht wirklich ins Auge schaust. Ich habe hierüber bereits zu dir gesprochen. Du musst dich der Angst stellen, nur so kannst du sie wirklich ein für allemal auflösen! Helfen kann dir hierbei jemand, der darin Erfahrung hat und dich mit starker Hand begleitet. Du musst mutig sein und entschlossen, der Angst ins Auge zu blicken, dann kannst du sie auflösen.

Meine Liebesstrahlung fließt jetzt zu dir und mein Frieden umhüllt dich. Gehe mit Gottes Segen!

* * *

Frage: *B. I. möchte wissen, wie die Aussage, dass wir stets Hilfe aus der geistigen Welt bekommen, und die schrecklichen Katastrophen, die sich ereignen, zusammenpassen? Warum könnt ihr diese schlimmen Ereignisse nicht abschwächen?*

Hilarion
Wir helfen bei euren inneren Prozessen, und gerade bei solchen „schlimmen Katastrophen" geschieht sehr viel Transformation, nicht nur für den einzelnen Menschen, sondern für die ganze Erde. Ihr seht nur das äußere Leid, die äußere Zerstörung, aber ich sage euch, dieser Reinigungsprozess ist notwendig, denn hierdurch geschieht Veränderung auf allen Ebenen. Nur wenn das Alte aufgelöst wird, kann etwas Neues entstehen. Wir helfen in der Tat ununterbrochen, doch das nehmt ihr nicht wahr. Und, meine Liebe, woher weißt du, was für einen Menschen jeweils das „Beste" oder das „Schlechteste" ist? Viele Menschen werden auch in der nächsten Zeit noch hinübergehen, weil sie sich entschieden haben, nicht hierzubleiben, sondern „drüben" weiterzugehen.

Und es entspricht immer noch eurem irdischen Bewusstsein, dass eine „Katastrophe" nötig ist, damit eine große Anzahl von Menschen hinübergehen kann. Nur ein völlig Befreiter kann sagen: Jetzt gehe ich, und er geht ohne Krankheit, ohne äußere Einflüsse, Unfall oder eine „Katastrophe".

Außerdem vergesst ihr, dass auch die Erde ein Lebewesen ist wie ihr, dass sie ebenso durch den Transformationsprozess geht wie ihr. Wenn ihr z. B. eine Grippe oder eine Lähmung habt oder unter Schmerzen leidet, so sind es bei der Erde Wirbelstürme, Flutwellen, Vulkanausbrüche, Erdbeben und dergleichen. Die Erde als Ganzes wird transformiert, das geht nicht ab, ohne dass gravierende Veränderungen geschehen. Und Veränderungen sind oft schmerzhaft, das wisst ihr nur zu gut aus eigener Erfahrung.

So hadert nicht mit dem, was passiert. In Gottes Schöpfung gibt es nichts, was nicht vollkommen wäre, was nicht dem göttlichen Willen entspräche. Lasst euch nicht von den Katastrophenmeldungen herunterziehen, sondern dankt den „Opfern", dass sie sich bereit erklärt haben, auf diese Weise bei der Transformation der Erde mitzuhelfen.

Meine göttliche Lichtschwester, bleibe bei dir und wisse: Alles ist gut! Gott wohnt in dir, und du bist auf dem Weg ins Licht. Was sonst könnte wichtig für dich sein!?

* * *

Frage: *D. N. möchte den spirituellen Hintergrund seiner Nasenprobleme wissen. Er hat sehr häufig entzündete Nebenhöhlen, die Nase ist zu, dazu eine Hausstauballergie, manchmal weiß er nicht, ist es die Allergie oder eine Erkältung. Früher hatte dies mit Beziehungsschwierigkeiten zu tun, jetzt glaubt er nicht, dass es mit seiner Beziehung zusammenhängt. Seine Lebensqualität leidet darunter, was kann er tun, um Linderung zu erfahren?*

Hilarion

Seid willkommen im Herzen, ICH BIN Hilarion und stehe euch zur Verfügung.

Du fragst nach dem spirituellen Hintergrund, und ich möchte dir Folgendes dazu antworten. Sicherlich weißt du das, was ich dir mitteile, bereits selbst, jedoch ist es für euch oftmals gut, von uns eine Bestätigung dafür zu bekommen, so lernt ihr, euch selbst mehr und mehr zu vertrauen.

Eine jegliche Störung eures Körpers bedeutet immer nur dies, dass ihr euch nicht im göttlichen Fluss befindet. Dies ist immer die spirituelle Ursache.

Doch „reicht" dir diese Aussage sicherlich nicht. So lass mich noch etwas hinzufügen.

Da alle Körper ständig bemüht sind, in eine höhere Schwingung zu kommen, wird auf allen Ebenen daran „gearbeitet", alle dunklen Energien, die das verhindern, zu transformieren. Ihr würdet in euren Worten sagen, die Körper zu „reinigen".

Dies bedeutet bei dir, dass die feinen Kanäle, die im Kopf, besonders durch die Nase verlaufen, „verunreinigt" sind und „gesäubert" werden sollen. Es sind einfach alte Schlacken vorhanden, wenn du so willst, dunkle Energien, die den Fluss des Lebensatems behindern, das spürst du ja ganz konkret als Stau, wenn alles „dicht" ist.

Nun interessiert dich sicher, woher diese dunkle Energie kommt. Es hängt damit zusammen, dies habe ich dir bereits einmal mitgeteilt, dass du *dich selbst nicht liebst und annimmst.* So wie in deiner Nase Widerstände für den Luftstrom da sind, so gibt es Widerstände *in dir.* Und nur wenn du diese Widerstände loslässt, kann wahre Heilung eintreten. Und „loslassen“ bedeutet eben nicht Abwehr und Widerstand, sondern vielmehr Liebe und Akzeptanz.

Alles, was du im Außen wahrnimmst, zeigt dir etwas über dich selbst. Alle Probleme mit „anderen“ sind im Grunde ungeliebte Anteile deiner selbst. Mit deiner jetzigen Beziehung hat es insofern zu tun, als du dich darin nicht wirklich frei und deiner göttlichen Kraft entsprechend entfalten kannst. Aber dies liegt nicht an deiner Freundin, sondern es liegt an dir.

Frage dich einmal, ob du vollkommen zu dir stehst, dich selbst liebst und achtest mit all deinen Wünschen und Bedürfnissen, und ob du der Stimme deines Herzens folgst. Sei mutig und authentisch, stehe zu dir und wende dich verstärkt dem Licht zu.

Was nun dir und deiner Nase helfen kann, ist eine gründliche Reinigung nicht nur von außen mittels Spülungen, sondern besonders im Inneren. Dies bedeutet, vor allem deine Gefühls- und Gedankenwelt von altem Ballast zu befreien und alte Gefühls- und Gedankenmuster gehen zu lassen. Dafür kannst du dir natürlich jemanden suchen, der dir dabei hilft. Es ist auch möglich, es alleine anzugehen, indem du zum Beispiel innere Bilder benützt, doch mit einfühlsamer Hilfe wäre es sicherlich effektiver.

Meine Liebe fließt jetzt zu deinem Herzen, nimm sie tief in dich auf, dann lasse sie bewusst mit meinem grünen Strahl durch deine Nase und in deinen Kopf fließen und sieh, wie sich die dunklen Stellen verändern in strahlendes Licht. Auch diese Übung wird Erleichterung bringen, mache sie täglich mindestens einmal morgens und abends.

Vertraue und wisse, wir sind bei dir. Gehe in Liebe und mit Gottes Segen.

Frage: D. N. wünscht sich eine Herzensöffnung und die Reinigung von Blockaden. Ihm wurde gesagt, er habe noch eine Blockade im Brustbeinbereich, wofür steht sie und wie kann sie gelöst werden?

Hilarion

Du fragst, wofür sie steht, das hast du dich sicherlich auch schon mehrmals gefragt, und ich möchte dir Folgendes dazu sagen.

Du bist spirituell bereits auf einer hohen Ebene, und doch wird der Strom der göttlichen Liebe noch gebremst, du kannst das als Blockade bezeichnen, dadurch dass du selbst mit dir ins Gericht gehst. Ich wiederhole mich und bitte dich: Liebe dich selbst! Nimm dich so an, wie du bist! Wir lieben dich ohne Einschränkung, warum tust du das nicht ebenso? Du bist ein vollkommenes göttliches Geschöpf mit wunderbaren Gaben und Fähigkeiten, achte dich dafür und respektiere dich.

Diese Hemmung des Liebesflusses basiert auf Erfahrungen, die du gemacht hast, als du Liebe gegeben hast und diese abgewiesen wurde. Das hatte Verwundungen zur Folge, und darum leidest du noch heute. Doch lasse dich trösten und dir sagen, dass es nur noch ein kleines Hindernis ist, das den Energiestrom blockiert. Je mehr du dich in der Liebe und in der Freude verankerst, desto stärker fließt das Licht durch dich und um so mehr Glück und Zufriedenheit wirst du empfinden können.

Widme nicht dieser „Blockade“ deine Aufmerksamkeit, sondern richte deine ganze Aufmerksamkeit auf das Licht, die Liebe und die Freude. So wird sich das Hemmnis auflösen können und der Strom ungehindert fließen.

Frage: Ist es noch notwendig, an seinem inneren Kind zu arbeiten, wenn ja, wie? Oder ist eine gute Verbindung da?

Hilarion

Mache noch ein kleines Abschlussritual, in welchem du dein inneres Kind in deine Arme schließt und es einhüllst in Liebe und

Geborgenheit, die du aus deinem Herzen zu ihm fließen lässt. Versichere ihm, dass ihr gemeinsam den Weg ins Licht vollenden werdet und dass die Liebe Gottes euch allezeit trägt.

Frage dein inneres Kind immer einmal, was du ihm Gutes tun kannst, was ihm Freude bereiten würde, und das dann zu tun, wird *dir* gut tun und *dir* Freude bereiten – weil du und dein inneres Kind, weil ihr ein- und dasselbe seid!

Frage: *Er möchte gerne wissen, ob er auch schon in Lemurien oder Atlantis gelebt hat?*

Hilarion
Das kann ich dir kurz mit einem Ja beantworten.

In Lemurien hattest du keine vorrangige Stellung, in Atlantis warst du ein einflussreicher Priester, der viel Verantwortung trug und der auch hintergangen wurde, was ihm großen Schmerz bereitet hat. Diese Wunden wirkten für sehr lange Zeit noch nach, doch inzwischen sind diese Verletzungen geheilt.

Ich schicke jetzt meinen segnenden Lichtstrom zu dir und stärke dich mit meiner Liebe und Kraft. Erfülle dein Bewusstsein mit Licht, Liebe und Freude, so wirst du wahrlich glücklich sein!

* * *

Frage: *Ein Architekt hat große Pläne bezüglich des Hauses und künstlerischen Erbes von S. B. und einer Kirche, die er als Ausstellungsraum nutzen möchte. Ist er ein „Spinner"? Schadet er ihr? Soll sie ihm vielleicht überhaupt nicht vertrauen? Wie sieht die Zukunft für ihr Haus aus?*

Hilarion
Meine liebe ..., Wellen der Freude und Liebe mögen zu dir fließen und dich umschließen. Lass uns gemeinsam schauen, was dich bewegt.

Es ist stets wichtig, die Verantwortung für das eigene Tun und die eigenen Entscheidungen zu übernehmen. Wenn du das Gefühl hast, im Augenblick keine Klarheit zu haben, so ist auch nicht der Zeitpunkt, um irgendetwas zu entscheiden. Oftmals entscheidet ihr zu schnell, weil ihr euch gedrängt oder verpflichtet fühlt, manchmal allerdings ist es auch so, dass ihr aus Unentschlossenheit oder Unsicherheit eine Gelegenheit verstreichen lasst, die nicht wiederkehrt. So ist es ausgesprochen wichtig, nicht nur für dich, sondern für viele von euch, immer wieder in dich hineinzuhorchen, was dein Herz spricht. Was willst *du*? Welche Wünsche hat dein Herz?

Nur wer große Pläne hat, kann auch große Dinge vollbringen, viele „Spinner“ haben der Menschheit neue Erfindungen und Neuerungen gebracht, so lass dich nicht durch kühne Pläne abschrecken. Was allerdings stimmen sollte, ist die „Chemie“ zwischen euch, wenn ihr gemeinsame Geschäfte abwickeln wollt. Und die Chemie wird schwerlich harmonieren, wenn du ihm schon von vorneherein unterstellst, dass er dir vielleicht schaden wird, dass er nicht vertrauenswürdig ist, dass er „verrückt“ ist usw.

Oft trefft ihr Entscheidungen nicht im richtigen Moment, wie ich schon erwähnte, mal zu früh, mal zu spät. So treffe deine Entscheidungen in dem Moment, wenn sie tatsächlich gefordert sind, nicht früher und nicht später, das wird sehr hilfreich und entlastend für dich sein!

Lege die Zukunft des Hauses in Gottes Hand und *wisse*, dass Er alles Weitere weise und zum besten Wohle aller regeln wird. Das ist die Wahrheit. Höre auf, dir deshalb viele Gedanken zu machen, sondern regle die Dinge dann, wenn es ansteht. Wie könnt ihr Jahre im voraus planen, wo ihr doch noch nicht einmal wissen könnt, wie es morgen um euch und die Welt bestellt ist?! In jedem Augenblick kann sich alles ändern, denn Wandel geschieht ununterbrochen von Moment zu Moment. Lebe *jetzt*, nicht im Gestern und nicht im Morgen, nur das *Jetzt* ist dein Leben und kann dir Freude und Erfüllung bringen!

Sei gesegnet mit den Strahlen der Liebe und wisse: Alles wird gut!

* * *

***Frage:** Hat das Gebet für einen anderen Menschen eine Kraft, wenn doch karmische Wirkungen sich ausdrücken müssen?*

Hilarion

Ja, das hat es. Ihr könnt dies sogar bereits wissenschaftlich nachweisen. Es ist die reine Kraft Gottes, die ihr hier in Bewegung setzen könnt, und diese Kraft ist so machtvoll, dass sie, wie ihr wisst, Berge versetzen kann. Am mächtigsten wirkt hier das Dankgebet, denn wenn ihr kraftvolle Bejahungen vornehmt, setzt ihr all das, was ihr bekräftigt, in Gang. Diese Lichtkraft kommt nicht in Konflikt mit dem Karma, denn erstens ist das karmische Gesetz ein gnädiges, d. h. Gottes Gnade kann immer wirksam werden, außerdem ist es für die reine Liebe möglich, jegliches Karma aufzulösen. So ist ja auch möglich, dass ihr, wenn ihr immer beständiger in der Liebesschwingung verweilt, kein neues Karma erschafft. In der neuen Energie ist dies möglich.

***Frage:** In „Ein Kurs in Wundern" sagt Jesus: Ich bin kein Körper, ich bin frei.*

Jetzt hörte sie von einem Erwachten, dass wir wohl unser Körper seien, wenn auch die feinere Substanz von ihm. Dies hat sie verwirrt.

Hilarion

Nein, du bist nicht der Körper, du bist auch nicht die Gedanken und nicht die Gefühle. Du bist nichts, was durch die Sinne wahrgenommen werden könnte, und du bist auch nichts, was mit Worten beschrieben werden könnte.

All das, was benannt werden kann, bist du nicht. Und das, was du in Wahrheit bist, kann nicht in Worte gefasst werden.

Frage: *Immer wieder erlebt sie in Gesprächen, dass sie die Welt mit anderen Augen sieht als ihre Gesprächspartner und diese sie nicht verstehen. Soll sie in solchen Gesprächen nichts von ihrer Einstellung sagen? Was kann sie weitergeben, nicht, weil sie missionieren will, sondern weil ein Dialog etwas Gegenseitiges ist?*

Hilarion

Hier gilt es, dein inneres Gespür zu schulen und keine „Perlen vor die Säue zu werfen". Wenn du spürst, dass Menschen auf einer anderen Ebene sind als du, dann schweige lieber oder sprich mit ihnen auf ihrer Ebene, denn sie können nicht auf deiner Ebene mitsprechen. Sei dabei authentisch, ganz da und wach, so bekommen sie „mehr" über dich und deinen Weg mit, als wenn du viel darüber sagen würdest. Wisse, dein Sein sagt mehr als tausend Worte! Der irdische Mensch lässt sich von äußerem Tun beeinflussen, auf den inneren Menschen wirkt am meisten deine innere Haltung und dein So-Sein.

Ich umhülle dich jetzt mit einem Mantel der Liebe und Freude. Lass Leichtigkeit in dein Sein einfließen und vergiss das Lachen nicht. Dein Strahlen ist bereits so stark, so lasse dich nicht verunsichern, sondern *wisse*, dass du göttlich bist. Gottes Segen und Gnade sind mit dir!

❊ ❊ ❊

Frage: *P. K. meint, kein liebevolles Herz zu haben und auch nicht göttlich zu schwingen. So könne sie nicht die Voraussetzungen für einen guten Ausgang erfüllen. Bitte hilf ihr hier weiter.*

Hilarion

Ich begrüße dich, mein geliebtes Sternenkind. Nimm die Freude und Liebe tief in dein Herz hinein und lasse dich ermutigen, dir selbst mehr zu vertrauen.

Es ist vor allem das *Bemühen*, welches zählt und Wirkungen hervorbringt. Schon dein Wille, Gutes denken, fühlen und tun zu wollen, setzt diese Schwingung in Gang und hebt dich in eine feinere, lichtere Schwingung. Je öfter du sagst, „ich vertraue", je öfter du dich daran erinnerst, dass in deinem innersten Herzen die Liebe wohnt, desto mehr wird dies auch in deiner äußeren Welt in Erscheinung treten.

Es stimmt *nicht*, dass du kein liebevolles Herz hast! In jedem Herzen wohnt die Liebe, denn in jedem Herzen liegt der göttliche Funken bereit, hell aufzustrahlen, wenn die dunklen Wolken, die darüber liegen, beseitigt werden. Diese dunklen Wolken sind Gedanken und Gefühle der Angst, des Ärgers, des Neids, der Eifersucht usw. Diese Gefühle und Gedanken blockieren den göttlichen Energiefluss und bringen „Schwierigkeiten", z. B. in Form von Problemen mit dem Körper, mit Menschen, mit Umständen, Geld und anderem. Deshalb gilt es, hieran zu arbeiten. Wir helfen euch dabei und geben Unterstützung.

So bitte ich dich, dich darum zu *bemühen*, immer wieder einmal an die Liebe zu denken, dass sie tatsächlich in deinem Herzen da ist, dass du sie eben dadurch erwecken kannst, indem du dir das bewusst machst. Gerade dieser Umstand, dass du meinst, kein liebevolles Herz zu haben, zeigt, dass du sehr verantwortlich und bewusst mit dem Leben umgehst, denn viele Menschen machen sich darüber weder Gedanken, noch spüren sie ihre eigene „Lieblosigkeit".

So möchte ich dir Mut machen, deinen Weg fortzusetzen und nicht wieder durch deine Zweifel und Befürchtungen in die Schwingung der Angst hineinzugehen. *Vertraue* und *wisse*, dass alles einen guten Ausgang nehmen wird, wenn du bewusst die Schwingung der Liebe und Freude wählst und nicht in die Angst hineingehst. Dies kannst du tatsächlich frei wählen!

Ich sage nicht, dass du keine „bösen" oder „schlechten" Gedanken mehr haben darfst, nein, ich bitte dich nur, zu üben, dir solche Gedanken bewusst zu machen und dann zu wählen, aus dieser dir nicht dienlichen Schwingung herauszugehen. Das kannst du!

Wie ich bereits erwähnte, ist das *Bemühen* wichtig!

Sage dir nicht, dass du nicht göttlich schwingst, sondern sage dir: ICH BIN göttlich. Und wenn du das sagst, schwingst du in diesem Moment göttlich! Deshalb ist wichtig, dass du dich immer wieder daran erinnerst und so diese Momente häufiger werden. Damit wird deine gesamte Schwingungsfrequenz angehoben, und es wird dir immer leichter fallen, von der Schwingung der Angst zur Schwingung der Liebe zu wechseln.

Tröste dich, meine geliebte ..., selbst wenn du die Liebe in dir nicht spürst, so sage ich dir, dass sie doch bereits sehr stark in dir gegenwärtig ist! Wir können das Leuchten deines Herzens sehen, und ich sage dir, dass unsere Freude darüber sehr groß ist. So freue auch du dich, freue dich über dein kostbares Leben, über jeden neuen Tag, über jeden Atemzug, den du tun kannst, und einfach darüber, dass du *bist*!

Wir lieben dich so sehr, wir sehen deine Göttlichkeit und deine Vollkommenheit, so höre auf, an dir zu zweifeln und mit dir zu hadern. Lass diese dunklen Wolken fortziehen, damit dein Licht ungehindert ausstrahlen kann!

Ich umhülle dich jetzt mit den Strahlen meiner Liebe und Kraft. Möge Gottes Frieden in deinem Herzen wohnen und seine weise Stimme in deinem Herzen deinen Weg erleuchten.

* * *

Frage: *P. N. fragt, ob er ein Sternengeborener ist, und wenn ja, von welchem Heimatplaneten?*

Hilarion

Mein geliebter Bruder des göttliches Lichtes, du bist kein Sternengeborener, du bist ein Gottesfunken, ja, das bist du wahrlich!

Es gibt im Grunde keine Sternengeborenen, denn in Wahrheit wurdest du niemals geboren und wirst niemals sterben. Das, was du bist, war schon immer und wird auch immer sein. Es ist ohne

Anfang und Ende. So hänge nicht der Frage nach, wo du geboren bist, denn ich sage dir, du bist ewiges, unsterbliches Licht und unermessliche Liebe! Wie könnte Liebe anfangen und enden? Das ist nicht möglich!

Geburtstagsbotschaften

U. N. bittet um eine Geburtstagsbotschaft von dir.

Hilarion

ICH BIN da, ich wohne immer in deinem Herzen, mein wunderbares Kind des Lichtes. Meine Grüße erreichen dich jetzt zu zweifachem Neubeginn. Ein neues Erdenjahr nimmt seinen Anfang, und ein neues Lebensjahr deiner Erdenzeit beginnt. So möchte ich dir in tiefer Liebe ein paar Worte mit auf den Weg in dieses doppelte neue Jahr geben.

Das für dich Wichtigste stelle ich an erste Stelle, denn dadurch wirst du große Erleichterung erfahren. Deine Schmerzen sollen bald ein Ende haben! Dein Umwandlungsprozess steht kurz vor dem Abschluss, und bald wirst du in der Freude und mit mehr Leichtigkeit leben können. Anbei geben wir dir unsere Botschaft für das neue Jahr, und ich bitte dich, diese Worte tief in dich aufzunehmen und zu beherzigen, um so vollkommene Klarheit zu erlangen und letzte Reste von Dunkelheit zu beseitigen.

Du hast fast alles bereinigt, was zu bereinigen war, dein Karma ist erfüllt, und so bleibt nichts mehr zu „tun", als dich jetzt ganz in der neuen lichten Schwingung der neuen Energie zu verankern und dich nicht mehr, von was auch immer, herunterziehen zu lassen. Es werden im kommenden Jahr zwei schwierige Phasen für die Erde auftreten, doch ihr könnt dem gelassen entgegensehen, wenn ihr fest in euch selbst verankert seid und aus der göttlichen Schwingung heraus lebt, denkt, fühlt und handelt.

Ein Gedanke an Ihn kann dich sofort wieder emporheben, wenn du „abgesackt" bist! ***Ein*** Gedanke an Ihn bringt dich sofort wieder in die Energie der Liebe, denn Er ist nichts anderes als das!

Und du bist Ihm gleich! Auch du bist nichts anderes als Liebe. Erinnere dich daran und realisiere dies viele Male am Tag. Bette dich ein in diese erhabene Schwingung und lasse dich davon einfach mittragen. So wird dein Leben um ein Vielfaches einfacher und leichter zu bewältigen sein. Lasse dich tragen, gib dich dem Fluss hin und *vertraue* auf die göttliche Führung in dir! Wer sonst könnte wissen, was für dich das Beste ist? Wer sonst könnte dich weise und gut führen? Wer sonst hat nichts als dein höchstes Wohl im Auge?

Meine innigst geliebte Sternenschwester, wir sind uns so unendlich nah! Drum halte jetzt für einen Moment inne und spüre diese tiefe Verbindung, die nichts und niemand trüben oder zerstören kann. Spüre die Wärme meiner liebenden Gegenwart in dir! Spüre, wie ich dich zärtlich im tiefsten Inneren berühre, um dir alle Ängste und Sorgen abzunehmen. Spüre, dass ich dich auf meinen Händen trage, so dass du nichts zu fürchten hast und ganz sicher ans Ziel gelangen wirst! ***Vertraue Mir! Vertraue Gott in dir!*** Lass alles Schwere endlich ganz von dir abfallen und erhebe dich auf die Ebene der Glückseligkeit. Nur im Licht und in der Liebe wirst du wahrlich glücklich sein können.

Wisse, meine liebste Lichtschwester, dass wir mit dir deinen Geburtstag feiern werden, denn es ist ein großer Tag, wenn eine Seele sich entschließt, all diese Erfahrungen und Lektionen in einem irdischen Leben zu machen, um zu dienen und der ganzen Welt zu helfen. Wir danken dir dafür und senden dir dafür heute unseren besonderen Segensstrahl, der die Kraft hat, deine Herzenswünsche zu verwirklichen.

Wir sind an deinem Geburtstag hier versammelt und senden besondere Strahlen aus, wir freuen uns und feiern mit dir! Welch ein Segen! Welch eine Gnade!

So gehe voller Neugier und Zuversicht in dieses neue Jahr, es wird Überraschungen bereithalten, und du sollst oftmals unsere tiefe Liebe und Fürsorge spüren.

Zünde jetzt eine Kerze an und wisse: Dieses Licht ist die göttliche Flamme, die auch in dir brennt. Wenn du vertraust und in der Liebe bleibst, wird sie alles verbrennen, was dunkel und nicht zu deinem wahren Wohle ist.

Sieh, wie sie leuchtet. So leuchtest auch du!

Ich verabschiede mich jetzt, doch wisse, dass ich trotzdem immer da sein werde, bei dir und in dir. Frieden und Freude mögen dich begleiten Tag für Tag!

⁂

Frau ... bittet um eine Botschaft zum Geburtstag ihres Bruders.

Hilarion

Geliebter Licht-Bruder, lass dich aus dem Licht grüßen und sei innig umhüllt mit meinen Strahlen der Liebe und Wahrheit.

Ein neues Erdenjahr beginnt, und es birgt in sich alle Möglichkeiten dieser Welt! Immer kommt es darauf an, was du aus jedem Augenblick deines Lebens machst und wie du auf die Dinge reagierst, die zu dir kommen.

So möchte ich dir heute sagen: Mache aus deinem Leben ein strahlendes Zeichen der göttlichen Herrlichkeit und Schopferkraft! Lass dein Licht leuchten und achte und liebe das Leben mit all seinen Facetten. – Liebe, liebe, liebe!

Was sonst würde das Leben lebenswert machen? Nur die Liebe zählt, sie ist die Kraft, die alles in Bewegung hält. So liebe, achte und respektiere zunächst dich selbst, mit all deinen Gedanken, all deinen Wünschen, all deinen Gefühlen. Gehe mit Nachsicht und Güte mit dir selbst um und schaue, dass es dir gut geht.

Du fragst nach einem Thema für dein neues Lebensjahr, und ich kann dir sagen, dass es wichtig sein wird, Klarheit in deine Gefühls- und Gedankenwelt zu bringen, ebenso dir Klarheit zu verschaffen über deine Beziehung.

Immer ist es ein Spiel, das zwischen zwei Partnern abläuft, und wichtig ist, dieses Spiel zu durchschauen und klar zu sehen. Danach ist zu klären, ob du das Spiel weiterhin mitspielen willst oder nicht.

Deine Gesundheit wird sich in diesem Jahr stabilisieren und du wirst, vor allem im Sommer, neue Kraft verspüren, die es dir möglich machen wird, dass du ein großes Stück vorankommen kannst.

Wichtig und der Entwicklung dienlich ist, stets der Wahrheit ins Auge zu blicken und sich nicht selbst etwas vorzumachen, sei es aus „Mitleid“, Schwäche, Angst oder Bequemlichkeit.

Nur die Wahrheit bringt dich ans Ziel, nur die Liebe macht den Weg leicht und unbeschwert.

So bitte ich dich, mein geliebter Licht-Bruder, lasse Wahrheit und Liebe deine Wegweiser sein und das Maß aller Entscheidungen und Taten. Wir sehen, dass beides schon in deinem Herzen tief verankert ist, so übe dich darin, immer wieder bewusst in ihrem Lichte zu handeln.

Lass dich tragen von den Wogen des göttlichen Lichtes und fühle dich stets darin geborgen. Wenn du einmal Sorgen oder Zweifel hast, so erinnere dich daran, dass ***Ich da bin!*** Du bist ganz innig mit uns verbunden und darfst immer auf unsere Hilfe vertrauen. Bitte uns, und dir wird gegeben werden, frage uns, und du wirst Antwort bekommen!

Meine Liebe umströmt jetzt dein Herz, lasse sie es ganz durchdringen und wärmen. Ich segne dich und sage: Frieden ist mit dir!

* * *

B. M. bittet um eine Botschaft zum Geburtstag ihrer Schwägerin

Hilarion

Welch eine Freude, meine liebste Schwester des Lichtes, zu dir sprechen zu können! Zunächst möchte ich dich von Herzen grüßen aus dem Reich des Lichtes und der Wahrheit.

Nun hast du dich entschlossen, den Weg ins Licht zu gehen, und wir unterstützen dich dabei. Du standest an einem wichtigen Punkt deines Lebens und musstest dich entscheiden, ob du den Weg des Herzens gehen und dem Ruf deiner Seele folgen willst.

Du hast dich entschieden, dies zu tun. Freude, Freude, Freude! Wir sind so glücklich darüber, und die Meister und Engel, die jetzt hier versammelt sind, jubeln und lassen dich ebenfalls grüßen.

So kannst du nun befreit in eine wunderbare Zukunft blicken und viel leichter weiterschreiten. Schwerer Ballast ist von dir abgefallen, und alleine durch diese Entscheidung hast du so manches Alte hinter dir gelassen.

Jetzt möchte ich dich bitten, achtsam zu sein und dir ab und zu Momente der Ruhe zu gönnen, in denen du einfach still bist und nur dich selbst spürst. Diese Momente des Innehaltens sind wichtig, um stets mit dem göttlichen Liebesstrom verbunden zu bleiben.

Auch möchte ich dich bitten, liebevoll und achtsam mit dir selbst umzugehen, auf die Signale deiner Seele und deines Körpers zu achten und dich nicht zu überfordern.

Wenn du das Gefühl hast, etwas werde dir zuviel, dann lasse es gut sein und nimm dir eine „Auszeit“. Wichtig ist, sich immer wieder zu regenerieren und neue Kraft zu schöpfen.

Dieses neue Jahr wird wieder ein bewegtes Jahr werden, auf der ganzen Welt werden große Veränderungen geschehen, und es ist gut, einfach offen und voller Vertrauen zu sein und sich keine Sorgen zu machen. Alles wird gut!

Meine liebste ..., wie wunderbar, dich auf dem Weg des Geistes zu begleiten. Du bist stark, und jetzt kannst du die ganze göttliche Schöpferkraft für dich einsetzen und dein Leben positiv und freudvoll gestalten.

Unsere Liebe und Unterstützung sind immer bei dir, und auch die Liebe Gottes ist stets mit dir. Segen, Segen, Segen!

* * *

N. G. bittet um eine Geburtstagsbotschaft

Hilarion

Mein Sohn des Lichtes. Lass dich in meine Arme schließen und Liebe und Segen in dein Herz strömen.

Dieses neue Erdenjahr hält wieder einmal *alle Möglichkeiten* bereit!

Starke Schwingungen fließen zu euch herab, und auch du, mein geliebter Bruder des Lichtes, kannst sie nutzen, um alten Ballast abzuwerfen und in eine neue Freiheit zu gelangen.

Wichtig, ja, entscheidend dabei ist, auf dein Herz zu hören, also immer wieder nach innen zu lauschen und dich von den Impulsen, die von deiner inneren göttlichen Führung kommen, leiten zu lassen. Vertraue, dass diese weise innere Führung dich stets auf dem besten Wege und in die richtige Richtung führt.

Vertraue dir selbst!

Lasse deine Göttlichkeit hervortreten und deine Seele strahlen. Du bist schon so viele Male durch das Menschsein gegangen, so liegt großes Wissen und große Weisheit in deiner Seele, auf diese innere Weisheit kannst du immer vertrauen.

Glaube an dich selbst!

Wisse, dass alles Äußere nicht die Wirklichkeit ist. Du stehst auf der Lebensbühne und bist einer der unzähligen Schauspieler, die ihr Bestes geben in diesem Spiel. Doch erkenne, dass dein wahres Selbst davon unberührt bleibt.

Du selbst bist einzig und allein ***Liebe*** und ***Wahrheit*** und ***Licht!***

So lasse dich stets von dieser Liebe leiten, folge stets dem Ruf der Wahrheit und gehe den Weg ins immerwährende Licht.

Sei achtsam und lasse dich nicht in die Schwingung der Angst, der Sorgen, der Schwäche hinabziehen, sondern halte die Fahne der Liebe hoch, so wirst du immer die göttliche Macht und Schöpferkraft bestmöglich zum Wohle aller einsetzen und wirken lassen können.

Sieh durch die äußeren Umstände, die manchmal schwer oder düster erscheinen, hindurch und nimm wahr, was dahinter ist.

Mein innigst geliebter Bruder des einen Lichtes, wisse, dass wir dich begleiten bei all deinem Tun, dass wir stets bei dir sind und bereit, zu helfen und dir Führung zu geben, wenn du darum bittest. Niemals musst du dich alleine durchs Leben schlagen.

Ich wiederhole mich und möchte dir sagen, dass dieses neue Lebensjahr für dich *alle Möglichkeiten* bereit hält.

Sei achtsam und folge den Zeichen, die dir deine Seele gibt, und den Inspirationen von unserer Seite. Schrecke nicht vor Veränderungen zurück, sie dienen zu deinem Besten!

So halte ich nun meine Hand segnend über dich und rufe dir zu: ***Du bist frei!***

Gehe mit Gottes Segen und seiner Gnade weiter und wisse, du bist niemals allein.

* * *

Frau G. Z. bittet für eine gute Bekannte zum Geburtstag um eine Botschaft von Sananda

Sananda

Gelobt sei die Macht des Himmels! Ich grüße dich.

Du feierst Geburtstag, mein Kind, doch ist es ein Geburtstag des irdischen Menschen, der noch verhaftet ist den Banden und Verstrickungen des Lebens auf der Erde. Wenn du dich befreist von den irdischen Fesseln, wirst du deine wahre Geburt feiern können, die Geburt in deine geistige Heimat, wo der Vater auf dich wartet. Dies wird wahrlich ein großes Fest werden!

Doch möge auch dein irdischer Geburtstag ein Fest werden, ein Fest deiner Seele in Verbindung mit deinem inneren Herrn, der dich führt und trägt. Genieße diesen Tag und erinnere dich daran, aus welchem Grund du hier bist. Gelobe deiner Seele, dein Ziel niemals aus den Augen zu verlieren und alles zu tun, um Erlösung zu finden.

Je größer die Liebe in deinem Herzen ist, um so größer werden die Schritte sein, die du auf deinem Weg vollbringst. Je weiter du die Türe deines Herzens öffnest, um so mehr Wahrheit und Weisheit kann hineinströmen.

Schau mit dem Herzen, wenn du die Welt betrachtest, in der du lebst, und sieh darin die wunderbare Manifestation des Allerhöchsten. Nur dieses höchste Sein ist erstrebenswert. Wenn dein Bewusstsein darinnen ruht, wirst du reine Glückseligkeit erfahren. Nur das höchste Sein bringt dir die Befreiung von allen irdischen Wünschen und Begierden. Genieße alles, was du hast und was dir geschenkt wird, doch bleibe niemals daran haften und trauere nicht darum, wenn du etwas davon loslassen musst. Nichts ist von Dauer auf dieser Welt, nur die Welt des höchsten Seins ist ohne Anfang und Ende, ewig und unaussprechlich.

Du bist ein Kind meines Herzens, und ich liebe dich, wie ein Vater sein Kind liebt. Wenn du einen Schritt tust, bin ich bei dir, ganz gleich ob der Schritt vorwärts oder rückwärts geht. Auch wenn du strauchelst, bin ich da und hebe dich auf. Wenn du die Richtung verlierst, zeige ich sie dir.

Ich bin in deinem Herzen und wache über dich. So brauchst du dich niemals zu fürchten. Wenn du auf mich, deinen innersten Hüter, vertraust, was könnte dir jemals geschehen?! Meine immerwährende Liebe ist dein Schutz, sie ist wie eine Burg, in der du sicher geborgen bist. Sie ist wie ein Fels in der Brandung und wie ein leuchtender Stern am Himmel. Lass dich davon stets führen und folge diesem strahlenden Licht – in dir!

Ich hebe segnend meine Hand über dich und spreche dich von aller Sünde frei. Frei bist du geboren und frei sollst du eingehen ins Reich der Wahrheit und des Lichtes. Nimm diesen Segen auf in das Heiligtum deines Herzens und lasse dich davon trösten und tragen, wenn du durch schwierige Zeiten hindurchgehen musst. Alles Irdische wird enden, deine Seele jedoch wird sich hinaufschwingen und jubeln, wenn sie ihre wahre Heimat betritt.

Ihr nennt mich „Sananda“ und den „eingeborenen Sohn“, doch ich bin nichts anderes als das Licht deines Herzens und deine innerste

Wahrheit. ICH BIN immer da. Ich bin auch jetzt hier; lege deine Hand auf dein Herz, und im Herzschlag kannst du meinen Atem erkennen. Wir gehen gemeinsam über die Straßen des Lebens, so hast du allen Grund, zufrieden zu sein.

Mögen deine Augen mich in deinem Gegenüber erkennen und deine Ohren mich hören im Wort deines Nächsten.

Friede sei mit dir und mit allem, was da ist!

Schlusswort

Wir waren uns, während du dieses Buch gelesen hast, sehr, sehr nahe. Oftmals konntest du mich deutlich spüren, weil du bereit warst, mit offenem Herzen und empfänglichem Geist da zu sein. So mögen dir daraus Segen, Heilung und Kraft zufließen, damit du ohne Hindernisse weiterschreiten kannst.

Meine Worte und ihre Schwingung haben dich erreicht und im Herzen berührt, dies ist wunderbar, und ich freue mich zutiefst darüber.

Ich danke dir, dass du bereit warst für unsere Kommunikation und auch dafür, nun all das, was du erfahren hast, umzusetzen. Mögen die Liebe und Erkenntnis in deinen Alltag einfließen und dir zum größten Segen gereichen!

Wann immer du eine Frage hast oder der Hilfe bedarfst, wann immer du glücklich und zufrieden bist, wisse: ICH BIN da!

Du bist innig geliebt und du bist niemals allein.

Weitere Werke von Meister Hilarion:

Licht-Botschaften des Aufgestiegenen Meisters Hilarion ISBN 3-89568-116-4

Neue Lichtbotschaften, Gespräche mit Meister Hilarion ISBN 3-89568-138-5